후백제와 견훤

• 지은이 •

강봉룡   목포대학교 사학과 교수

김갑동   대전대학교 역사문화학과 교수

이도학   한국전통문화대학교 융합고고학과 교수

조명일   군산대학교 가야문화연구소 초빙교수

조법종   우석대학교 역사교육과 교수

진정환   국립제주박물관 학예연구실장

최흥선   국립익산박물관 학예연구실장

허인욱   한남대학교 사학과 교수

후백제와 견훤

초판발행일   2021년 4월 30일
지 은 이   강봉룡·김갑동·이도학·조명일·조법종·진정환·최흥선·허인욱
발 행 인   김선경
책 임 편 집   이순하, 김소라
발 행 처   서경문화사
주   소   서울시 종로구 이화장길 70-14(204호)
전   화   743-8203, 8205 / 팩스 : 743-8210
메   일   sk8203@chol.com
신 고 번 호   제1994-000041호
ISBN   978-89-6062-232-6   93910
ⓒ 서경문화사, 2021

後百濟 甄萱

후백제와 견훤

서경문화사

지난 2020년 한해는 코로나-19 바이러스로 인해 유례가 없던 시련의 시간이었던 것 같습니다. 무엇보다 하루빨리 코로나-19가 종식되어 우리 모두가 평범한 일상으로 돌아갈 수 있기를 간절히 기원합니다.

국립전주박물관은 2014년부터 고도(古都)로서의 전주와 전북 지역의 역사정체성을 확립하고자 후백제에 대한 학술연구사업을 본격적으로 시작하였습니다. 작년에 전주시를 비롯한 장수군, 상주시, 완주군, 장수군, 진안군과 공동개최한 특별전 〈견훤, 새로운 시대를 열다〉는 그 결실 중 하나라고 할 수 있을 것입니다. 후백제와 견훤왕의 역사는 우리 한국사에서 전북 지역뿐만 아니라 고대에서 중세로의 과도기를 관통하는 중요한 문화유산입니다. 45년의 짧은 존속기간으로 인해 남아 있는 자료는 많지 않지만 그래도 주목하고 발굴하여 후세에 전할 수 있도록 해야 할 것입니다.

이번 학술도서는 지난 특별전을 기념하여 개최하려던 학술대회의 발표문과 토론문을 엮은 것입니다. 후백제 연구의 대표적인 연구자들을 중심으로 집필하였으며, 후삼국시대의 태동부터 근래 활발하게 논의되고 있는 「후백제 문화권」 설립의 당위성까지 후백제 연구의 총람이라고 할 수 있을 것입니다. 이번 학술도서가 후백제와 견훤왕에 대해 관심있는 시민 여러분들께는 하나의 안내서로, 또한 관련 연구자들에게는 새로운 연구로 확장해 나가는 계기가 되기를 바랍니다. 감사합니다.

국립전주박물관장 홍진근

이번에 발간된 책의 주인공은 서기 900년, 전주를 도읍삼아 36년간 삼국통일의 꿈을 펼쳤던 후백제와 견훤왕입니다. 천년을 이어 온 전주역사의 저 밑바닥에 도도히 흐르고 있는 찬란한 후백제 역사를 제대로 알고 계승해 나가자 라는 차원에서 고대사 분야의 최고 전문가와 함께 준비했습니다.

잘 아시는 것처럼 전주는 조선왕조의 발상지일 뿐만 아니라 견훤이 900년부터 무려 36년 동안 후백제의 수도로 삼았던 왕도(王都)였기 때문에 천년고도라 불릴 수 있는 것입니다.

비록 그 기간이 길지는 않더라도 한 나라의 왕도로서의 경험은 다른 도시에서 쉽게 따라올 수 없는 전주만의 역사입니다. 천년이 넘는 세월의 더께에 묻혀 잊어진 곳으로 유구한 세월 속에 우리 스스로도 자각하지 못한 공간이었습니다. 이러한 후백제에 대한 우리들의 인식은 편향적입니다.

전주가 후백제의 왕도였다는 사실보다는 아들에 의해 금산사에 유폐되어 불우한 삶을 살았던 견훤에 초점이 맞추어져 있습니다. 그러나 견훤은 뛰어난 용장입니다. 단적으로 삼국사기의 기록을 보아도 '내가 목적하는 바는 평양의 누각에 활을 걸어놓고 말에게 대동강의 물을 먹이는 것이다' 라는 내용을 통해서 삼국통일의 야심을 내비친 호걸입니다.

당시 왕건, 궁예와 당당히 어깨를 겨루던 후삼국시대의 주역이었습니다. 그리고 우리고장 전주는 이런 견훤의 깃발이 힘차게 펄럭이던 후백제의 심장부였습니다.

그동안 전주에서 후백제의 흔적을 찾기 위해 노력하였고, 최근 후백제의 피난성으로 알려진 동고산성을 국가지정문화재로 승격시키기 위한 작업을 진행하고 있습니다.

동고산성이 국가 사적지로 지정되면 전주는 조선왕조의 본향이자 후백제의 도읍지로서 경주나 공주와 견주어도 손색없는 고도(古都)로 인정받게 되는 것입니다. 이렇게 된다면 후백제 문화가 전주역사의 중심축인 조선문화에 견줄 중량감 있는 역사 콘텐츠로 성장할 것입니다. 그리고 후백제 역사에 대한 연구와 발굴은 전주발전에 알찬 자양분이 되어줄 것입니다.

이번에 발간된 책자를 통해 후백제의 역사문화가 재조명되어 조선시대 역사문화에 견줄 중량감 있는 역사 콘텐츠로 성장할 것으로 기대하고 있습니다. 또한 성장과 발전만을 얘기하는 우리 사회의 속도를 조절하는 인문학적 가치를 뿌리내리게 해줄 것입니다. 그래서 암수의 눈과 날개가 각각 하나여서 함께일 때만 너른 날개를 펼칠 수 있다는 비익조(比翼鳥)처럼 전주의 역사와 정신을 떠받치는 커다란 새가 될 것입니다.

마지막으로 옥고를 내주신 여러 선생님들께 감사드리며, 책이 나오기까지 애써 주신 관계자 분들께도 진심으로 감사의 마음 전합니다.

전주시장 김승수

견훤, 후백제를 통해 새시대를 꿈꾸다.

견훤은 지금의 상주 가은읍(지금의 문경) 출신으로 신라의 장수가 되어 순천만 일대의 호족들과 결합해 봉기하여 892년 무진주(지금의 광주)를 점령하고 스스로 왕위에 오른 입지적인 인물입니다.

나아가 900년에 완산주(지금의 전주)에 도읍을 정하고 스스로를 후백제의 왕이라 칭하고 백제의 명맥을 유지하려 힘썼습니다.

이후 후백제는 36년간의 조직정비, 외교관계 개선 등 개혁을 꿈꾸며 백제의 부활을 도모했습니다. 비록 왕건과 자식들의 이해타산에 의해 그 꿈이 실현되지 못했지만 견훤의 사상을 되짚어 볼 필요성이 있습니다.

견훤과 후백제를 통해 지금을 살아가는 우리는 많은 생각을 하게 됩니다. 지역이라는 제약적 공간을 중시하는 속지주의에서 벗어나 그 지역에서 살아가는 사람이 중심이 되는 속인주의가 정착되어야 할 것입니다. 인구절벽, 지방 소도시 소멸 등과 같은 현안적 문제를 해결하는데 견훤의 정신과 사상연구가 도움이 되리라 믿습니다.

견훤은 장수지역에도 많은 유적과 유물을 남겼습니다. 독보적인 방어체계인 침령산성과 합미산성, 철을 생산하던 유적에서 나온 범종, 귀면화가 출토된 사찰터 등 그 고고학적 증거만으로도 견훤의 관심과 애정을 살펴볼 수 있습니다.

36년이라는 짧은 기간 동안 이렇게 화려한 역사를 수놓은 장수지역은 이곳에서 생산되는 질 좋은 철과 연계성이 높을 것으로 생각됩니다.

짧지만 강하고 화려한 역사를 남긴 견훤과 후백제의 의미를 담은 이번 단행본 출간은 이 시대를 살아가는 모든이에게 강한 메시지를 전달할 것이라 믿습니다.

　"위기가 곧 기회"라는 말이 있듯이 지금은 우리 지역의 역사문화를 진정성 있는 눈으로 바라볼 때 전라북도 대도약을 꿈꿀 수 있는 기회가 마련될 것입니다.

장수군수 장영수

■ 차례 ■

일러두기

- 이 도서는 전주시, 장수군, 군산대학교 가야문화연구소, 국립전주박물관이 2020년 국립전주박물관 특별전 『견훤, 새로운 시대를 열다』의 개최를 기념하여 공동으로 발간하였다.
- 수록된 원고는 특별전과 연계하여 2020년 11월 27일 열릴 예정이었던 학술대회의 발표원고를 수정 및 보완한 것이다.
- 원고에 사용된 각 용어나 견해는 필자의 원안을 그대로 따랐으며, 공동 발간 기관과의 공식적인 견해와는 차이가 있을 수 있음을 밝혀둔다.
- 필자의 소속 및 직급은 발간 당시를 기준으로 표기하였다.

총론-후백제사 연구의 쟁점과 과제

이도학

한국전통문화대학교 융합고고학과 교수

1. 머리말—후백제사의 黎明과 發花

내부적으로 서서히 금이 가고 있던 천년왕국 신라가 결정적으로 무너져 내린 사건이 발생했다. 889년에 동시 다발적으로 경주의 서북에서 일어난 농민 반란과 서남에서 발생한 군사 반란 때문이었다. 신라 조정은 수습하지 못하고 방관자의 신세로 전락하였다. 이것을 포착한 群小 세력들이 신라 체제의 원심력에서 급속히 이탈해 갔다. 3년 후 백제가 재건되었다. 백제의 부활은 고구려의 재건에도 영향을 미쳤다.

진훤이 擧兵한 889년부터 936년까지의 48년 간이 후백제사였다. 후백제 반세기의 역사는 4시기로 구분된다. 첫째, 국가체제 정비기(889~900)이다. 진훤은 거병하여 892년에 무진주에서 백제를 재건하고, 900년에 전주로 천도하였다. 둘째, 옛 삼국의 영역 회복기(900~918)이다. 명실상부한 백제 故地에 대한 완전 장악을 시도했다. 그 결과 궁예에 의한 고구려 재건과 맞물려 예전의 삼국이 복원되었다. 셋째, 후삼국의 공존·정립기(918~925)이다. 왕건의 고려 건국과 더불어 盟約을 통한 삼국의 공존기였다. 이 기간 동안 후백제와 고려는 충돌을 피해 제3지대인 가야 고지에서 격돌하다가 신라 지역에서 대치했다. 넷째, 통일전쟁기(925~936)이다. 후백제는 신라로부터 禪讓을 위한 전제로서 고려와 대격돌하였다. 후백제군은 고려 왕도인 개경까지 급습할 정도로 맹위를 떨쳤다.

이렇듯 거의 반세기에 걸쳐 한반도 서남부 지역에서 통일국가를 이루려 했던 후백제였다. 그러한 후백제사는 많은 연구가 진행되었지만, 발굴 성과에 기반한 문화사적인 연구와는 달리 정치사 연구는 전진하지 못한 감이 있었다. 이와 관련해 국립전주박물관에서 기획한 특별전 도록과 본 도서의 논문들이 도움이 된다. 본고에서는 이를 토대로 후백제사 연구의 쟁점과 과제를 짚어보았다.

2. 진훤의 출신지와 신분

1) 甄萱의 音價와 출신지

진부한 논의지만 반드시 짚고 넘어가야 할 사안은 후백제 건국자의 이름에 대한 음가이다. 고유명사의 음가에는 정체성이 잘 배어 있기 때문에 제대로 발음해야만 본디의 의미를 만나게 된다. 가령 강화도 摩尼山의 경우 '마리산'으로 읽어야만 聖山이 지닌 의미가 살아난다. 뭇 산악의 우두머리인 '머리' 산악 의미를 담고 있기 때문이다. 漢字로는 '頭岳'으로 표기하였다. 현지에서도 '마리산'으로 읽고 있고, 원 표기도 '摩利山'이었다. 신라 마립간의 '마립'도 '머리'의 뜻이었다. 그러니 '마니산'이 아닌 '마리산'으로 읽는 게 맞다. 신라 奈勿王도 '나물왕'이 맞지만 교과서에는 '내물왕'으로 표기했다.

甄萱의 '甄' 음가는 '견'과 '진' 2가지였다. 교과서 등에서는 '견훤'으로 표기하지만 근거는 없다. 반면 『동사강목』이나 『증보문헌비고』 등 조선조 문헌에서는 모두 '진훤'으로 음가를 달았다. 『완산 견씨세보』에서도 '진훤'으로 읽었다. 구한말의 교과서 뿐 아니라 김동인의 소설 「제성대」를 비롯하여 민족문화추진회 고전 국역본에도 모두 '진훤(헌)'으로 표기했다.[1] 진훤 이름은 蚯蚓交婚 설화의 '지렁이'에서 연유했다고 한다.

진훤의 출신지에 대해서는 『삼국사기』와 『삼국유사』에서 '尙州 加恩縣'으로 밝혔다.[2] 과거에 고등학교 국정 교과서에서는 그를 '상주 지역 농민 출신'이라고 했다. 상주는 지금의 道에 해당하는 통일신라 9州의 하나였다.

---

1 李道學, 「진훤과 후백제의 꿈과 영광」, 『견훤, 새로운 시대를 열다』(국립전주박물관, 2020), 15~16쪽.
2 이와 관련해 『삼국사기』는 문경 출신, 『삼국유사』에서는 광주 출신으로 상이하게 적혀 있다는 인식은 재고되어야 한다. 마치 두 史書의 이견이 팽팽한 듯한 인상을 주지만, 광주설은 설화요 또 一說에 불과하기 때문이다.

상주 관내의 가은현은 지금의 경상북도 문경시 가은읍이다. 따라서 진훤은 '문경 지역 농민 출신'으로 적어야 맞다. 문제는 『삼국유사』에 一說로 적힌 진훤의 출생 설화에서 母의 거주지라는 '光州北村'에 방점을 찍는 경우이다.[3] 이 설화가 설령 진훤 母의 거주지를 알려준다 치더라도 진훤의 출신지는 아니었다. 진훤의 父로 명백히 적혀 있는 아자개의 근거지는 지금의 상주였기 때문이다. 게다가 유력한 사서 기록과 배치된 설화가 사서의 증언을 무력화할 정도의 비중은 없다. 어디까지나 참고 자료일 뿐이다. 그 뿐아니라 설화에서 지렁이가 살았다는 동굴은 문경시 가은읍 아차 마을에 금하굴 이름으로 전해온다. 그리고 가은읍과 이웃한 농암면 일대에도 진훤의 성장 설화와 관련 유적이 남아 있다. 그런데 광주광역시 북구 '생룡 마을'에는 전해오는 진훤 관련 설화가 있던가?[4] 그러니 진훤의 출신지에 관한 더 이상의 논쟁은 소모적일 뿐이다.

2) 진훤의 신분

진훤의 신분에 대해서는 세분된 논의가 있었지만 크게 보아 농민과 호족 중에서 분별하는 것이다.[5] 진훤의 신분을 짐작할 수 있는 기록은 다음이다.

---

3 진훤과 관련 맺은 이들이 昇州 출신이므로 尙州와 혼동을 빚었고, 토착 기반이 없는 상황에서 광주에서 開國할 수 없다는 논리였다. 그러나 진훤은 지금의 상주 출신이 아니다. 그는 9州의 하나인 상주에 속한 가은현 출신이다. 그러므로 州名 尙州와 郡名 昇州는 서로 비교 대상도 아니다. 게다가 가은현과 승주군은 당초부터 혼동 요인도 없다. 그 밖에 신라 왕자 출신인 궁예가 고구려를 재건했듯이 건국자의 연고지여야만 舊國 재건이 가능한 일만은 아니었다.

4 전통시대 문헌에는 진훤을 생룡동과 관련 지은 기록은 일체 없다. 그리고 생룡동에는 蚯蚓交婚 설화도 남아 있지 않다. 반면 문경시 가은읍의 금하굴 설화는 『삼국유사』 기록과 정확히 부합한다.

5 통진대사 慶甫의 비문에는 진훤을 '生於將種' 즉 장군 집안 출신으로 적었다. 경보가 진훤을 접한 때는 921년이었다. 이때는 국왕으로서 진훤의 위세는 높았고, 父인 아자개는 장군을 칭한지 오래되었다. 그러므로 비문의 이러한 修辭가 과장만은 아닌 것이다. 문제는 아자개의 본디 출신에 관한 사안이다. 그는 『삼국사기』와 『삼국유사』에 함께 적혀 있듯이 농

a. 진훤은 尙州 加恩縣 사람이다. 본래 姓은 李인데, 뒤에 甄으로 氏를 삼았다. 父인 阿慈介는 농사 지으며 자기 힘으로 살아가다가 뒤에 집 안을 일으켜 將軍이 되었다. 처음에 진훤이 태어나 젖먹이로 포대기 에 있을 때 父가 들에서 농사를 짓자 母가 남편에게 음식을 보내려고 아이를 수풀 밑에 두자 호랑이가 와서 그에게 젖을 먹여 주었다. 마을 사람들이 듣고는 기이해 하였다.[6]

b. 父인 阿慈个는 농사 지으며 자기 힘으로 살아가다가, 光啓 중에 沙弗城 [지금 尙州]에 웅거하여 스스로 將軍이라고 칭했다. 4 아들이 모두 세상 에 이름이 알려졌는데, 진훤이 傑出하다고 불려 졌고, 智略이 많았다.[7]

위의 두 기사에 따르면 진훤의 父는 성씨가 있었고, 농사 짓다가 장군을 칭하는 호족이 되었다. 여기서 성씨를 지닌 점에 주목하면 호족인 사실과 는 부자연스럽지 않다. 진훤은 호족 가문 출신이 되는 것이다. 그러나 "본 래 姓은 李인데, 뒤에 甄으로 氏를 삼았다"는 기사대로라면 李氏에서 甄 氏로 分枝한 것이다. 그렇지만 甄氏는 기존 성씨에서 연유하지 않았다. 王 建처럼 甄萱도 이름 앞 글자가 氏가 되었다. 따라서 이씨에서 진씨로의 분 지 주장은 타당하지 않다.[8]

아자개는 농사 짓는 신분이었기에 당초부터 姓을 갖지 않았다. 아자개 가 성을 갖춘 것은 장군을 칭한 호족이 되었을 때였다. 924년에 문경 봉암

민에서 출발하여 어떤 계기를 맞아 장군으로 立身했다. 그러므로 비문의 '장군'은 잘못된 기록은 아니지만, 아자개가 현달한 후의 사회적 신분을 나타낼 뿐이다.

6 『三國史記』 권50, 진훤전. "甄萱 尙州加恩縣人也 本姓李 後以甄爲氏 父阿慈介 以農自活 後起家爲将軍 初萱生孺褓時 父耕于野 母餉之 以兒置於林下 虎來乳之 鄕黨聞者異焉"

7 『三國遺事』 권2, 紀異, 後百濟甄萱. "父阿慈个以農自活 光啓中據沙弗城[今尙州]自稱将 軍 有四子皆知名扵世 萱號傑出多智略"

8 안정복이나 許穆은 진훤이 15세에 姓을 바꾸었다고 했지만, 제3의 자료를 토대로 한 것은 아니었다. 어디까지나 國役 연령에 『삼국사기』 기사를 접목시킨데 불과한 것이다.

사의 지증대사비를 건립할 때 檀越인 소판 아질미는 아자개와의 연관성을 자아내는 데 역시 姓이 없었다. 게다가 15세 이후 진훤은 종군한 관계로 父인 아자개와 갈라지게 되었다. 이로 인해 父子의 성씨가 이씨와 진씨로 각각 구분된 것으로 보인다. 진훤의 父인 아자개가 이씨를 모칭하였기에, 훗날 이씨에서 진씨로 분지된 양 상상한 산물이 a의 글귀였다.

3) 아자개의 同名異人說

상주 호족 아자개는 고려 건국 직후에 왕건에게 귀부했다. 그가 진훤의 生父라면 상상할 수 없는 행위로 판단하였다. 그랬기에 안정복은 그를 진훤의 父 아자개와는 다른 동명이인설을 제기했다. 현상적으로 살피면 그렇게 판단할 여지는 있지만 세상사는 생각처럼 단순하지만은 않다.

아자개가 장군을 칭한 시점을 "光啓 중(885~887)"이라고 했다. 그러면 아자개가 호족으로 입신하게 된 상황을 살펴 보아야 한다. 이와 관련해 碧珍郡 장군 李恩言의 경우 "신라 말에 벽진군을 지킬 때 群盜가 매우 많았는데, 이총언이 성을 견고하게 하고 굳게 지켜 백성들이 의지하여 편안하였다"[9] 고 했다. 군도로부터 주민들을 지키기 위해 기존 성을 이용하여 장군이나 성주를 칭한 것이다. 아자개가 사벌성을 거점으로 장군을 칭하게 된 시점도 원종과 애노의 난이 발생한 889년 이후로 볼 수 있다. 이와 같이 추정할 수 있는 또 다른 근거는 영월 흥녕사의 징효대사 折中이 절이 兵火로 불타자 상주 남쪽으로 내려갔던 데서 찾을 수 있다.[10] 이 시점을 886년으로 지목한다면[11] 상주는 치안이 유지된 안전한 곳이었다. 그러므로 아자

---

9 『高麗史』 권92 王順式 附 李恩言傳.
10 「흥녕사 징효대사비문」의 "避地於尙州之南 暫栖烏嶺"라는 구절을 "상주의 남쪽으로 피난 가서 조령에 잠시 머물렀다"고 해석하고는 한다. 그러나 이 구절은 "상주의 남쪽으로 피난하는 길에 잠시 조령에 머물렀다"고 해석해야 공간적으로 맞다.
11 한국역사연구회, 『譯註 羅末麗初金石文(下)』(혜안, 1996), 211쪽 脚註53.

개가 自衛를 목적으로 사병을 거느리고 장군을 칭하였던 시점은, '광계 중'이 아니라 원종과 애노의 난이 발생한 889년 이후가 합당하다.

원종과 애노의 난은 기세가 강하였고, 또 평정되지 않았다.[12] 그랬기에 관망하던 群小 세력들이 연쇄적으로 신라에서 이탈하는 계기가 되었다. 아자개 역시 전란 중에 지역을 장악하고 自衛한 것으로 보인다. 문제는 지역과 시점 뿐 아니라 신분까지 동일한 2명의 아자개가 함께 할거할 수 있었을까? 드러나지 않은 내면 세계에 대한 심도 있는 접근과 분석이 요망된다.

3. 후백제의 통치와 문화

1) 진훤의 거병 지역과 직책

신라 군대에서 복무하게 된 진훤의 防戍處는 거병 지역과 당시 직책을 알려준다. 이에 대하여는 여러 견해가 있지만 그의 최측근과 관련지어 살피는 게 정곡에 닿을 수 있다. 진훤의 인가별감이었고 훗날 순천 김씨의 시조인 김총, 맏사위였던 순천 지역 호족 박영규를 볼 때 순천과의 연고가 포착된다. 그러나 이것만 놓고 진훤의 방수처를 단정할 수는 없다. 그의 防戍와 관련한 다음 기사를 주목해 본다.

   c. 서남해로 부임하여 수자리를 지켰는데, 창을 베고 적을 기다렸다. 그
      용기가 항상 사졸의 으뜸이 되도록 일하였기에 비장이 되었다(赴西南
      海防戍 枕戈待敵 其勇氣恒爲士卒先 以勞爲裨将).[13]

---

12 사회과학원 력사연구소, 『조선전사5(발해 및 후기신라사)』(과학백과사전종합출판사, 1991),
    278쪽에서는 신라 정부군이 패하였고, 원종과 애노의 난은 진압되지 않았다고 했다.
13 『三國史記』 권50, 甄萱傳.

진훤의 방수처가 서남해였기에 상대했던 '敵'은 해적이요, 수자리한 곳은 응당 항구였다. 그가 거병한 곳도 '서울 西南 州縣'[14]이라고 했다. 그러한 '서남해'에 속하는 항구나 海陣으로는 나주나 청해진이 설치된 將島 등을 꼽을 수 있다. 그러나 앞서 거론했던 순천 지역 인맥과의 연관성을 헤아릴 때 昇平港이 가장 적합하다. 실제 승평항의 거점인 해룡산성과 동일한 지형구인 광양만의 마로산성에서는 唐과 신라 그리고 일본을 잇는 교역품의 존재가 확인되었다. 따라서 진훤의 방수처는 지금의 순천인 승평항으로 지목된다.[15] 이 사실은 누구나 알 수 있는 게 아니라 필자가 최초로 구명했다.[16]

서남해에서 방수하며 숱한 전공을 세워 승승장구한 진훤의 최종 직위는 裨將이었다. 비장에 대해서는 보좌역으로 추정하는 등 여러 견해가 있지만 고위직으로 지목하지는 않았다. 이 경우는 "이 때 북원적 양길이 웅강하여 궁예가 스스로 의지하여 가서 휘하가 되었다. 진훤이 이를 듣고 멀리 양길에게 벼슬을 주어 비장을 삼았다"[17]는 기사를 주목해야 한다. 北原(원주)의 양길은 897~899년 당시 國原(충주) 등 30여 城 성주를 휘하에 두었던 대호족이었다. 그러한 양길을 자기 세력으로 당기기 위해 진훤이 제수한 비장이 하급직일 수는 없다. 따라서 진훤의 비장직은 서남해 방수의 총사령관에 해당하는 파격적인 고위직이었다.[18]

---

14 『三國史記』 권50, 甄萱傳.

15 李道學, 『진훤이라 불러다오』(푸른역사, 1998), 85-87쪽.

16 이와 관련해서는 李道學, 「後百濟의 全州 遷都와 彌勒寺 開塔」, 『韓國史研究』 165(2014), 3-5쪽을 참고하기 바란다.

17 『三國史記』 권50, 甄萱傳. "是時 北原賊梁吉雄強 弓裔自投爲麾下 萱聞之 遙授梁吉職 爲裨将"

18 이와 관련해 "문경 출신으로 京軍의 일원으로 복무하고 있던 견훤에게 절호의 기회가 온 것은 889년(진성여왕 3) 서남해지역 해양세력을 평정하기 위해 특별 편성된 '서남해방수군'의 부대장격인 '裨將'으로 임명되어 파견되면서부터였다. 견훤은 진군의 과정에서 경유 지역의 호족들을 아우르면서 강주(지금의 진주)에 이르자, 따르는 병사들이 5,000여 명에 달하는 것을 보고 처음으로 '반심'을 품게 되었다"는 주장을 검토해 본다. 그는 진훤이 '裨將'으로 임명되어 파견되었다고 했지만, 동일한 논문 다른 쪽에서는 "지방 호족들을 제압

2) 후백제의 시발점과 건국 시점

(1) 무진주 定都와 '自王' 의미

후백제사의 출발 시점을 무진주(광주)에 입성하여 도읍한 892년부터 936년까지의 45년 간으로 운위한다. 혹은 900년의 전주 立都를 開國으로 잡아 936년까지의 37년 간으로 잡기도 했다. 이러한 차이는 후백제 건국 시점에 대한 상이한 인식에서 비롯되었다. 여기서 주목해야 할 사실은 당대 후백제인들의 자국사 인식이다. 이들은 자국 역사의 시작을 거병한 889년에서 찾았다.[19] 따라서 후백제사는 햇수로 48년 간 반세기의 역사였다.

진훤이 892년에 무진주를 점령한 후의 정치체 성격과 관련해 다음 기사를 검토해 본다.

d. 完山賊 진훤이 州를 근거로 스스로 후백제를 일컫자 武州 동남 郡縣들이 降屬했다.[20]

e. 드디어 무진주를 습격하여 스스로 왕이라고 하였으나 오히려 감히 공공연히 왕을 칭하지는 못하였다. 新羅·西面都統指揮兵馬制置·持節·都督全武公等州軍事·行全州刺史 兼 御史中丞·上柱國·漢南郡開國公 食邑二千戶라고 自署했다.[21]

하며 혁혁한 전공을 세워 마침내 단위 부대를 지휘하는 '神將'의 지위에까지 올랐다"고 했다. 서로 충돌하는 서술을 하였다. 그런데 중요한 사실은 진훤은 호족 제압이 아니라 해적 소탕에 전공을 세워 비장에 올랐다. 그리고 진훤이 5천 명의 무리를 모은 것은 擧兵한 직후였고, '강주 입성'은 아무런 근거도 없다. 그 밖에도 고증상 허다한 오류가 보인다.

19 李道學, 「진훤과 후백제의 꿈과 영광」, 『견훤, 새로운 시대를 열다』(국립전주박물관, 2020), 14쪽.

20 『三國史記』 권11, 진성왕 6년 조. "完山賊甄萱 據州自稱後百濟 武州東南郡縣降屬"

21 『三國史記』 권50, 甄萱傳. "遂襲武珍州 自王 猶不敢公然稱王 自署爲新羅·西面都統指揮兵馬制置·持節·都督全武公等州軍事·行全州刺史 兼 御史中丞·上柱國·漢南郡開國公 食邑二千戶"

f. 景福 壬子 : 진훤[壬子에 光州를 처음 도읍으로 하였다].[22]

e에서 보듯이 진훤은 무진주에 입성한 후 '稱王'하였다. 그런데 국가 없는 王은 존재할 수 없고, 또 국가라면 응당 국호가 존재해야한다. 따라서 '백제'라는 이름의 건국은 892년이었고, 첫 도읍지는 광주였음을 알 수 있다. 실제 후백제 거점으로 추정되는 광주 무진고성에서 출토된 '國城' 銘 기와도[23] 이를 뒷받침한다. '국성'의 '국'은 '國都'를 가리킨다. 그리고 무진고성에서 출토된 정교하게 새긴 봉황문 수막새는 고려 왕궁터인 만월대·조선 숭례문·조선 태조와 관련한 양주 회암사지에서 출토되었다.[24] 후백제 왕궁의 배후 산성으로 지목하는 전주 동고산성에서 출토된 암막새에는 쌍봉황문이 새겨져 있었다. 이렇듯 봉황문 기와를 올린 건축물은 왕궁의 존재를 암시한다. 이로써도 광주가 후백제의 첫 도읍지였음을 알 수 있다. 그밖에 무진고성에서 출토된 귀면문 암막새 문양은 호족들의 城과는 달리 격조 높은 공간의 위용을 보여주었다.

그런데 e에서 "스스로 왕(自王)이라고 하였으나 오히려 감히 공공연히 왕을 칭하지는 못하였다"는 구절을 의식하여 건국을 부정하는 논자들도 있다. 이와 관련해 개국한 지 3년째 되는 1394년에도 태조는 조선왕을 칭하지 못하였다. 조선 태조는 어디까지나 '(高麗)權知國事'였고, 감히 왕을 일컫지는 못하였다(不敢稱王).[25] 그렇다고 태조를 조선 국왕이 아니라고 할 수는 없다. 이는 진훤에게도 적용할 수 있다.[26] 모두 신라와 明을 각각 의식했기 때문에 나온 정치적 修辭였다.

---

22 『三國遺事』 권1, 王曆, 景福 壬子. "甄萱[壬子 始都光州]"
23 진정환, 「후백제 문화의 특성과 그 배경」, 『견훤, 새로운 시대를 열다』(국립전주박물관, 2020), 282쪽; 차인국, 「후백제 기와의 특징과 사용 방식」, 『견훤, 새로운 시대를 열다』(국립전주박물관, 2020), 339쪽.
24 김왕국, 『견훤, 새로운 시대를 열다』(국립전주박물관, 2020), 132쪽.
25 『太祖實錄』 권6, 3년 6월 7일 조.
26 李道學, 「後百濟의 全州 遷都와 彌勒寺 開塔」, 『韓國史硏究』 165(2014), 9쪽.

(2) 전주 천도 배경

『삼국사기』 진훤전에는 "진훤이 서쪽으로 순행하다가 완산주에 이르렀다"고 했다. '巡'은 왕이 자국 영토 안을 둘러볼 때 사용한다. 완산주에서 진훤은 州民들이 열렬히 맞이하자(迎勞), 백제 역사의 유구함, 백제 개국지 금마산, 의자왕의 숙분을 씻겠다는 복수 선언을 했다. 이러한 천명은 完山 즉 전주 천도의 동기였다. 그는 삼한 가운데 가장 오랜 역사를 지닌 백제의 개국지를 금마산에서 찾았다. 『삼국사기』 진훤전은 이 기사에 이어 "드디어 스스로 후백제 왕을 일컫고, 設官分職하였다. 이때가 唐 光化 3년이요, 신라 효공왕 4년이다"고 했다. 그러면 전주에서 900년에 천명한 진훤의 다음 발언을 살펴본다.

g. 내가 삼국의 시초를 살펴보니, 마한이 먼저 일어나고 후에 혁거세가 발흥하였으므로 진한과 변한이 따라서 일어났다. 이에 백제가 금마산에서 개국하여 600여 년이 되었다(吾原三國之始 馬韓先 起 後赫世勃興 故辰卞從之而興 於是 百濟開國金馬山六白餘年).[27]

h. 내가 삼국의 시초를 살펴보니, 마한이 먼저 일어나 累代로 勃興한 까닭에 진한과 변한이 (마한을) 좇아 흥기했다. 이에 백제가 금마산에서 개국하여 600여 년이 되었다.

위의 두 가지 해석 가운데 일반적인 번역에 보이는 g는 誤譯이었기에[28] 재언하지 않는다. 다만 한 가지만 덧 붙인다면 漢文에 능한 爲堂 鄭寅普도 "말한(마한을 가리킴: 필자) 以後 赫世勃興하던 王朝의 末葉의 委遇를 바든 것은 갑핫으니…[前回 二段 '赫居世'라 한 것은 모다 '赫世'의

---

27 『三國史記』 권50, 甄萱傳.
28 李道學, 「後百濟의 全州 遷都와 彌勒寺 開塔」, 『韓國史研究』 165(2014), 16−18쪽.

誤]"[29]라고 했듯이 당초에는 '赫居世'로 번역했다가 '赫世'로 訂正하였다. 상식적으로 보더라도 혁거세가 발흥한 후에 어떻게 진한이 따라서 일어날 수 있겠는가? 선후 관계가 맞지 않기 때문이다. 그리고 '赫世'는 혁거세의 약자가 아니라 '累代' 즉 '代代로'를 가리킨다.[30] 대대로 顯貴한 高官을 가리키는 '赫世公卿'이라는 용어가 있다.[31]

진훤의 전주 천도 동기에 대하여는 여러 논의가 있었다. 이와 관련해 진훤이 전주에 순행했을 때 열렬히 환영을 받았다는 데 유의해야 한다. 백제 유민들로부터 부활한 국가에 대한 기대와 설렘을 읽을 수 있다. 전주에서는 광주에서보다 기대감의 강도가 훨씬 컸다는 것이다. 그 이유는 전주를 포함한 노령산맥 이북은 원 백제 영역이었던 데 반해, 영산강유역은 5세기 후반에 백제 영역이 되었기에 귀속 의식이 상대적으로 약했다. 이 점이 전주 천도의 주요한 동기가 된다.[32] 그리고 백제의 금마산 개국은 익산 王都에서 연유한 것이다. 유서 깊은 왕도의 장악은 정권의 정통성 확립과도 연계되어 있었다. 남고산성이나 동고산성에서는 우뚝 솟은 금마산 즉 익산 미륵산이 근접한 것처럼 보인다.[33] 백제의 개국지로 선포한 금마산 남쪽 전주에서 백제를 재건한 것은 지극히 자연스럽다.

진훤의 전주 천도는 백제 계승자로서의 입지와 정통성 문제, 그리고 남원경의 장악을 통한 정치적 입지의 확대, 운봉고원과 장계분지의 철과 같은 경제적 자산의 확보[34] 그리고 즉각적인 대야성 공격에서 알 수 있듯이

---

29 鄭寅普, 「五千年間 朝鮮의 '얼' (95)」, 『東亞日報』(1935. 7. 9).

30 신기철·신용철, 『새 우리말 큰사전(하)』(三省出版社, 1975), 3706쪽.

31 이숭녕 監修, 『현대국어대사전』(한서출판사, 1974), 925쪽.

32 李道學, 「弓裔와 甄萱의 比較檢討」, 『弓裔와 泰封의 역사적 재조명』(제3회 태봉학술제, 철원군)(2003), 20쪽.

33 지금의 금마산은 왜소하여 발상지의 상징으로서는 적합하지 않다. 현재의 미륵산을 금마산으로 일컬었다고 보아야 맞다.

34 李道學, 「가야와 백제 그리고 후백제 역사 속의 長水郡」, 『장수 침령산성 성격과 가치』(후백제학회 학술세미나, 2020), 28쪽.

신라에 대한 압박을 강화할 수 있는 지름길 확보 차원이었다. 견훤이 대야성 공격에 심혈을 기울였던 이유는 의자왕이 김춘추의 딸과 사위를 포획한 상징성이 큰 현장이었기 때문이다. 의자왕의 숙분을 씻겠다는 견훤은 선언의 이행을 위해 경주 장악을 최종 목표로 삼아 그 최단거리이자 상징성이 큰 대야성을 손에 넣고자 하였다. 이러한 복합적인 배경에서 전주 천도를 단행한 것으로 본다.

(3) 전주 도성과 궁성의 소재지

후백제가 전주로 천도한 이래 도성 운영 기간은 햇수로 37년이다. 전주 도성은 西都(西安)에 東都(洛陽)까지 건설했던 隋(581~619)의 皇都보다도 장구했다. 그럼에도 전주 궁성의 소재지는 합의를 보지 못하였다. 현재 궁성의 소재지에 대하여 동고산성·물왕멀·전라감영·인봉리 등이 거론되었다.

이와 관련해『호남읍지』(完山誌, 故事 條, 鄕里記言)에서 "예로부터 전하는 말에 전주부의 관아는 동쪽에 자리잡고 서향이었다고 하는데, 어느 때부터 고쳐져 남향이 되었는지는 알 수 없다(舊傳州治東坐西向 不知何時改爲南向)"고 했다. 지금은 전주의 진산은 건지산이지만 원래는 기린봉이었다는 것이다. 이 기록은 궁성의 소재지를 가늠하는데 중요한 관건이 된다. 西向한 궁성이나 도성은 극히 드문 사례에 속한다. 오히려 후백제 도성 기획과 관련한 사상적 배경을 찾는 데 유효할 듯싶다. 1688년(숙종 14)에 작성된「全州城隍祠重創記」에 따르면 동고산성은 견훤의 옛 궁터라고 했다(世謂甄萱古宮墟也). 그렇다면 동고산성은 궁성의 배후 산성 격이 될 수 있다. 이와 연결된 軸線에서 궁성의 소재지를 찾는 것도 방법이다.

전주 도성은 나성 구조였던 것 같다.『신증동국여지승람』에 따르면 "고토성은 전주부 북쪽 5리에 터가 있는데, 견훤이 쌓은 것이다(古土城在府北五里基址甄萱所築)"는 기록이 전한다. 실제 '고토성'은 남아 있는 유구를 통해 확인되었다.

이러한 문헌 기록과 지표조사 및 발굴 조사 성과를 토대로 중지를 모으면 궁성의 소재지는 구명될 것으로 낙관한다. 그 밖에 전라북도 동부 지역에서는 조사 발굴을 통해 후백제 시기의 산성들이 속속 확인되었다.[35] 차후에도 상당한 성과를 기대할 수 있을 것 같다.

3) 官에 의한 통치와 불교 시책

(1) 권위와 합법의 지표 '官' 지배의 재현

'官'에 의한 官的 秩序는 「광개토왕릉비문」에서 확인된 바 있다. 관적 질서는 신라에서도 율령 반포와 더불어 발효되었다.[36] 삼국의 건물지에서 무수히 출토되는 '官' 銘 기와는 관적 지배의 산물이었다. '官 중의 官'인 '大官' 명 기와는 후백제의 첫 왕성이었던 무진고성과 金馬 開國地인 익산 왕궁평성에서 출토되었다.[37] 지방의 각 행정단위는 '地名+官'으로 표기하였고, 중앙의 首府는 '大官'으로 일컬었던 것 같다. 왕궁평성 유적에서 출토된 '大官大寺' 명 기와는 후백제의 官寺制 운영을 알려준다. 이 점 앞으로 치밀하게 연구해야 할 과제로 남았다.

(2) 후백제의 불교와 미륵사 開塔

진훤의 불교 시책과 관련해 빼놓을 수 없는 기사가 미륵사 개탑이다. 「혜거국사비문」에 다음과 같이 적혀 있다.

> i. 龍德 2년(922) 여름 특별히 彌勒寺 開塔의 은혜를 입어, 이에 禪雲山

---

35 조명일, 「후백제 산성의 특징」, 『견훤, 새로운 시대를 열다』(국립전주박물관, 2020), 214–217쪽.

36 李道學, 「廣開土王陵碑文의 思想的 背景」, 『韓國學報』 106(2002), 3–7쪽.

37 진정환, 「후백제 문화의 특성과 그 비경」, 『견훤, 새로운 시대를 열다』(국립전주박물관, 2020), 282쪽.

의 選佛場에 나아가 壇에 올라 설법하였다(龍德二年夏 特被彌勒寺開塔
之恩 仍赴禪雲選佛之場 登壇說法時).

　　미륵사 개탑의 '개탑'은 문자 그대로 탑을 여는 불교 儀式이었다. 탑 안
의 불사리를 모시고 나와 會衆에게 親見시키는 불교계 최대의 이벤트였
다. 소설「법문사의 비밀」로 널리 알려진 西安 외곽에 소재한 법문사의 불
사리 신앙에서 알 수 있듯이 온 도성이 시끌벅적해지는 축제였다. 唐代에
는 이로 인한 폐해가 극심했기에 韓愈(768~824)가 맹비난을 하기도 했다.
　　이러한 미륵사 '개탑'은 허물어진 탑을 수리하는 개축과는 아무런 관련
이 없다. 그러면 迎佛骨 의식인 개탑 대상은 어떤 탑이었을까? 미륵사는
중앙의 목탑과 그 좌우의 석탑을 포함해 모두 3기의 탑으로 구성되었다. 이
가운데 석탑 2기는 구조적으로 '개탑'하여 불사리를 모셔올 수 없다. 응당
중앙의 목탑이 개탑 대상일 수밖에 없다. 그러나 논자들은 "가을 9월에 금
마군 미륵사에 벼락이 쳤다"[38]는 기사에 근거하여 719년에 미륵사 목탑이
파괴되었을 것으로 추측했다. 그러면 유사 사례인 신라 황룡사 구층목탑이
벼락을 맞았던 다음 기사를 본다.

　j.　1차 698년(효소왕 7)/ 2차 718년(성덕왕 17)/ 3차 868년(경문왕 8)/ 4차
　　　1036년(靖宗 2)/ 5차 1095년(獻宗 1).

　　황룡사 구층목탑은 최소 5차례의 벼락을 맞았다. 심지어 구층목탑은
949년(광종 즉위년)과 1095년(獻宗 1)에는 불타기까지 했다. 그렇지만 구층
목탑은 다음에서 보듯이 645년(선덕여왕 14)에 建立한 이래 꾸준히 수리하
였다.

---

38 『三國史記』 권8, 성덕왕 18년 조. "秋九月 震金馬郡彌勒寺"

k. 720년(성덕왕 19) : 重成 / 868년(경문왕 8) : 重修 / 871년(경문왕 11) : 改

造 / 1012년(현종 3) : 修 / 1095년(현종 1) : 修 / 1096년(숙종 1) : 重成 /

1106년(예종 1) : 修 / 1238년(고종 25) : 燒失.

이러한 사례에 비추어 볼 때 미륵사탑도 벼락을 맞았다치더라도 重修되었을 것이다. 그랬기에 미륵사는 조선 전기까지 寺勢를 유지했다고 본다.

한편 사리 장치를 쉽게 열어볼 수 없으므로 '開塔'은 대대적인 改修 때나 가능하다고 추측한다. 그러나 황룡사 구층목탑의 경우 「황룡사찰주본기」에 따르면 "11월 6일에 여러 신하들을 거느리고 가서 기둥을 들게 해서 이것을 보았더니 柱礎의 구멍 안에 金銀으로 된 高座가 있었고, 그 위에 사리가 든 유리병이 안치되어 있었다. … 25일에 원래 두었던대로 해 놓고 또 사리 100매와 법사리 2種을 보태어 안치하였다"고 했듯이 開塔이 결코 어려운 일은 아니었다. 여기서 '기둥[柱]'은 心柱를 가리킨다. 심주를 들어 올려 사리를 확인한 것이다. 이러한 경우는 塔의 구조체에 무리를 주지 않고 심주를 들어 올리는 것이 가능한 방식으로 심주가 세워졌음을 뜻한다. 즉 心柱가 목조 구조체를 지지하지 않는 한편 그 형식상 여러 개의 短柱가 연결된 형태로 추정하고 있다.[39] 그렇다면 황룡사 구층목탑 조성에 직접 영향을 끼친 백제 미륵사 목탑의 경우도 이와 같은 心柱 형식을 상정하는 게 가능해진다. 따라서 미륵사 목탑의 '開塔'은 불사리를 맞는 의식임을 알 수 있다.[40]

미륵사 개탑과 엮어져 왕궁평성 오층석탑의 조성 시기가 관심을 모았다. 오층석탑 기단부 심주석에 부장된 10세기 초 금동불상도 922년의 개탑 의례 선상에서 해석하는 게 자연스럽다.[41]

---

39 權鍾湳, 『皇龍寺九層塔』(미술문화, 2006), 194쪽.

40 李道學, 「後百濟의 全州 遷都와 彌勒寺 開塔」, 『韓國史研究』 165(2014), 19−25쪽.

41 김왕국, 「익산 왕궁리 사리장엄구는 누가 넣었을까?」, 『견훤, 새로운 시대를 열다』(국립전주박물관, 2020), 170−171쪽.

후백제 불교 미술 가운데 불상과 塔에 대한 연구에 맞추어 완주 봉림사지와 장수 개안사지·임실 珍丘寺址를 비롯한 숱한 후백제 사찰들이 확인되었다. 차후 보다 심도 있는 조사와 발굴이 긴요하다. 비록 후백제 멸망 직후에 왕건이 창건한 사찰이지만, 논산 탑정 호수에 수몰된 魚鱗寺址에 대한 조사도 요망된다. 후백제 영역 속의 사찰일 뿐 아니라 魚鱗陣의 실체를 확인시켜 주었기 때문이다.[42]

4) 초기청자의 제작처와 '후백제 청자'

초기청자의 유입 과정과 경로는 우리나라 청자사 연구에 중요한 과제였다. 일반적으로 초기 청자는 고려 건국 이후 제작되었다고 한다. 그랬기에 '고려 청자' 대신 '후백제 청자'로 부르지 않는 이유를 생각해 보라는 주문도 있었다.[43] 이와 관련해 진안 도통리 1호 가마는 초기 가마인 벽돌가마였다. 도통리 가마에서 구운 것으로 보이는 청자들이 동고산성·남원 만복사지·임실 진구사지·장수 합미산성과 침령산성 등지에서 숱하게 출토되었다.[44]

우리나라 초기청자의 유입로로서 오월국 지목은 합리적이다. 신라군에 복무하던 시절 진훤은 건국 전의 錢鏐와 교류하였다. 마로산성 출토 월주요 陶瓷의 존재도 그러한 線上에서 해석된다. 후백제와 오월국의 유착은 금석문상에서 오월국 연호인 '天寶'와 '寶正'이 확인된 데서도 엿볼 수 있다. 오월국왕 전류 사망 이듬해인 933년에 후백제는 조문 사절을 파견하였다. 그리고 935년에 신검 정변이 발생했을 때 반신검계와 친금강계 호족들

　진정환, 「후백제와 익산」, 『견훤, 새로운 시대를 열다』(국립전주박물관, 2020), 181쪽.

42 李道學, 「後百濟의 降服 動線과 馬城」, 『동아시아문화연구』 65(한양대학교 동아시아문화연구소, 2016), 21-22, 24쪽.

43 서유리, 「우리나라 초기 청자 등장에 대하여」, 『견훤, 새로운 시대를 열다』(국립전주박물관, 2020), 232쪽.

44 곽장근, 「고고학으로 찾아낸 후백제와 미래전략」, 『견훤, 새로운 시대를 열다』(국립전주박물관, 2020), 269-274쪽.

은 오월국으로 피신하기도 했다. 이때 親甄萱 정책을 줄곧 견지해 온 오월국은 후백제 내정을 파악하고는 신검 정권을 승인하지 않았다. 이로 인해 신검 정권은 부득불 후당에 승인받는 길을 택했다.[45] 이러한 오월국과의 교류선상에서 초기 청자의 유입로를 상정하는 한편[46] '고려청자' 이전 '후백제청자'의 존재를 상정할 수 있다.

5) 진훤과 해상 세력―갈등과 협조의 이중주

진훤은 서남해에서 방수할 때부터 海上과 익숙해져 있었다. 그의 사위 박영규는 순천 지역 호족으로서 海商으로 추정하고 있다. 진훤이 승평항에서 거병할 때(889)는 23세였기에 박영규를 사위로 맞은 시점은 일러야 910년 경 이후였다. 그렇지만 진훤은 복무지인 승평에서 박영규 가문과 유대를 맺은 것은 분명하다.

진훤은 승평항을 본거지로 광양의 마로산성을 비롯한 남해안과 서해안 일부에 세력을 미쳤다. 진훤은 해적 소탕을 통해 항로의 안정적 확보를 마련해 교역을 활성화시키고자 했다. 그는 자신의 군함을 통해 商船을 보호할 수 있었다. 그 결과 진훤은 당과 신라 그리고 일본을 이어주는 삼각교역의 仲介者로서 상당한 富를 축적했다고 본다. 그런데 경제적 이득은 상대성을 지녔기에 이해 충돌 소지를 안고 있었다. 일단 海商들에게는 경제적 입지가 축소되었다. 남중국과의 교류상 중요한 항구인 會津을 끼고 있는 나주 세력들의 불만이 증폭될 수밖에 없었다. 나주의 군소 호족들은 해상들과 연계해 경제적 이익을 공유하는 관계였다. 그런데 진훤으로 인해 이익이 차단되는 상황에 직면하자 궁예에게 지원을 요청한 것으로 풀이된다.

---

45 李道學, 「後百濟와 高麗의 吳越國 交流 研究와 爭點」, 『한국고대사탐구』 22(2016), 267–295쪽.

46 郭長根, 「진안고원 초기청자의 등장배경 연구」, 『全北史學』 42(2014), 107–132쪽.

궁예의 부하인 왕건이 나주 호족이나 해상들의 이익을 지켜주기 위해 후백제 수군과 격돌한 것이다. 그렇지 않고서는 궁예가 자국 영역에서 거리가 상당히 떨어진 남쪽 바다로 기를 쓰고 진출할 이유가 없었다.[47] 심지어 궁예까지 몸소 내려와 후백제 수군과의 격돌을 지휘하기까지 했다.

물론 서남해 제해권 장악을 통해 중국 왕조로부터 후백제를 고립시키려는 궁예나 왕건의 전략적 측면도 고려해야 한다.

6) 후백제의 멸망 動線과 기록의 소멸

후삼국기 마지막 전장에 등장하는 馬城의 소재와 관련해 『고려사』의 기사를 자의적으로 해석하여왔다. 그러나 "我師追至黃山郡 踰炭嶺 駐營馬城"라는 구절은 "우리 군대가 추격하여 황산군에 이르러 탄령을 넘어 마성에 駐營하였다"고 해석해야 맞다. 이때 왕건의 本營은 황산에 주둔하였다. 반면 고려의 勁兵은 후백제 패잔병을 추격해 馬城까지 진격한 것이다. 그러나 기존 연구에서는 분리 해석을 못했다. 게다가 「개태사화엄법회소」의 개태사 부지를 신검이 항복하러 온 고려군 駐營地인 마성과 동일시한 게 크나 큰 오판이었다. 고려군은 마성에서 항복하러 온 신검 일당을 대동하고 고려군 본영이 있는 황산으로 올라 왔다. 황산의 魚鱗寺 부지에 주둔하고 있던 왕건은, 개태사 부지에서 후백제로부터 항복을 받았다. 항복하러 신검이 찾아온 마성과 항복 의식이 치러진 개태사 부지는 동일하지 않았다.[48]

馬城 소재 구명의 관건이 되는 炭嶺은, 황산군 즉 지금의 논산시 연산면 일대와 접한 전라북도 완주군 운주면 쑥고개로 비정된다. 고려군은 완주와

---

47 李道學, 「新羅末 甄萱의 勢力 形成과 交易」, 『新羅文化』 28(2006), 217쪽.
48 李道學, 「後百濟의 降服 動線과 馬城」, 『동아시아문화연구』 65(한양대학교 동아시아문화연구소, 2016), 16-26쪽.

접한 탄령을 넘어 후백제 도성인 全州로 추격하는 동선상의 마성에 머물렀다. 馬城은 金馬城 혹은 金馬渚로 일컬어졌던 익산 지역 가운데, 후백제 멸망 관련한 왕건의 建塔說話가 남아 있는 왕궁평성으로 비정된다.[49]

후백제의 갑작스런 몰락은 일대 재앙이었다. 특히 "신라 말엽에 진훤이 완산을 점령하고는 삼국의 모든 서적을 실어다 놓았었는데, 그가 패망하게 되자 모두 불타 재가 되었으니, 이것이 3천년 이래 두 번의 큰 厄이다"[50]고 하였다. 927년에 경주에서 실어온 역사서 등이 全燒된 것이다. 계승되지 못한 역사로 인해 역사의 극심한 빈곤과 단층을 초래했다. 현재 전하는『삼국사기』가 소략한 이유였다.[51]

4. 맺음말—후백제사가 지닌 문화 자산으로서의 의미

반세기 역사 후백제는 획일성에서 다양성으로의 전기를 마련했다. 일례로 후백제 건국의 苗床인 광양 마로산성의 수막새기와에서는 기존의 연화문에서 벗어나 바람개비·마름모·구름무늬 등 무려 33종의 다양한 문양이 나타난다.[52] 신라의 변방에서부터 획일을 극복한 시대 분위기를 반영한 증좌였다. 이후 제작된 후백제 기와의 특징은 "제작 기법은 기존의 전통을 유지하되, 문양은 독창적인 것을 사용하는 것으로 볼 수 있다"[53]고 한다.

이와 관련해 논자들은 진훤이 신라의 17관등 체제를 수용하자 사회 개혁 의지가 없는 것으로 단정했다. 그러나 맞지 않은 억측에 불과하다. 진훤

---

49 李道學, 「後百濟의 降服 動線과 馬城」, 『동아시아문화연구』 65(한양대학교 동아시아문화연구소, 2016), 34–35쪽.

50 『雅亭遺稿』 권3, 紀年兒覽, 序.

51 李道學, 「권력과 기록」, 『東아시아古代學』 48(2017), 40쪽.

52 김왕국, 『견훤, 새로운 시대를 열다』(국립전주박물관, 2020), 90쪽.

53 차인국, 「후백제 기와의 특징과 사용 방식」, 『견훤, 새로운 시대를 열다』(국립전주박물관, 2020), 336쪽.

은 가장 이상적이고 평화적 정권 교체 방식인 受禪이 목표였다. 그는 신라의 기존 질서를 존중하면서 경쟁자인 왕건 제압을 당면 과제로 삼았던 것이다. 그리고 진훤은 남중국의 오월국, 후당과 북중국의 거란 그리고 남방의 일본과 교류했거나 시도했다. 진훤은 중국 일변도에서 벗어나 다양성을 추구하였다.

후백제 문화는 '전통 속의 변화와 다양성'을 말하고 있다. 이와 연계해 후백제 유산에 대한 국가문화재 등재 작업을 추진해야 한다. 후백제 '正開' 연호가 새겨진 편운화상부도가 우선 순위임은 분명하다.[54] 논산 연무에 소재한 진훤왕릉은 국가사적 지정을 추진해야 한다. 그리고 후백제 문화 유산의 활용 차원에서 진훤 왕의 전주 천도 행렬, 백제 유민들을 결집시켰던 '전주 선언' 재현 의식을 통한 축제 마당으로의 승화이다. 이렇듯 문화관광 자원으로서도 후백제는 未踏의 소중한 자산으로 남아있다.

---

54 李道學, 「문화재 등급 재조정해야」, 『국민일보』(2005. 6. 8).

후삼국 시대 태동의 사회, 문화적 배경

김갑동

대전대학교 역사문화학과 교수

1. 머리말
2. 신라 말기의 사회, 문화적 상황
3. 진성여왕대의 농민봉기와 6두품, 호족의 등장
4. 백제·고구려 부흥 의식의 대두와 후삼국 성립
5. 맺음말

1. 머리말

후삼국 시대는 한국 역사상 커다란 격동기 중 하나였다. 궁예의 후고구려와 견훤의 후백제가 성립되어 기존의 신라와 더불어 후삼국을 형성한 시기였다. 흔히 이 시기는 나말려초로 불리우기도 한다. 이 시기에는 약 50여 년에 걸친 후백제와 궁예의 후고구려[후에는 왕건의 고려]가 극심한 대립을 이어가던 시기였다. 이러한 전란의 와중에서 신라에서 고려로의 왕조 교체가 있었다. 그리하여 이 시기를 경계로 하여 신라와 고려는 자못 다른 사회적 성격을 갖게 되었다.

이 시기에 대한 연구는 대체로 세 가지 방향에서 살펴볼 수 있다. 첫째는 이 시기에 신라의 멸망을 촉진시킨 6두품과 사회변동을 이끌어간 호족에 대한 연구이고, 둘째는 제도상의 변화에 대한 연구이다. 셋째는 후삼국 시대의 주역들인 궁예와 왕건, 견훤 세력에 대한 연구이다.[1]

그런데 여기서는 후삼국 시대가 태동하게 된 사회, 문화적 배경을 살펴보고자 한다. 먼저 신라말기의 사회, 문화적 상황을 알아보고 이어서 진성여왕 대의 혼란 상황과 농민 봉기, 이들을 이끌었던 호족과 6두품의 동향에 대해 살펴보고자 한다. 그리고 멸망한 백제국에 대한 부흥 의식의 대두와 후삼국의 성립에 대해 탐구해보고자 한다. 이를 통해 후삼국이 어떠한 시대적 배경 속에서 탄생하였는가 하는 점이 밝혀지리라 기대한다.

---

1 이에 대한 연구 성과는 너무 많아 다 열거할 수 없기 때문에 생략하기로 한다.

2. 신라 말기의 사회, 문화적 상황

왕조의 멸망이나 문명의 쇠퇴에 대한 징조는 우선 사회의 상층부에서 나타난다. 즉 지배 계급의 분열과 타락 현상이 일어나는 것이다.

신라의 경우도 예외가 아니었다. 중대의 마지막 왕인 惠恭王 대에 大恭의 난을 계기로 하여 전국에서 96명의 角干들이 권력다툼을 벌이기 시작했다. 이리하여 결국에는 金良相·金敬信 등이 혜공왕과 金志貞을 살해하고 김양상이 왕위에 올랐다. 이가 곧 宣德王(780~785년)으로서 이때부터 하대가 시작되었던 것이다.[2]

선덕왕이 죽은 후에도 김경신과 金周元 사이에 왕위계승전이 벌어졌다. 여기에는 재미있는 이야기가『三國遺事』에 전하고 있다.

A. 伊飡 金周元이 처음에 上宰가 되고 왕은 角干으로서 二宰에 있었다. 그런데 꿈에 경신이 幞頭를 벗고 흰 갓을 쓰고 가야금을 들고 천관사 우물 속으로 들어가는 것이었다. 꿈을 깨고 나서 사람을 시켜 점을 치게 하니 그가 말하기를「복두를 벗었다는 것은 관직을 잃을 징조요 가야금을 들었다는 것은 칼을 목에 쓸 징조이고 우물 속에 들어갔다는 것은 감옥에 들어갈 징조입니다.」하였다. 왕이 이를 듣고 심히 근심하여 杜門不出하였다. 이때 阿飡 餘三이란 자가 와서 뵙기를 청하였으나 왕이 병을 칭하고 나가지 않았다. 그가 다시 청하기를「원컨대 한 번 뵐 수 있었으면 좋겠습니다.」하니 왕이 이를 허락하였다. 아찬 여삼이 말하기를「공이 꺼리는 바가 무슨 일입니까?」하였다. 왕이 꿈을 점친 상황을 갖추어 말하니 여삼이 흥분하여 절하면서 말하기를「이는

---

2 이기백은 김양상의 상대등직 임명과 빈번한 중국에의 사신파견을 들어 신정권의 집권을 혜공왕 10년경으로 추정하고 있다. 다시 말해 774년(혜공왕 10)이 중대에서 하대로 가는 획선이라고 보았다[「신라 혜공왕대의 정치적 변혁」,『사회과학』2(1958);『신라정치사회사연구』(일조각, 1974), 223-237쪽].

吉夢입니다. 공이 만약 큰 자리에 올라 저를 버리지 않는다면 공을 위해 꿈을 풀어드리겠습니다.」하였다. 왕이 이에 좌우의 신하들을 물리치고 해몽하기를 「복두를 벗었다는 것은 다른 사람이 더 이상 위에 없다는 것이요 흰 갓을 썼다는 것은 면류관을 쓸 징조입니다. 12줄 가야금을 들었다는 것은 12세 손이 왕위에 오를 징조요 천관사 우물 속으로 들어갔다는 것은 궁궐로 들어갈 상서로운 징조입니다.」 왕이 말하기를 「내 위에 주원이 있는데 어찌 내가 上位에 오르겠는가?」 여삼이 말하기를 「청컨대 北川의 神에게 몰래 제사하는 것이 좋을 것입니다.」하니 이에 따랐다. 얼마 안 있어 선덕왕이 돌아가니 國人들이 주원을 받들어 왕으로 삼고자 하여 장차 궁궐로 맞아들이려 하는데 그 집이 북천의 북쪽에 있었다. 그런데 갑자기 냇물이 불어 건널 수 없게 되니 왕이 먼저 궁궐로 들어가 즉위하였다. 그러자 上宰의 무리들이 다 와서 붙고 새로 등극한 임금에게 절하며 축하하였다. 이가 곧 元聖大王 敬信이었다.(『三國遺事』卷2 紀異2 元聖大王조)

여기서 보는 바와 같이 김경신이 어느날 복두(幞頭 : 신하들이 머리에 쓰는 일종의 모자)를 벗고 흰 갓을 쓰고 12줄 가야금을 들고 天官寺 우물 속으로 들어가는 꿈을 꾸었다 한다. 이를 이상히 여긴 김경신이 사람을 시켜 점을 쳐보니 관직에서 물러나 칼을 쓰고 감옥으로 들어갈 흉몽이라 하였다. 김경신이 근심하며 두문불출하였는데 餘三이란 자가 와서 그것은 흉몽이 아니고 길몽이라 하였다. 즉 내물왕의 12대손이었던 그가 신하의 위치에서 벗어나 면류관을 쓰고 궁궐로 들어갈 징조라는 것이었다. 김경신은 여삼의 계략에 따라 北川에 제사하였다. 그런데 김주원이 왕위에 즉위하기 전날 밤 비가 많이 와 왕궁에 도착하지 못함으로써 김경신이 元聖王(785~798년)으로 왕위에 올랐다는 것이다.[3]

3 그러나 『三國史記』권10 신라본기 원성왕 원년조에는 김경신의 꿈 이야기는 나오지 않고

이는 김경신이 왕위에 오른 것을 스스로 정당화하기 위해 꾸며낸 설화로 생각된다. 실제로는 김경신이 정당한 왕위계승자였던 김주원을 실력으로 몰아냈을 것이다. 김경신의 꿈을 흉몽이라 하고 근신할 것을 권한 자는 김주원파라 할 수 있고 그것을 길몽이라 한 자는 김경신을 충동질하여 출세를 도모한 자라 할 것이다. 여기에서 김경신이 승리하여 원성왕으로 즉위하였다.

이후에도 왕위계승을 둘러싼 권력쟁탈전은 계속되었다. 昭聖王(799~800년)의 뒤를 이은 哀莊王(800~809년)대에는 그의 삼촌이었던 金彦昇이 왕을 살해하고 憲德王(809~826년)으로 즉위하였다.

헌덕왕의 뒤를 이은 興德王(826~836년) 말년에 왕위쟁탈전은 극에 달하였다. 그가 후사없이 세상을 떠나자 金悌隆을 지지한 侍中 金明파와 上大等이었던 金均貞파가 대립하였다.

B. 이전에 興德王이 사망했을 때, 그의 從弟 均貞과 從弟의 아들 悌隆이 모두 임금이 되고자 하였다. 이 때 侍中 金明과 阿飡 利弘, 阿飡 裵萱伯 등은 제융을 지지하였고, 阿飡 祐徵은 조카 禮徵 및 金陽과 더불어 그의 아버지 균정을 지지하였다. 그들은 동시에 대궐로 들어가 서로 싸웠다. 김양은 화살에 맞아 우징 등과 함께 도주하였고, 균정은 죽었다. 이에 따라 후에 제융이 즉위하게 된 것이다.(『三國史記』 권10 신라본기 희강왕 원년조)

여기에서 김명 일파가 승리하여 金悌隆이 僖康王(836~838년)으로 즉위하였다. 이 희강왕도 김명의 핍박으로 자살하고 김명이 閔哀王(838~839년)이 되었다. 그러나 일시 패배하였던 김균정의 아들 金祐徵은 張保皐의 청

___

알천의 물이 불어 김주원이 왕궁으로 오지 못하자 衆議로 김경신이 왕위에 올랐다는 내용만 나와 있다.

해진 군대의 힘을 빌려 민애왕을 살해하고 神武王(839~839년)으로 즉위하였다.[4] 이와 같은 진골귀족들끼리의 왕위쟁탈전은 신라사회의 근간이었던 골품제의 모순 내지 붕괴에 기인하는 것이었다.[5]

朴氏 왕의 갑작스런 등장도 왕족들의 암투를 짐작케 해준다.[6] 즉 孝恭王의 뒤를 이어 즉위한 神德王과 景明王, 景哀王이 박씨 왕이었던 것이다. 이들의 등장에 따른 권력다툼에 대해서는 기록상으로는 찾아지지 않지만 김씨 왕족 가문에서 쉽게 왕위를 물려줬을 것 같지가 않다. 무력적인 것은 아닐지라도 권력을 둘러싼 암투는 있었다고 보는 것이 합리적이다.

견훤의 신라 침공이 김씨 왕족과 박씨 왕족의 권력 다툼에서 비롯되었다는 견해도 이러한 배경에서 나온 것이었다. 즉 견훤은 신라 왕실 내의 분열과 박씨 왕의 정통성을 문제삼아 경애왕을 제거한 것이고 이어 정통 왕위 즉 김씨 왕을 세운다는 명분을 내세워 金傅를 敬順王으로 옹립한 것이라는 것이다.[7] 이 견해에 약간의 문제가 있을 수 있으나 김씨 왕족과 박씨 왕족의 권력 다툼을 시사하는 점에 있어서는 눈여겨 볼만 하다.

또한 신라의 왕이나 귀족들은 창조적인 일에 종사하지 못하고 사치·방탕한 생활을 일삼았다. 그리하여 806년(애장왕 7)에는 호화로운 佛事와 金銀器의 사용을 금지하기까지 하였다.[8]

불교계의 폐단과 사치스런 생활도 문제가 되었다. 특히 사찰의 난립은 국가의 재정을 좀 먹게 하였고 농민의 생활을 피폐하게 하였다. 왕건도 죽

---

4 『三國史記』권10 신라본기 민애왕 1, 2년조 및 『三國史記』권44 金陽傳.

5 변태섭, 「廟制의 변천을 통하여 본 신라사회의 발전과정」, 『역사교육』8(역사교육연구회, 1964); 이기백, 「신라 私兵考」, 『역사학보』9(역사학회, 1957); 이기백, 『신라정치사회사연구』(일조각, 1974); 김창겸, 『신라하대 왕위계승 연구』(경인문화사, 2003); 권영오, 『신라하대 정치사 연구』(혜안, 2011).

6 조범환, 「신라말 박씨왕의 등장과 그 정치적 성격」, 『역사학보』129, 1991; 권덕영, 「신라하대 박씨 세력의 동향」, 『한국고대사연구』49, 2008; 전기웅, 「신라의 멸망과 박씨왕가」, 『신라의 멸망과 경문왕가』(혜안, 2010).

7 신호철, 「신라의 멸망과 견훤」, 『충북사학』2(1989).

8 『三國史記』권10 신라본기 애장왕 7년 3월조.

으면서 남긴 훈요 10조에서 사원의 남설을 걱정하면서 "신라 말기에 사원들을 함부로 많이 세워서 地德을 훼손시켰고 결국은 나라가 멸망하였으니 어찌 경계할 일이 아니겠는가?"[9]라고 하고 있다.

김부식도 『삼국사기』에서 "신라가 浮屠[불교]의 법을 받들어 그 폐해를 알지 못하고 거리에는 탑과 사원이 늘어서고 평민들은 사찰로 도망하여 승려가 되었으니, 병사와 농민은 점점 줄어들고 국가는 날로 쇠하여 가니 어찌 어지러워 망하지 아니할 수 있었겠는가"[10]하고 있다. 사원이나 탑의 남설과 더불어 승려 수의 증가로 인한 군사와 농민의 감소 때문에 신라가 멸망하였음을 지적하고 있다.

불교의 사치함도 지적할 수 있다. 최승로는 시무 28조에서도 신라 말기 불교의 폐단을 지적하고 있다. 다음 기록을 보자.

C. 불경을 필사하고 불상을 조작하는 것은 다만 오래도록 전하게만 하면 될 것이지 하필 진귀한 보물로 장식하여 도적들의 마음을 자극시킬 필요가 있겠습니까? 옛날에는 불경은 모두 누런 종이를 사용하였고 또 전단목으로 軸을 만들었으며 불상은 금, 은, 동, 철을 사용하지 않고 다만 돌과 흙과 나무를 썼습니다. 그런 까닭에 도난당하거나 파괴되는 일이 없었습니다. 신라 말년에 불경과 불상들에 모두 다 금, 은을 썼으며 사치가 과도하였기 때문에 끝내 멸망하였으며 장사치들은 불상을 절취하고 파괴하며 이리저리 상호 매매하여 제 살림을 꾸리는 지경에 이르렀습니다. 근래에 와서도 그런 풍습이 아직도 남아 있으니 바라건대 이것을 엄금하여 그 폐단을 없애 버리십시오.(『高麗史』 권93 최승로전)

신라 말기에 금이나 은으로 불경을 필사하는 풍조가 있었으며 불상에도

---

9 『高麗史』 권2 태조세가 26년 4월조.
10 『三國史記』 권12 신라본기 경순왕 論.

금, 은, 동, 철을 사용함으로써 盜心을 일으키게 하였고 많은 재물을 낭비하였음을 지적하고 있다.

한편 경제적인 측면에서는 富의 편재현상이 일어났다. 토지가 일부 귀족들에게 집중됨으로써 빈부의 격차가 극심하게 되었던 것이다. 원래 귀족들은 관직복무의 대가로 祿邑을 받았다. 이 녹읍은 神文王(681~692년)대에 文武官僚田으로 대치되기도 했지만 귀족들의 반대로 景德王(742~765년)대에 다시 부활되었다.[11] 이러한 녹읍의 치폐는 녹읍의 성격과 밀접한 관련을 갖는 것이었다. 녹읍은 일정한 지역의 토지 뿐 아니라 그곳 주민들에 대한 노동력의 징발까지도 허락되어 있었다. 반면 관료전과 녹봉은 귀족들의 인간 지배를 배제한 것이었다. 이런 면에서 보아 신문왕 대의 녹읍제 폐지는 전제왕권의 강화와 밀접한 관련이 있었다고 보여진다. 그러나 이에 대한 귀족들의 불만이 누적되자 다시 경덕왕 대에 부활되었던 것이다. 이리하여 귀족들은 다시 일정한 지역의 토지 뿐 아니라 그 지역의 농민들까지도 지배하게 되었다. 이들 농민들에게 무기가 주어지게 되면 곧바로 귀족들의 개인적인 사병이 될 수 있는 소지가 있었던 것이다.

한편 귀족들 중 특별한 공로가 있는 자나 특별하고도 예외적인 신분·지위 또는 관직을 획득한 자들에게는 食邑이 주어졌다. 통일신라 시대에 삼국 통일의 주역이었던 金庾信과 金仁問에게 식읍이 주어졌으며[12] 선덕왕 즉위 시 김주원에게 三陟, 斤乙於, 蔚珍 등이 식읍으로 주어졌던 것이다.[13] 이 식읍 역시 그 지역의 토지 뿐 아니라 인민에 대한 지배도 인정되었다. 즉 귀족들은 그 지역의 주민들로부터 조세 뿐 아니라 공부, 역역의 수취까지도 가능했던 것이다. 그러나 그 규모에 있어서는 식읍이 녹읍보다 훨씬 큰 것이었다.

---

11 강진철, 「신라의 녹읍에 대하여」, 『이홍직회갑기념 한국사학논총』(신구문화사, 1969).
12 『三國史記』 권43 金庾信傳 下 및 『三國史記』 권44 金仁問傳.
13 『新增東國輿地勝覽』 권44 강릉도호부 인물조.

이렇듯 귀족들은 녹읍과 식읍이라는 토지를 합법적으로 지배하고 있었다. 그러나 하대로 접어들면서 중앙 정계의 혼란과 더불어 귀족들의 토지 소유는 급격히 증대되어 갔다. 그리하여 田莊이라 불리우는 대토지 소유가 형성되었다. 전장은 보통 국가로부터 賜田, 祿邑의 수여 등을 토대로 한 합법적인 신간지의 개척도 있었다. 그러나 하대의 정치적인 혼란상이 계속 되면서 불법적인 토지의 탈점이나 약탈, 고리대를 통한 토지와 인민의 점 유현상이 일어났다. 다음의 기록은 당시 귀족들의 생활상을 잘 전해주고 있다.

D. 재상가에는 녹이 끊이지 않고 奴僮이 3천이며 甲兵 및 소·말·돼지도 이와 상등하였다. 섬이나 산에 목축을 하는데 모름지기 먹고 싶으면 곧 쏘아 잡았다. 사람들에게 미곡을 이식하는 데 다 갚지 못하면 노비 로 삼았다.(『新唐書』 권220 신라전)

즉 재상들의 집에는 녹이 끊이지 않았으며 남는 곡식을 가난한 농민들 에게 빌려주어 고리대를 하고 있었던 것이다. 이렇게 부를 축적한 귀족들 은 金入宅이나 四節遊宅까지 소유하였다.

이러한 대토지소유는 귀족들뿐 아니라 승려나 사원에 의해서도 행해졌 다. 이것은 주로 왕이나 귀족들의 토지 기증에 의해 형성되었다. 애장왕이 2,500결이나 되는 토지를 해인사에 시납한 사실이 이를 입증해준다. 또 승 려들도 개인적으로 많은 토지를 소유하고 있었음은 智證의 예에서 찾아진 다. 그는 헌강왕 5년(879)에 500결이나 되는 자신의 田地를 봉암사에 희사 하고 있는 것이다.[14] 이같은 현상은 당시의 불교가 왕실이나 귀족과 밀착되 어 있었음을 말해준다. 사원이 왕이나 귀족들의 원찰로서 이용되는 경우가 많았던 데서 알 수 있다. 이렇게 형성된 대토지 소유는 田莊이라 불렸다.

---

14 『朝鮮金石總覽』上 鳳巖寺智證大師寂照塔碑.

전장에는 知莊이라는 관리인이 파견되어 있었고, 지장이 거주하고 있는 곳은 莊舍라 칭하였다.

반면 민중들은 입에 풀칠하기도 힘든 상황이었다. 남의 집에서 품을 팔아 먹었어도 식량이 모자라 아이를 버려야 하는 사태가 벌어졌다. 30이 넘도록 시집을 가지 못하고 걸식을 해서 어머니를 봉양해야 했다. 孫順이나 連權의 딸이 그러한 경우였다.[15] 힘들게 일해 보았자 추수 때가 되면 귀족들에게 다 빼앗겨 버리는 형편이었다.

다음으로는 인구의 지역이동과 수직 이동이 활발히 일어났다. 우선 인구의 지역이동으로 들 수 있는 것이 流民의 발생이다. 이는 귀족들의 자기 항쟁에 기인한 통치 기강의 문란과 토지의 편재현상에 따른 부수적인 산물이기도 하였다. 귀족들의 전장 확대로 일반 백성들은 토지를 잃고 流民이 되는 경우가 많았다. 더욱이 한발이나 홍수와 같은 자연재해는 유민발생을 더욱 촉진시켰다. 이들 유민들은 때로 도적이 되기도 하였고 지방세력의 휘하에 들어가 사병적 역할을 수행하기도 하였다. 그리하여 굶어 죽거나 전장에서 죽는 자들이 속출하였다. 당시의 상황을 최치원은 다음과 같이 전하고 있다.

E. 唐나라 19대 임금 昭宗이 중흥할 무렵에 전쟁과 흉년 두 재앙이 서쪽[중국]에서는 멈췄으나 동쪽[신라]으로 와서 惡중의 惡이 없는 곳이 없었다. 굶어서 죽고 전쟁으로 죽은 시체가 들판에 별처럼 널려 있었다.(『韓國金石遺文』海印寺妙吉祥塔記)

위의 금석문은 최치원이 진성여왕 9년(895)에 지은 것으로 진성여왕 3년부터 계속된 전란과 흉년의 상황을 잘 말해 준다.

이밖에도 인구의 지역 이동은 신라의 수도인 경주에서 지방으로의 이동

---

15 『三國遺事』권5 孫順埋兒조 및 『三國史記』권48 孝女知恩조.

형태로 나타나기도 하였다. 그것은 계속된 중앙의 왕위계승쟁탈전과 전란의 영향이었다. 수도 인구의 증가로 인한 빈부의 격차도 주요 원인 중의 하나였다고 생각한다. 『삼국유사』에는 신라 전성기의 경주 인구가 17만 8천 9백 여 호나 되었다고 기록되어 있다.[16] 여기서 말하는 신라의 전성기는 憲康王 대로 생각된다. 당시 경주의 민가는 초가가 없고 기와집이 즐비했으며 나무가 아닌 숯으로 밥을 지을 정도로 번성했다 한다. 호화주택인 35개의 金入宅과 지금의 별장에 해당하는 四節遊宅까지 존재하였다. 그러나 이러한 경주의 번성은 소수의 진골 계층에 한정된 것으로 인구 증가와 더불어 많은 사람들은 궁핍한 생활을 면치 못했을 것이다. 금입택이나 사절유택이 일반 백성들의 것이 아니라 유력 진골층의 소유였을 것이라는 점에서도 짐작이 간다. 이리하여 결국 경주는 일부 소수 계층을 위한 퇴폐와 향락의 도시로 변해가고 있었다. 동해변의 호족 아들이라 생각되는 處容이 매일 밤늦게까지 놀다가 들어왔다는 것이나 그런 사이에 역신이 그의 아내를 간통했다는 기록은[17] 당시 신라의 서울 경주가 퇴폐적이고 병든 도시로 전락하고 있었음을 전해주는 것이라 하겠다.

그리하여 여기에 염증을 느낀 일부 진골 귀족이나 경주인들은 지방으로 이주하는 경우가 꽤 있었다. 신라 말기에 경주에서 지방으로 이주한 예를 찾아보면 다음과 같다.

F-① 스님의 법휘는 利嚴이고 속성은 김씨이다. 그의 선조는 鷄林사람이었다. 스님의 모국과 조상을 상고해보니 본래 星漢의 후손이었으나 먼 조상 때부터 점점 世道가 쇠락하였다. 斯盧가 여러 차례의 국난을 겪으면서 가세가 몰락하여 정처없이 떠돌아 다니다가 熊川에 이르렀다. 아버지의 이름은 章이니 雲泉을 사랑하여 富城의 들판에 우거하

---

16 『三國遺事』권1 紀異1 辰韓조.
17 『三國遺事』권2 紀異2 處容郎望海寺조.

게 되었다. 그리하여 대사는 蘇泰에서 탄생하였으니 신상에 많은 기이함이 있었다.(『朝鮮金石總覽』廣照寺眞澈大師寶月乘空塔碑)

② 대사의 법휘는 麗嚴이요 속성은 김씨이니, 그의 선조는 鷄林 사람이었다. 먼 조상은 華胄출신으로 王城에서 번성한 귀족이었다. 그 후 관직의 임지를 따라 서쪽으로 가서 살다가 藍浦로 이사하였다. 아버지의 이름은 思義인데 조상의 덕을 추모하였고 五柳先生과 같이 명예를 피하고 은거하였다.(『朝鮮金石總覽』菩提寺大鏡大師玄機塔碑)

③ 朴氏의 선조는 鷄林 사람으로 신라의 시조 박혁거세의 후손이었다. 신라 말에 그 후손 察山侯 積古의 아들 直胤 大毛達이 平州로 이사해 살면서 八心戸를 관장하여 邑長이 되었다. 그런 고로 직윤 이하로부터 平州人이 되었다.(『韓國金石文追補』朴景山墓誌銘)

여기서 보는 바와 같이 진철대사 이엄은 원래 신라 왕족인 김씨로 경주에 살았으나 신라 말의 전란기에 熊川으로 옮겨 왔음을 알 수 있다. 대경대사 여엄 역시 신라 왕족이었으나 지방관으로 파견되었다가 남포에 정착했음도 알 수 있다. 박경산의 선조도 원래 계림에 살았으나 평주로 이사하여 살게 되었음을 말해주고 있다. 溟州將軍 金順式도 이러한 경우에 속하는 것이다. 그는 원래 왕족인 김씨였으나 명주에 내려온 후 지방세력이 되어 처음에는 궁예에게 적극 협조했다. 그리하여 왕건 즉위 후 처음에는 불복하였으나 아버지 허월의 설득으로 왕건에게 귀부함으로써 왕씨 성을 하사받아 王順式이 되었던 것이다.[18] 한편 이런 혼란상을 틈타 갑작스런 지위상승을 달성하는 무리들도 나타나게 되었다.

이러한 사회상황은 사람들에게 불안을 안겨주었으며 새로운 질서와 가치관의 수립을 요구하게 하였다. 특히 일반 백성들은 새로운 사회의 건설을 기대하였다. 여기에서 새로운 사상과 종교가 출현하였던 것이다. 우선

---

18 『高麗史』권92 王順式傳.

儒教사상의 역할이 급격히 증대되었다. 특히 渡唐留學生들이 귀국해서 유교적 정치사상 확립에 많은 역할을 담당했다.[19] 이들은 유학 중 賓貢科에 합격하여 당에서 관직생활을 하기도 했지만 신라로 돌아와 활동하기도 했다.

불교 면에서도 敎宗이 쇠퇴하고 禪宗이 유행하게 되었다.[20] 왕이나 귀족들과 밀착되어 있던 교종을 비판하면서 "문자에 입각하지 않아도 인간의 본성을 깨달으면 부처가 될 수 있다[不入文字 見性成佛]"는 선종이 만연하게 된 것이다. 때문에 선종은 지방세력이나 일반백성들에게 환영받을 수 있었던 것이다. 특히 지방사회에서 널리 퍼지게 되어 혜공왕 때 神行이 당으로부터 北宗禪을 전래한 이래 '선종 9산'의 성립을 보게 되었다.

이른바 9산 선문은 道義에 의한 가지산파[전남 장흥 보림사], 洪陟에 의한 실상산파[전북 남원 실상사], 惠哲에 의한 동리산파[전남 곡성 태안사], 玄昱의 봉림산파[경남 창원 봉림사], 道允의 사자산파[강원도 영월 흥령사], 梵日의 사굴산파[강원 강릉 굴산사], 無染의 성주산파[충남 보령 성주사], 道憲의 희양산파[경북 문경 봉암사], 그리고 利嚴의 수미산파[황해도 해주 광조사] 등이었다. 이들 선문은 선종의 대중성과 혁신성 때문에 당시 신라의 중앙집권적인 통치체제에 반발했던 호족들의 지원을 받았다. 예컨대 사굴산파는 명주 호족 왕순식의 후원을 받았고 해주의 수미산파는 송악 호족 왕건의 지원을 받았던 것이다.

한편 신라 말에는 새로운 사회건설에 대한 염원 때문에 彌勒思想이 유행하기도 하였다. 이 신앙은 석가가 열반한 후 56억 7천만년이 지나면 미륵이 도솔천으로부터 지상의 龍華樹 아래에 내려와 세 번의 설법으로 272

---

19 신형식, 「宿衛學生考」, 『역사교육』 11·12(역사교육연구회, 1969); 신형식, 『한국고대사의 신연구』(일조각, 1984).

20 최병헌, 「선종구산의 성립과 하대불교」, 『한국사』 3(국사편찬위원회, 1984); 추만호, 『나말려 초 선종사상사 연구』(이론과 실천, 1992); 조범환, 『신라 선종 연구』(일조각, 2001); 김두진, 「신라하대 선종사상사 연구」(일조각, 2007).

억 인의 중생들을 교화하여 이상적인 사회를 만든다는 사상이었다. 이 신앙을 크게 떨치게 한 것은 일찍이 경덕왕 때에 김제의 금산사를 중심으로 활약하던 眞表였다. 미륵신앙은 신라 말의 혼란한 사회 속에서 더욱 유행하였다. 그리하여 견훤이나 궁예도 미륵사상을 신봉하였다. 특히 궁예는 그 자신을 미륵불이라 칭하면서 불교를 통한 집권 정책을 도모하였다.[21]

또한 地理圖讖 사상이 성행하였다. 이것은 풍수지리설과 도참사상을 일컫는 말로 인간생활의 앞날에 대한 예언 혹은 징조를 말한다. 풍수지리설은 원래 도읍 선정이나 군사적인 구축물에 적당한 지리조건을 가려내는 소박한 인물지리학에서 나왔다. 여기에 陰陽五行 사상과 천문·방위 등의 신비한 사유방식이 첨부되어 이루어진 것이다. 이 풍수지리설의 대가는 道詵으로 그는 원래 승려였으나 당에 들어가 풍수지리설을 배워왔다 한다. 도선이 龍建에게 좋은 집자리를 잡아주어 王建을 낳았다는 기록은[22] 당시 풍수지리설이 얼마나 유행하였는가를 엿볼 수 있게 해준다.

도참사상은 말 그대로 그림이나 도식을 보고 앞날을 예언하거나 소문, 유언비어를 퍼뜨려 미래를 예견하는 것이다. 즉 도참은 그 내용·도식의 진위와 나타나는 것의 신비 여부를 막론하고 장래의 일, 특히 인간생활의 길흉화복·흥망성쇠에 대한 예언 혹은 징조를 범칭하는 용어인 것이다.

이러한 도참은 정치적·사회적 혼란이 극심한 때에 주로 나타난다. 최치원이 신라의 멸망과 고려의 건국을 미리 알고 "鷄林은 黃葉이요, 鵠嶺은 靑松이라."했다는 데서도 알 수 있다.[23] 여기서 계림은 경주, 즉 신라를 말하는 것이고 곡령은 개성, 즉 고려를 뜻하는 것이다.

또 궁예 집권 말기에 王昌瑾이란 자가 시장에서 사온 거울에 햇빛이 비

---

21 궁예의 미륵 사상에 대해서는 조인성, 『태봉의 궁예 정권』(푸른역사, 2007), 154~172쪽 참조.
22 『高麗史』高麗世系.
23 『三國史記』 권46 崔致遠傳 및 『補閑集』 上 성종 15년 8월조.

치자 왕건의 등극을 예언한 문구가 쓰여져 있기도 하였다.[24] 그 중 일부를 보면 다음과 같다.

G. 上帝가 아들을 辰韓·馬韓 땅에 내려 보내니
  먼저 닭[鷄]을 잡고 뒤에 오리[鴨]를 때린다.
  巳자 들어간 해에 두 용이 나타나는데
  하나는 몸을 靑木 중에 감추고
  하나는 형상을 黑金의 동쪽에서 드러냈도다.

여기서 두 마리 용은 왕건과 궁예, 청목은 소나무[松]로 송악을, 흑금은 쇠[鐵]로 철원을 뜻하는 것이다. 몸을 드러냈다는 것은 이제 사라질 때가 됐다는 것이며 몸을 감추고 있다는 것은 곧바로 나올 것이라는 뜻이다. 닭은 신라를, 오리는 압록강이 상징하는 고구려를 말하는 것이다.[25] 따라서 이 문구는 궁예가 이제 멸망하고 새로이 송악 출신의 왕건이 나타나 고구려의 후예국인 고려를 건국하여 신라를 멸망시키고 고구려의 옛 땅을 되찾을 것이라는 내용인 것이다. 이 같은 문구나 예언은 정치적 목적을 가진 자들이 일부러 퍼뜨린 것일 수 있으나, 일반인들의 의식에 상당한 영향을 주었을 것이다.

이렇듯 신라 말기에는 진골귀족들의 권력쟁탈전과 부패한 생활, 빈부의 격차, 이에 따른 인구의 지역이동이나 수직이동 현상이 일어났다. 또한 새로운 사상이나 종교가 출현하기도 하였다. 이러한 사회상황이 점차 심화되면서 결국 농민봉기가 시작된 것이다.

---

24 『三國史記』 권50 弓裔傳 및 『高麗史』 권1 태조세가.
25 한편 여기서의 '압록'은 압록강이 아니라 전남 곡성군의 압록이라는 설도 있다[이재범, 『고려 건국기 사회동향 연구』(경인문화사, 2010), 25-48쪽].

3. 진성여왕대의 농민봉기와 6두품, 호족의 등장

농민봉기가 본격적으로 폭발한 것은 889년(진성여왕3)이었다. 眞聖女王은 즉위 초부터 정인이었던 魏弘에게 정사를 맡겨 권력이 그의 손에서 나왔으며 위홍이 죽은 후에는 몇몇 어린 소년들이 정사를 좌우하는 사태가 발생하였다. 당시의 상황은 다음 자료를 통해 알 수 있다. 다음 기록을 보자.

H-① 진성여왕이 임금이 된 지 몇 해 만에 유모 鳧好夫人과 그의 남편 魏弘 등 3, 4명의 寵臣이 권세를 잡고 정사를 휘두르니, 도적이 벌떼와 같이 일어났다. 나라 사람들이 근심하여 陁羅尼의 隱語를 지어 써서 路上에 던졌다. 왕과 권신들이 얻어보고 말하기를 "이것은 王居仁이 아니면 누가 이 글을 지으랴." 하고 居仁을 잡아 옥에 가두었다. 居仁이 시를 지어 하늘에 호소하니 하늘이 그 옥에 벼락을 쳐서 면하게 하였다는 것이다.(『三國遺事』권2 紀異2 眞聖女大王과 居陁知)
② 왕이 전부터 角干 魏弘과 좋아지내더니, 이때에 이르러는 항상 궁궐로 들어오게 하여 일을 보게 하고 이내 그에게 명하여 大矩和尙과 함께 鄕歌를 수집케 하여 (그 책을) 三代目이라 이름하였다. 魏弘이 죽으니 (왕은) 그에게 시호를 내려 惠成大王이라 하였다. 왕은 이후로 비밀히 2, 3명의 少年 美丈夫를 불러들여 淫亂하며 이내 그들에게 요직을 주고 국정을 맡기기까지 하였다. 이로 인하여 임금의 총애를 받는 자들이 방자하여지고 뇌물이 공공연히 행하고 상벌이 공평치 못하고 기강이 문란해졌다. 이때에 누가 익명으로 時政을 비방하는 문자를 나열하여 큰길가에 게시한 일이 있었다. 왕은 사람을 시켜 수색케 하여 보았으나 잡지 못하였다. 어떤 자가 왕에게 고하기를, "이는 반드시 뜻을 잃은 文人의 소행일 것이니 아마 大耶州[지금의 陜川]의 隱者 巨仁이 아닐까 합니다." 하였다. 왕이 명하여 巨仁을 서울 감옥에 잡아 가

두고 장차 刑을 가하려 하므로 巨仁은 분하고 원통하여 감옥 벽 위에 글을 써 말하기를, "于公이 통곡하니 3년 동안 날이 가물었고 鄒衍이 슬픔을 품으니 5월에도 서리가 내렸다. 지금 이내 근심도 예와 다름이 없는데 皇天은 아무 말도 없이 蒼蒼할 뿐이로구나." 하였다. 그 날 저녁에 홀연히 雲霧가 끼고 雷震이 일어나고 우박이 쏟아지니, 왕은 두려워하여 巨仁을 석방시켜 돌려보냈다.(『三國史記』 권11 신라본기 眞聖王 2년 2월)

여기서 보는 바와 같이 진성여왕은 자신의 유모 부호부인의 남편 위홍을 좋아하다가 그가 죽자 2, 3인의 미소년들과 음행을 일삼고 그들에게 요직을 주어 국정을 맡겼다. 그로 인해 뇌물이 횡행하고 기강이 문란해지게 되었다. 그러자 이를 비방하는 문서가 거리에 나붙기도 하였다. 그 문서에는 "南無亡國 刹尼那帝 判尼判尼 蘇判尼 于于三阿干 鳧伊娑婆訶"라고 쓰여 있었다. 당시 어떤 이는 이를 풀이하기를 "刹尼那帝는 여왕을 말하고 判尼判尼 蘇判尼는 두 소판을 말한 것이니, 소판은 官爵의 이름이요, 于于三阿干은 서너 명의 총신을 말한 것이며, 鳧伊는 鳧好夫人을 말한 것이다."라고 하였다.[26] 결국 이 내용은 현 시국이 진성여왕과 3, 4명의 소판벼슬에 있는 총신들, 그리고 부호부인 때문에 망국이 되어가고 있다는 비판과 경고였다.

그러자 진성여왕은 자기를 비난한 것에 대해 가만있지 않았다. 이를 쓴 자를 색출하는 과정에서 왕거인이란 인물이 억울하게 잡혀 옥에 갇히자 그는 이를 통곡하는 시를 지었다. 이에 하늘에서 뇌성벽력이 치고 우박이 쏟아져 그를 풀어주었다는 것이다. 당시 민심의 동향이 어떠했는가를 잘 보여주고 있다.

이런 상황 속에서 진성여왕은 전국 각 지방의 농민들에게 租稅나 貢賦

---

26 『三國遺事』 권2 紀異2 眞聖女大王 居陀知조.

의 납부를 독촉하였다. 그러자 전국에서 농민들의 봉기가 시작되었다. 제일 먼저 농민봉기가 일어난 곳은 沙伐州[경북 尙州]였다. 그런데 이들 농민들의 봉기가 얼마나 크고 거세었는지 다음 사료에서 짐작할 수 있다.

I. (진성여왕) 3년 국내의 여러 州郡에서 貢賦를 바치지 아니하여 관청의 창고가 비고 국가의 재정이 궁핍하니 왕이 사신을 보내 독촉하였다. 이로 말미암아 각지에서 도적이 봉기하였다. 이에 元宗·哀奴등이 沙伐州를 근거로 하여 반란을 일으켰다. 왕이 奈麻 令奇에게 명하여 이들을 잡도록 하였으나 영기가 적진을 보고는 두려워 능히 나아가지 못하였다.(『三國史記』 권 11 신라본기)

농민들의 이같은 봉기는 급속도로 전국으로 확산되어갔다. 이 중 대표적인 예만 들더라도 북원[원주]의 梁吉, 죽주[죽산]의 箕萱, 완산[전주]의 甄萱 세력 등이었다.

이 농민봉기는 경주 근처에까지 영향을 미쳤다. 진성여왕 10년 붉은바지를 입고 횡행하던 赤袴賊이 경주의 서부지역인 牟梁里까지 쳐들어오기도 하였다.[27] 결국 진성여왕은 이러한 사태에 대한 책임을 통감하고 재위 11년 만에 왕위를 태자인 嶢에게 선양하였으니, 이가 곧 孝恭王(897~912년)이다.

그런데 이들 농민들을 규합하여 신라의 멸망을 재촉한 세력이 바로 각 지방의 豪族들이었다.[28] 이들 호족들은 경주귀족 중심의 골품체제 속에서 소외된 집단이었다. 그들은 外位를 받음으로써 京位를 받은 경주귀족들과 구별되었다. 그러다가 신라의 삼국통일과정을 거치면서 서서히 세력을 증

27 『三國史記』 권11 신라본기 진성왕 10년조.
28 후삼국 시대의 호족에 대해서는 김갑동, 『나말려초의 호족과 사회변동 연구』(고려대학교 민족문화연구소, 1990); 정청주, 『신라말고려초 호족연구』(일조각, 1996); 신호철, 『후삼국시대 호족연구』(도서출판 개신, 2002) 참조.

대시켜나간 집단이었다. 그 후 나말려초의 전란기에 역사의 전면으로 부상하였다.

호족은 지방의 대토지소유자로서 경제력뿐 아니라 무력이나 권력, 문화적 독점력까지 갖춘 존재들이었다. 호족의 기원은 지방으로 낙향한 진골귀족이나 6두품계층, 州나 郡의 吏職者들, 그리고 촌의 행정을 담당한 村主들이라 할 수 있다. 전자의 두 부류는 나말려초에 城主·將軍을 칭하는 대호족이 되었고, 후자는 大監·弟監을 칭하는 소호족이 되었다.

호족들 중 일부는 신라말의 전란 속에서 지역민들을 규합하여 스스로를 무장한 자위집단으로 변모하기도 하였다. 신라말 碧珍郡[경북 성주]의 장군이 된 李悤言이 대표적인 예이다. 다음 사료를 보자.

J. 신라 말 碧珍郡을 지킬 때에 도적떼가 매우 많았는데, 李悤言이 성을 견고하게 하고 굳게 지켜 백성들이 덕분에 편안하였다. 태조는 사람을 보내 같이 힘써 싸워서 재앙과 변란을 평정하자고 타일렀다. 이총언은 서신을 받고 매우 기뻐 아들 李永을 보내 군대를 이끌고 태조를 따라 정벌하게 하였다. 이영은 당시 18세였는데, 태조가 大匡 思道貴의 딸을 아내로 맞게 하였다. 이총언을 本邑將軍에 임명하였고, 이웃 읍의 丁戶 229호를 더 하사하였다.(『高麗史』 권92 王順式 附 李悤言傳)

이처럼 스스로 무장집단화한 호족들도 있었고, 관망의 자세를 취하면서 지방의 군사집단과 결탁한 부류도 있었다. 그러다가 왕건의 우세가 확정되자 고려에 귀부하여 신라의 멸망을 도왔던 것이다.

한편 이러한 신라 말의 혼란기에 사회개혁의 일익을 담당한 것은 6두품 세력이었다.[29] 신라의 폐쇄적인 골품제사회에서 6두품은 진골과 차별대우

---

29 이기백, 「신라 6두품 연구」, 『신라 정치사회사 연구』(일조각, 1974); 서의식, 『신라의 정치 구조와 신분편제』(혜안, 2010) 참조.

를 받는 세력이었다. 이들은 관등상으로 阿湌까지 밖에 오를 수 없었으며 관직상으로도 각 중앙관부의 차관이나 幢·停의 大監직에 머물러야 했다. 그러므로 그들은 신라 사회의 골품제에 대한 불만으로 중국 唐나라에 가기를 원했다. 이는 薛罽頭의 예에서 잘 알 수 있다.

> K. 일찍이 친구 네 명과 함께 모여 술을 마시면서 각자 자기의 뜻을 말하였다. 설계두는 "신라에서는 사람을 등용하는데 骨品을 따진다.(때문에) 진실로 그 족속이 아니면, 비록 큰 재주와 뛰어난 공이 있더라도 넘을 수가 없다. 나는 원컨대, 서쪽 中華國으로 가서 세상에서 보기 드문 지략을 떨쳐서 특별한 공을 세워 스스로 영광스러운 관직에 올라 고관대작의 옷을 갖추어 입고 칼을 차고서 천자의 곁에 출입하면 만족하겠다."고 하였다. 武德 4년(621)에 몰래 배를 타고 당나라에 들어갔다.(『三國史記』권41 薛罽頭傳)

이처럼 설계두는 신라 사회에 불만을 품고 중국행을 택했던 것이다. 설계두는 무인이었지만 6두품 문신들도 생각은 비슷하였다. 그리하여 당에 유학하는 자들이 점차 많아지게 되었다. 그들이 渡唐留學生으로서 당의 개방된 사회체제를 보고 돌아왔을 때 그들의 불만은 더욱 고조되었다. 그리하여 일부는 기울어가는 신라의 내부를 개혁하려 했는가 하면 새롭게 등장한 지방세력에 참여하기도 하였다. 전자의 대표적인 예가 崔致遠이었고, 후자의 대표적인 예가 崔承祐, 崔彦撝였다.

최치원은 당의 賓貢科에 급제하여 侍御史까지 지냈으나 귀국하여 郡太守에 머무를 수 밖에 없었다. 그는 894년(진성여왕 8) 10여 개 조의 時務策을 왕에게 바쳐 개혁을 건의했으나 받아들여지지 않았다. 이에 회의를 느낀 그는 해인사에 들어가 은둔생활을 하다 일생을 마쳤다.[30]

---

30 『三國史記』권46 崔致遠傳 및 이재운, 『최치원 연구』(백산자료원, 1999) 참조.

최승우도 당에 유학한 인물이다. 그러나 그는 신라의 부패상과 골품제적 제약에 염증을 느끼고 새롭게 등장한 견훤정권에 참여하였다. 여기에서 주로 외교문서 작성을 담당했던 그는 견훤의 몰락과 함께 역사의 무대에서 사라졌다.[31]

왕건 정권에 참여한 6두품 세력도 있었다. 崔彦撝가 대표적인 예다. 그는 당에서 돌아와 신라에서 관직생활을 하다 왕건에게로 왔다. 왕건 휘하에서 그는 太子師傅·翰林院令 등의 관직을 지냈다.[32] 이 밖에 崔殷含·崔承老부자도 왕건정권에 많은 기여를 한 6두품 세력이었다.[33]

이렇듯 호족들이 농민들을 규합하여 무장세력화하고 6두품 세력이 여기에 협조하면서 결국은 후삼국 시대가 연출되었던 것이다. 결국 귀족들의 권력 쟁탈전과 사치 및 부패, 이로 인한 농민들의 반란과 6두품, 호족의 등장이 후삼국 출현의 시대적 배경이 되었던 것이다.

4. 백제·고구려 부흥 의식의 대두와 후삼국 성립

백제나 고구려 유민들의 불만과 원한으로 인한 부흥 의식의 대두도 후삼국 성립의 한 배경이 되었다. 특히 백제 유민들의 불만이 컸다. 고구려 유민들은 당나라에 끌려갔거나 통일 신라 영역 밖에 있다가 발해로 흡수된 경우가 많았지만 백제 유민들은 거의 모두가 신라의 지배를 받게 되었기 때문이다.

백제가 멸망하자 처음에는 당이 백제에 熊津都督府를 설치하여 이를 병합하려 하였지만 신라의 항거로 실패하였다. 결국은 신라가 당군을 물리

---

31 『三國史記』 권46 薛聰 附 崔承祐傳.
32 『高麗史』 권92 崔彦撝傳 및 이현숙, 「나말려초 최언위의 정치활동과 위상」, 『이화사학연구』 22(1995) 참조.
33 『高麗史』 권93 崔承老傳.

치고 671년 泗沘에 所夫里州를 설치함으로써 백제는 완전히 신라의 영토로 편입되었다.[34]

신라에서는 백제 유민들을 포섭하고 백제 지역을 통치하기 위해 여러 가지 제도적 장치를 마련하였다. 제일 먼저 들 수 있는 것이 백제인들을 신라의 귀족으로 편입하는 정책이었다. 공을 세운 백제인들에게 그 공로의 대소와 지위의 고하에 따라 신라의 관등이나 관직을 주었다. 문무왕 13년 (673) 백제에서 온 사람들에게 내외 관직을 주었는데 그 官等의 서열은 본국에서의 관직을 보아 정하였다. 백제의 達率에게 京官의 大奈麻를 주고, 백제의 恩率에게는 奈麻를, 德率에게 大舍를, 扞率에게 舍知를 주었던 것이다.[35]

다음으로 들 수 있는 것은 백제인들의 정신적 유산을 나름대로 존속시켜 주는 정책을 취하였다. 그들의 수호신으로 여겼던 山을 신라의 정식 祀典에 편입하여 국가적인 차원에서 숭배하였다. 신라는 통일 후 전국의 산천을 3등급으로 나누어 숭배하였다. 大祀 · 中祀 · 小祀가 그것이다. 大祀에 속하는 三山은 통일 이전부터 중시되어 오던 산이었다. 삼산의 명칭은 奈歷 · 骨火 · 穴禮였다. 이는 모두 경주 부근에 있는 산이었다. 그러나 중사나 소사에 해당하는 산천의 지역 분포를 보면 전국에 걸쳐 있다. 즉 옛 백제 지역이나 옛 고구려 지역에 있는 산천도 다수 포함되어 있는 것이다. 옛 백제 지역의 산천으로 5악의 하나인 공주의 계룡산을 비롯하여 4鎭의 하나인 加耶岬岳[충남 예산] · 4海의 하나인 未陵邊[전북 옥구] · 4瀆의 하나인 熊川河[충남 공주], 그리고 上助音居西[충남 서천] · 烏西岳[충남 홍성] · 清海鎭[전남 완도] · 加林城[충남 부여] · 月奈岳[전남 영암] · 武珍岳[광주] · 西多山[전북 장수] · 冬老岳[전북 무주] 등이 포함되어 있는 것이다.[36]

---

34 『三國史記』 권7 신라본기 문무왕 11년 7월조.
35 『三國史記』 권40 職官志 下 百濟人位조 및 노중국, 「통일기 신라의 백제고지지배」, 『한국고대사연구』 1(1988) ; 김수태, 「신라 문무왕대의 대복속민 정책」, 『신라문화』 16(1999) 참조.
36 『三國史記』 권32 祭祀志 大祀, 中祀, 小祀조.

이들 옛 백제 지역의 산천 분포를 보면 통일 후 옛 백제 지역에 설치된 3州 중 熊川州에 집중되어 있는 특징을 보이고 있다. 이는 백제의 수도였던 熊津[충남 공주]과 泗沘[충남 부여]가 웅천주에 속해 있었기 때문에 당연한 결과라 할 수 있다. 그러나 궁극적인 목적은 이 지역의 반신라적 감정을 완화시키려는 목적에서 이들 지역의 산천을 祀典에 편입시켜 제사한 것이 아닌가 한다. 종래 백제에서 중시하던 이 지역의 산천을 신라에서도 중요 致祭의 대상으로 지정하여 백제 유민들을 회유하려 한 것으로 추정된다.

그러나 신라의 이러한 노력에도 불구하고 백제의 유민들은 나름대로 독자적인 의식을 가지고 백제인으로서의 긍지를 잃지 않았다. 그 흔적을 찾아볼 수 있는 것이 1960년에 충남 연기군 전동면 碑岩寺에서 발견된 〈癸酉銘全氏阿彌陀佛三尊石像〉의 명문이다. 그 내용을 보면 癸酉年에 全氏를 비롯한 몇 사람이 한 마음으로 아미타불과 관음보살·대세지보살상상을 만들었다는 것이다. 계유년은 문무왕 13년(673)을 말한다. 또 全氏와 彌次 등 50여인의 지식인들이 국왕과 대신 및 7대의 부모를 위하여 절을 지었다는 내용도 들어 있다.[37]

그런데 절과 불상을 조성하는데 참가한 참여자 명단에 達率 身次가 맨 먼저 보이고 있어 주목된다. 달솔은 백제의 제2관등인데 여기에 보이고 있는 것이다. 다른 사람들은 다 신라식 관등을 갖고 있는데 신차만이 백제 관등을 가지고 있는 것이다. 이는 대부분의 백제인들이 국가가 멸망한 입장에서 신라의 관등을 순순히 받았지만 일부는 이를 거부했기 때문에 나타난 현상이었다. 673년은 백제가 멸망한 지 13년이 지난 시점이지만 아직도 백제인들의 저항과 불만이 식지 않은 때였다. 또 신라가 고구려까지 멸망시킨지 5년이 지났지만 당나라의 야욕으로 당과 신라가 불편한 관계에 있던 시점이었다.

---

37 김갑동, 『고려의 후삼국 통일과 후백제』(서경문화사, 2010), 112–113쪽.

이러한 상황 속에서 신라는 백제인들에게 신라식 관등을 주었지만 이를 거부하는 일부 백제인들은 그들의 관등을 용인해 준 것이라 하겠다. 당을 상대해야 하는 입장에서 이들에게 강력한 조치를 취할 수 없었기 때문이었다. 그렇다면 50여 명의 지식인들이 절을 지었던 진정한 뜻은 멸망해 버린 백제의 국왕과 대신들을 위한 것이 아니었나 한다. 즉 겉으로는 신라의 국왕과 대신들을 위해 만든다는 명분을 내걸었지만 내면적으로는 잃어버린 조국에 대한 향수와 부흥의지로 절을 세웠다고 볼 수 있다. 그것은 아직도 달솔이란 백제 관등을 갖고 있는 신차가 지식인들의 맨 처음에 쓰여 있기 때문이다.

이처럼 비록 백제는 멸망했지만 백제 유민들은 아직도 자신들의 조국을 잊지 못하고 그에 대한 자부심과 긍지를 가지고 있었다. 언제든지 자신들의 조국을 되찾겠다는 신념과 의지를 갖고 있었다.

이는 고승 진표의 경우에서도 엿볼 수 있다. 진표는 통일신라시대 9주 중의 하나인 전주의 김제군 만경현 대정리 사람이었다. 그는 12세에 출가하여 열심히 정진한 끝에 선계산 不思議庵에서 지장보살을 친견하였다. 신라 효성왕 4년(740)의 일이었다. 그 후 그는 김제에 金山寺를 창건하고 거기에 彌勒丈六像을 봉안하였다. 그리고 금강산에 들어가 鉢淵寺를 세우기도 했다.[38]

그런데 『宋高僧傳』을 보면 그가 백제인으로 되어 있다.[39] 그가 주로 활동했던 시기가 景德王代(742~765년)임을 미루어 볼 때 이미 백제가 멸망한 지 100여년 가까이 지난 시기이다. 그런데도 그가 신라인이 아닌 백제인으로 씌여있는 것은 진표가 스스로 백제인으로 자처했거나 백제 유민임을 강조했기 때문이었다. 그것은 또한 신라에 대한 반항심의 표현이었다고도 할 수 있다. 이같은 자존심은 언젠가는 쇠망한 조국을 되찾겠다는 부흥 의식

---

38 『三國遺事』 권4 義解 眞表傳簡조 및 『三國遺事』 권4 義解 關東楓岳鉢淵藪石記조.
39 『宋高僧傳』 14 眞表傳.

으로 승화될 수 있었다.

이러한 백제에 대한 부흥 의식이 폭발한 것이 바로 헌덕왕 14년(822)에 발생한 熊川州都督 金憲昌의 난이었다.[40] 그에 대한 기록을 보자.

L. (憲德王 14年) 3월 熊川州都督 金憲昌은 그 아버지 周元이 앞서 왕위에 오르지 못한 것을 이유로 배반하여 국호를 長安이라 하고 연호를 慶雲 元年이라 하였다. 武珍·完山·菁州 ·沙伐의 4州 都督과 國原京·西原京·金官京의 仕臣 및 제 군현의 守令을 협박하여 자기 소속을 삼았다. 그러나 菁州都督 向榮은 몸을 빼어 推火郡으로 달아나고 漢山州·牛頭州·挿良州와 浿江鎭·北原京 등의 여러 성은 먼저 헌창의 역모를 알고 병사를 모아 방어하였다.

18일에는 完山州의 長史 崔雄과 州助 阿湌 正連의 아들 令忠 등이 경주로 도망와 변란을 고하였다. 왕은 최웅에게 級湌의 위와 速含郡太守의 직을, 영충에게는 급찬의 위를 주고 員將 8인을 뽑아 王都의 8方을 지키게 한 후 군사를 출동하였다. 一吉湌 張雄은 먼저 나아가고 匝湌 衛恭·波珍湌 悌凌은 그 뒤를 잇고 伊湌 均貞·匝湌 雄元·大阿湌 祐徵 등은 3군을 통솔하고 나아갔다. 角干 忠恭과 匝湌 允膺은 蚊火關門을 지키고 明基·安樂 두 화랑은 각기 종군을 청하여 명기는 그 무리와 함께 黃山으로 향하고 안락은 施彌知鎭으로 향하였다.

이에 헌창은 그 장수를 시켜 要路에 웅거하여 관군을 기다렸다. 장웅이 道冬縣에서 적병을 만나 이를 격파하고 위공·제능은 장웅의 군과 합하여 三年山城을 쳐 이기고 다시 군사를 속리산으로 보내어 적병을 섬멸하였다. 균정 등은 星山에서 적과 싸워 이를 멸하고 諸軍이 함께 熊津에 이르러 적과 대전하여 斬獲함이 이루 헤아릴 수 없었다. 이때

---

40 김헌창의 난에 대해서는 황선영, 「신라 하대 김헌창 난의 성격」, 『부산사학』 35(1998) ; 주보돈, 「신라 하대 김헌창의 난과 그 성격」, 『한국고대사연구』 51(2008) 참조.

헌창은 겨우 몸을 빼어 성 안에 들어가 굳게 지키었으나 제 관군의 포위와 공격이 열흘 동안이나 계속되니 성이 장차 함락되려 하였다. 헌창은 화를 면치 못할 것을 알고 자살하니 從者가 그 머리를 잘라 머리와 몸을 각각 파묻었다. 성이 함락됨에 이르러 관군은 그 몸을 古塚에서 찾아 다시 베고 그 宗族과 黨與 무릇 2백 3십 9인을 죽이고 그곳 백성들은 놓아주었다.(『三國史記』卷10 新羅本紀 憲德王 14年條)

여기서는 김헌창이 난을 일으킨 이유에 대해 그의 아버지 김주원이 왕이 되지 못한 것에 대한 불만으로 설명하고 있다. 그것은 사실이었다. 앞서본 바와 같이 김주원은 宣德王이 죽자 그의 후계자 자리를 둘러싸고 김경신과 싸움을 벌이다 패한 바 있었다. 왕위계승전에서 밀려난 김주원은 강원도 溟州[강원도 강릉]에 내려갔다. 그러나 원성왕이 된 김경신은 그를 죽이지는 않았다. 그를 溟州郡王으로 봉해주고 食邑까지 주었다. 그가 거주하던 명주 외에 翼嶺[강원도 양양]·三陟·斤乙於[강원도 平海]·蔚珍까지 식읍으로 주었던 것이다.[41] 일종의 독립국으로 기능하였다.

그러다가 김주원의 아들 김헌창에게는 복권이 허락되었다. 중앙에 올라와 관직생활을 하게 된 것이다. 결국 그는 애장왕 8년(807)에 현재의 국무총리에 해당하는 侍中이 되었다. 그러나 헌덕왕이 즉위하면서 시중 직에서 해임되었다가 동왕 5년(813)에 와서야 外職인 武珍州[광주광역시]의 都督이 되었다. 그 이듬해인 헌덕왕 6년 다시 조정에 들어와 侍中이 되었다. 2년 뒤인 헌덕왕 8년, 그는 다시 지방으로 나아가 菁州[경남 진주]의 都督이 되었다. 국무총리를 2번이나 했다가 도지사로 좌천된 것과 다름없었다. 헌덕왕 13년에 이르러서는 다시 熊川州都督으로 자리를 옮겼다가[42] 이듬해인 헌덕왕 14년(822) 반란을 일으킨 것이었다.

---

41 『新增東國輿地勝覽』권44 강릉도호부 인물조.
42 『三國史記』권10 신라본기 헌덕왕 해당 연도조.

그는 반란을 일으키면서 독립국을 선포하였다. 국호를 長安이라 하고 연호를 慶雲이라 하였던 것이다. 그런데 문제는 그가 왜 하필이면 웅천주 도독이 되었을 때 반란을 일으켰느냐 하는 것이다. 웅천주는 현재의 공주를 말한다. 첫번째 이유는 헌덕왕 대 여러 번에 걸친 자연재해로 여기저기서 도적이 일어났기 때문이라고 볼 수 있다. 헌덕왕 3년 서쪽 변방의 여러 州郡에서 기근이 있어 도적이 일어나매 군사를 내어 토벌한 적이 있다. 헌덕왕 11년에는 草賊이 곳곳에서 일어나니 왕이 여러 州郡의 도독과 태수에게 명하여 그들을 잡게 하기도 하였다.[43]

이러한 현상은 웅천주[공주]의 경우에도 예외는 아니었다. 경덕왕 14년 (755)의 기록을 보면 민간에 기근이 들어 웅천주의 向得이란 자는 가난하여 부모를 봉양할 수 없게 되자 자기의 다리살을 베어 아버지를 먹이기까지 하였다. 이 소식을 들은 왕은 그에게 곡식 5백 석을 주어 표창하였다 한다.[44] 이 같은 상황은 공주의 백성들이 굶주리고 있었음을 극명하게 보여주는 기록이다. 따라서 경덕왕이 특별히 향득에게 곡식을 후히 주고 旌表까지 한 것은 그의 효행에 감동했기 때문이기도 했겠지만 이 지역의 민심을 가라앉히려는 시도였다고 볼 수 있다.

그러나 보다 더 근본적인 이유는 웅천주가 가지는 역사지리적 특성에 말미암은 것이 아닌가 한다. 웅천주는 예전에 백제의 수도였기 때문에 반신라적 감정이 가라앉지 않고 있었다. 그것은 백제부흥운동이 공주 주변에서 일어났음에서 알 수 있다. 충남 청양으로 추정되는 豆尸原嶽의 佐平 正武, 충남 예산군 대흥면에 있는 任存城의 福信과 道琛, 충남 공주에 있는 久麻怒利城의 餘自進 등이 바로 그들이었다.[45] 신라에서는 이에 대한 대비책으로 熊川州停이라는 군단을 설치하여 공주에 주둔하게

---

43 『三國史記』권10 신라본기 헌덕왕 7, 11년조.
44 『三國遺事』권5 孝善 向得舍知割股供親. 그런데 『三國史記』권9 신라본기 경덕왕 14년조에는 그의 이름이 向德으로 나와 있다.
45 심정보, 「백제부흥군의 주요거점에 관한 연구」, 『백제연구』 14(1983).

하였다.[46] 이러한 백제 유민의 동향을 이용해 신라 정부를 전복하려 한 것이라 생각된다.

이러한 공주 지역 백제 유민들의 동향은 헌덕왕 대까지 이어져 김헌창이 반란을 일으키게 되었다. 그의 세력에 포함된 지역도 대부분 옛 백제 지역이었다. 여러 주군의 都督과 仕臣, 그리고 수령들을 위협하였지만 청주 도독 향영과 한산주[경기도 광주]·우두주[강원도 춘천]·삽량주[경남 양산]·패강진[평안도 평산]·북원경[강원도 원주] 등은 이에 굴하지 않고 도망하거나 군사를 모아 스스로 불측의 변에 대비하는 모습을 보이고 있다. 그런데 菁州[현재의 경남 진주]와 삽량주는 옛 신라 지역이었고 한산주·우두주·패강진·북원경은 옛 고구려 지역이었다.

결국 남은 것은 웅주를 비롯하여 무주[광주광역시]·완산주[전북 전주]·사벌주[경북 상주]·국원경[충북 충주]·서원경[충북 청주]·금관경[경남 김해] 만이 남았다. 완산주의 경우 하급 관리들 일부가 신라로 도망하였지만 도독은 그대로 군사력을 장악하고 있었다. 이들 지역 중 사벌주와 금관경은 옛 신라 지역이었고 국원경은 옛 고구려 지역이었지만 난의 중심이 된 웅주·완산주·무진주·서원경은 옛 백제영역의 핵심지역이었다. 이처럼 옛 백제 지역이 중심이 된 것은 백제 유민들의 반신라 감정과 불만을 이용했기 때문이었다.

그러나 신라의 관군이 동원되어 장웅은 도동현에서 헌창군을 격파하고 위공·제능은 장웅의 군과 합세하여 삼년산성[충북 보은]과 속리산에서 헌창군을 무찔렀다. 균정 등은 성산[경상북도 성주]에서 헌창군을 격파하였다. 이렇게 각지에서 헌창군을 격파한 관군은 탄현을 넘어 공주로 밀려 들어왔다. 마지막으로 김헌창은 공산성에 피신하여 결전을 벌였다. 그러나 이 전투에서도 적의 포위 공격을 견뎌내지 못하고 자살함으로써 김헌창의 난은 실패로 돌아가게 되었다. 따라서 김헌창이 난을 일으킬 때 이 난이 성공하

---

46 『三國史記』 권40 職官志 下 諸軍官조.

면 웅천주[공주]에 도읍할 것이라 공언했는지도 알 수 없다.

이러한 백제 부흥의 의식이 견훤으로 하여금 후백제를 건국하게 한 것이다. 기록을 보자.

> M. 견훤이 서쪽으로 순행하여 完山州에 이르니 州民들이 맞이하여 환영하였다. 견훤은 인심을 얻은 것을 기뻐하여 좌우에게 이르기를 「내가 삼국의 기원을 상고해보니 馬韓이 먼저 일어나고 후에 赫居世가 발흥하였으므로 辰韓·卞韓이 따라 일어났다. 이에 백제는 金馬山에서 개국하여 6백여 년이 지났는데 唐나라 高宗이 신라의 청원을 받아들여 소정방을 보내어 병사 13만으로 바다를 건너게 하였다. 신라의 김유신도 黃山을 거쳐 泗沘에 이르기까지 휩쓸어 唐軍과 합세, 백제를 멸망시켰다. 지금 내가 도읍을 완산에 정하였으니 어찌 감히 의자왕의 원한을 풀어주지 아니할 것인가?」하고 드디어 後百濟王이라 자칭하고 官府를 설치하고 職責을 나누니 이것이 唐의 光化 3년이요 신라 孝恭王 4년이었다.(『三國史記』 卷50 甄萱傳)

여기서 보는 것처럼 그가 完山州[전주]를 점령하자 이제 억울하게 신라와 당군에게 멸망한 의자왕의 원수를 갚아주겠다고 공언하고 있는 것이다. 그리하여 국호를 후백제라 하였던 것이다.

한편 김헌창의 난이 실패하자 이번에는 그의 아들 金梵文이 고구려 유민의 반신라 감정을 이용하여 南平壤에 도읍한다는 명분하에 고달산의 산적과 통모하여 난을 일으켰다.[47] 이 역시 실패로 돌아갔으나 당시 고구려 유민들의 동향을 이용한 것이라 생각된다. 그리하여 이 사건은 궁예의 고구려 부흥 명분으로 표출되었다. 다음 기록을 보자.

---

47 『三國史記』 권10 신라본기 헌덕왕 17년조.

N. 天復 元年 辛酉에 善宗이 왕을 자칭하고 사람들에게 "이전에 신라가
당 나라에 청병하여 고구려를 격파하였기 때문에, 平壤의 옛 서울이
황폐하여 풀만 성하게 되었으니, 내가 반드시 그 원수를 갚겠다"고 말
하였다. 아마도 자기가 태어났을 때 신라에서 버림받은 일이 원망스러
웠기 때문에 이러한 말을 한 것으로 보인다. 그는 언젠가 남쪽 지방을
다니다가 興州 浮石寺에 이르러 벽화에 있는 신라왕의 화상을 보고
칼을 뽑아 그것을 쳤는데 그 칼자국이 아직도 남아 있다.(『三國史記』 권
50 궁예전)

궁예도 천복 원년 즉 901년에 나당연합군에 의한 멸망당한 고구려의 원
수를 갚아주겠다고 공언하였다. 여기서는 궁예가 신라 왕실에서 버림받았
기 때문이라 하고 있지만 이는 고구려 유민들의 반신라 감정을 이용한 것
에 틀림없다. 그리하여 고구려 부흥의 의미에서 국호를 高麗라 했던 것이
다.[48]

이러한 사건은 통일신라 체제 내에서 백제 유민의 동향과 고구려 유민
의 동향을 보여주는 좋은 예라 하겠다. 이러한 백제와 고구려 유민들의 반
신라 감정과 부흥 의식이 결국에는 후백제와 후고구려라는 새로운 국가의
탄생으로 이어졌고 후삼국 시대 성립의 배경이 되었던 것이다.

5. 맺음말

신라 하대에는 극심한 왕위 쟁탈전이 계속되었다. 宣德王, 元聖王의
즉위 과정과 興德王 사후 僖康王, 閔哀王, 神武王의 즉위 과정이 그러
하였다. 朴氏 왕의 등장도 그러한 개연성을 짙게 해준다. 왕족이나 귀족

---

48 『三國遺事』 권1 王曆.

들의 부패와 타락 현상도 극심하게 일어났다. 헌강왕 대의 處容歌는 타락한 경주의 상황을 잘 말해주고 있다. 부의 편재 현상도 극심하게 진행되었다. 왕족이나 귀족들이 부를 독점하였다. 金人宅과 四節遊宅이 그 것을 말해준다. 田莊이라 불리우는 대토지 소유도 왕족이나 귀족에게 집중되었다. 일부 사원도 여기에 동참하였다. 반면 일반 백성들은 자연재해와 토지 탈점으로 가난과 고통에 시달려야 했다. 그러나 견디다 못한 백성들은 流民이 되었고 일부는 도적화되었다. 이 혼란을 틈타 일부 하위층은 지위 상승을 달성하는 무리도 있었지만 왕위쟁탈전에서 패배했거나 왕도의 생활에 염증을 느낀 귀족들은 지방으로 낙향하였다. 이러한 혼란이 지속되자 현실의 개혁에 관심을 가진 儒敎가 대두하였고 쉽게 불교에 접할수 있는 禪宗이 유행하였다. 새로운 불국토를 꿈꾸는 彌勒思想도 성행하였다. 風水地理나 圖讖을 통하여 미래를 예언하거나 점치는 지리도참사상도 대두하였다.

이러한 사회, 문화적 상황 속에서 眞聖女王 대의 혼란과 부패는 농민 봉기를 가져왔다. 이 농민 봉기를 주도하고 이끈 것은 豪族들이었다. 성주, 장군이라 일컫던 호족들은 농민들을 규합하여 점차 세력을 넓혀 갔다. 이들을 도운 것은 골품제에 불만을 품고 있던 6頭品 세력이었다. 이들은 당의 개방된 사회 체제를 보고 돌아와 개혁에 동참하였던 것이다. 그리하여 결국에는 후삼국 시대가 연출되었다.

후삼국 시대 출현의 또 다른 배경은 멸망한 백제와 고구려 유민들의 復興 意識 때문이었다. 이미 조국은 멸망했지만 그들의 의식 속에는 부흥 의식이 자리잡고 있었다. 백제의 경우 기존의 백제 관등을 그대로 쓰고 있었는가 하면 眞表의 경우는 스스로를 백제인이라 자칭하였다. 이러한 백제 부흥의 의식은 헌덕왕 14년 金憲昌의 난으로 표출되었다. 백제의 수도였던 熊川州의 都督으로 있으면서 백제 유민들의 반신라 감정을 이용하여 난을 일으켰던 것이다. 이러한 의식이 꺼지지 않고 남아 있다가 甄萱의 後百濟 건국으로 이어진 것이었다. 고구려의 경우도 김헌창의 아들 金梵文

이 南平壤에 도읍을 정한다는 명분으로 난을 일으켰고 그것이 弓裔의 後高句麗 탄생으로 이어진 것이다. 따라서 후삼국 시대의 배경에는 백제와 고구려의 부흥 의식이 크게 작용하고 있었다 하겠다.

정상기*

　"후삼국 시대 태동의 사회, 문화적 배경"의 글을 발표하신 김갑동 교수님은 일찍이 『고려의 후삼국 통일과 후백제』란 단행본을 발간 하신적이 계시고, 연구논문으로 《나말려초의 호족과 사회변동 연구》, 《태조 왕건》 등을 발표하신 우리나라에서 후삼국 시대를 연구하는 뛰어난 학자이십니다.

　교수님이 2010년에 발간하신 "후삼국 시대 태동의 사회, 문화적 배경"이라는 책에서는 후백제의 성립과 멸망을 다루고 계시는데, 이번 글은 주제가 "후삼국 시대 태동과 사회·문화적 배경"이어서 그런지 후백제를 4부에서 백제·고구려 부흥 의식의 대두와 후삼국 성립이라는 주제로 약간만 언급하고 계셔서 조금은 아쉬운 점이 있습니다.

　이런 의미에서 저는 먼저 후삼국 시대의 사회·문화적 양상에 대해 몇가지 질문을 드리고, 후반에는 후백제에 대한 궁금증을 질문하려고 합니다. 교수님의 폭넓은 지식을 바탕으로 후백제에 대한 많은 지식을 얻는 좋은 기회가 되길 기대하겠습니다.

　첫 번째 질문입니다. 교수님께서는 통일신라가 쇠퇴의 기미를 나타낸 것이 진성여왕대의 수탈에 대항하는 농민세력의 봉기와 진골 위주의 엄격한 신분제 사회 속에서 한계를 느낀 6두품 세력의 이탈, 막대한 권력으로 토지를 소유하면서 신라사회 속에서 이탈하는 농민 세력의 사병화로 강성해진 호족 세력의 등장, 신라의 왕위계승 전쟁과 김씨 및 박씨 세력의 왕조교체로 인한 사회적 혼란으로 인한 일부 가문의 경주에서 지방으로의 이주 등을 거론하였는데, 이러한 요인들이 복합적으로 작용하여 통일신라의 쇠

───────────────────────────────

* 국립전주박물관 학예연구실장.

퇴가 가속화되었다는 것은 모두가 인식하고 있습니다.

제가 생각할 때 가장 큰 요인은 통일신라를 지탱하여 준 사회적 시스템의 붕괴가 가장 큰 요인으로 생각됩니다. 신라 하대의 사회적 시스템이 통일신라 초기의 시스템과 차이가 나는 대표적인 사례는 무엇으로 생각하고 계시는지 교수님의 의견을 알려주시기 바랍니다.

두 번째 질문입니다. 교수님께서 말미에 언급하셨던 백제 및 고구려 부흥의식의 대두와 후삼국 성립에 관한 질문입니다. 교수님도 논문에서 언급하셨습니다만 통일신라 초기에는 당나라의 관계 속에서 통일을 위한 신라 측의 배려로 백제 유민과 백제 영역에 대한 사회적 질서 개편시에도 백제 유민을 배려했었고, 고구려의 경우에도 영토 축소로 인한 한계가 있지만 유민들에 대한 배려가 있었다고 하셨습니다. 이러한 옛 백제와 고구려 지역에 대한 배려에도 불구하고 통일신라 사회에서는 이들은 여러 가지 소외감이나 경제적 혜택들이 그 전 왕조때보다 축소되었을 것 같습니다. 교수님께서는 통일신라의 어떠한 점이 백제와 고구려 부흥을 의식하게 만든 요인으로 생각하시는지 알고 싶습니다.

앞에서도 언급하였지만 오늘 이 학술대회가 후백제에 관한 것이므로 이제 후백제에 대해서 질문을 하겠습니다. 6두품 지식인 계층은 신라 사회가 골품제적 폐쇄적인 형태로 운영되어, 사회적 활동에 크게 제약을 받게 되자, 당의 개방된 사회체제를 경험하기 위해서 당에 유학하고, 당에서 활동하기도 합니다. 견훤의 후백제 건국시 크게 활약한 최승우의 경우도 당에 유학하고 돌아와서 신라의 부패상과 골품제적 제약에 염증을 느끼고 새롭게 등장한 견훤정권에 참여하셨다고 하셨습니다. 이러한 최승우와 함께 후백제를 건국한 견훤의 문자기록이 남원 실상사에 있는 편운화상의 승탑입니다.

조계암(曹溪庵) 터에 남아 있는 실상사의 3대 조사인 편운화상의 승탑에는 다음과 같은 명문이 새겨져 있습니다.

創祖洪陟弟子

安峯創祖片雲和尙浮圖

正開十年庚午歲建

이를 해석하면 다음과 같습니다.

"(실상사를) 창건한 조사 홍척(洪陟)의 제자이며, 안봉사(安峯寺)를 개창한 편운(片雲) 화상의 부도이다. 정개 10년 경오년에 세운다."

편운화상 승탑은 후백제 견훤의 연호인 '정개(正開)'가 새겨진 부도로서, 후백제가 연호를 쓴 사실을 이 부도의 명문으로 알 수 있는 중요성을 가지는 유물입니다. 이 부도는 독특한 형태로도 주목되나 무엇보다 정개正開 10년이라는 명문이 새겨져 있어 후백제 견훤甄萱의 연호를 알려준다는 역사적·사료적 관점에서 가치가 크다고 합니다.

正開는 견훤이 900년에 후백제를 세울 때 쓴 연호이니 정개 10년은 910년에 해당하는데, 이 해가 경오년인 것은 틀림없습니다. 편운화상이 910년경 입적하자 후백제의 지원으로 편운화상 승탑이 건립되었습니다. 이 승탑은 실상선문이 905년 이후 견훤의 세력이 강화되자 견훤과 결연하면서 친후백제 세력으로 변한 실상선문의 모습을 그대로 보여준다고 하겠습니다.

세 번째 질문입니다. 이 승탑에 기록된 正開는 "바르게 연다"라는 뜻인데, 교수님께서는 견훤과 최승우를 중심으로하는 후백제 세력은 어떠한 새로운 세계를 추구했는지 많은 생각들이 있을 것으로 사료됩니다. 발표 내용가 동떨어진 질문이지만 이점은 후백제 건국 세력의 지향점으로서 의미가 크다고 생각합니다. 교수님의 고견을 듣고 싶습니다.

마지막 질문입니다. 후삼국시대, 조금 범위를 축소하면 후백제가 해당됩니다. 발표 주제와 상관없이 오늘날 우리에게 후삼국과 후백제는 무슨의미가 있을 것으로 생각하시는지요. 후삼국을 줄기차게 연구하고 계시는 교수님이 생각하시는 우리 역사속에서 후삼국과 후백제가 가지는 의미를 여쭙고 싶습니다.

우리나라 후삼국과 후백제 연구의 권위자이신 교수님의 많은 가르침에 다시한번 감사드립니다.

김갑동

후백제의 건국과 후삼국의 등장은 고구려, 백제, 신라로 분열되었던 삼국시대가 잠시 통일 되었지만 그 반작용으로 성립되었다고 봅니다. 잠시 분열되었던 후삼국 시대가 오래 지속되지 않은 것은 통일의 새로운 시대적 발전을 거스릴 수 없었기 때문이라 생각됩니다. 역사를 통해 볼 때 발전은 많은 진통을 필요로 합니다. 후삼국 시대의 성립도 그러한 발전을 위한 잠시의 몸부림이었지 않나 생각합니다.

견훤이 후백제를 세우고 궁예가 후고구려를 세울 수 있었던 배경에는 통일신라 초기의 강력한 왕권이 말기에 와서 약화된 것이 커다란 요인 중의 하나였습니다. 무열왕의 뒤를 이은 문무왕이 무력으로 백제와 고구려를 굴복시켰지요. 물론 거기에는 당 나라 군대의 도움이 있었음은 부인할 수 없습니다만. 그 후 신문왕 대에 여러 반란세력을 잠재우고 전국을 9주 5소경제로 편재하면서 강력한 왕권을 구축하고 전국에 대한 통제권을 수립했습니다. 또 녹읍제를 폐지하고 문무관료전 체제로 바꾸면서 귀족들의 권한도 약화시켰습니다. 새로 편입된 백제와 고구려 유민들에 대한 정책도 실시했습니다.

그러나 하대에 들어서면서 중앙정계의 혼란과 더불어 왕권이 약화되기 시작했고 지방세력들이 서서히 등장하기 시작했습니다. 그것은 골품제 체제하에서 지방민들에 대한 차별 대우가 원인이 되기도 했고 넓어진 영토에 대한 수도의 편재 때문이기도 했습니다. 한때 수도를 달구벌[지금의 대구]로 이전하려 했지만 진골 귀족들의 반대로 실패한 적도 있었음은 그것을 잘 말해 줍니다.

지방 세력들이 대두하면서 멸망한 백제와 고구려의 부흥을 내걸고 후백제와 후고구려가 탄생했습니다. 이것은 백제와 고구려를 무력으로 정복하여 그 유민들이 마음으로 복종하지 않았기 때문입니다. 따라서 무력적인 점령이나 굴복은 많은 후유증을 남긴다는 것을 알 수 있습니다. 따라서 가능하면 평화적인 방법으로 통일을 달성하는 것이 가장 바람직하다고 할 수 있습니다.

　　그렇다면 여기서 고려의 왕건은 후삼국 통일의 주인공이 되었는데 왜 견훤은 후삼국 통일에 실패하고 역사의 무대로 사라졌는가 하는 점을 살펴 봐야 할 것입니다. 견훤이 '正開'라는 연호를 사용하면서 새로운 나라를 바르게 열겠다는 포부를 가졌지만 결국은 실패했지요. 그 요인은 무엇일까요.

　　우선 그는 무력을 너무 신봉하였습니다. 힘이 있으면 다 굴복할 것이라 믿었지요. 해군은 열세이었을 지 모르지만 육상전투력은 궁예나 왕건보다 훨씬 앞서 있었습니다. 그의 군대는 훈련을 받은 공식적인 정예병이었기 때문이지요. 궁예의 뒤를 이어 즉위한 왕건도 이를 인정할 수 밖에 없었습니다. 그리하여 왕건은 가능하면 무력대결을 피하려 했습니다. 견훤은 이에 자만하였습니다. 그 결과 신라의 수도를 침범하여 왕을 죽이는 실수를 범하였습니다. 이 사건으로 견훤은 신라인들의 민심을 수습할 수 없게 되었지요. 왕을 죽인 역적으로 치부되었습니다. 그것이 대세를 그르친 결과가 되었습니다. 그리하여 927년 현재의 대구 팔공산 근처에서 벌어진 전투에서는 왕건군에 대승을 거두었지만 3년 후 벌어진 고창군[경북 안동] 전투에서 왕건에게 참패를 당해야 했습니다.

　　다음으로 지적할 수 있는 것은 개혁의지의 부족이었다고 할 수 있습니다. 그는 신라의 공식적인 군 장교 출신이었습니다. 군인의 본분은 예나 지금이나 국가와 국민을 보호하고 지키는 것입니다. 때문에 대개 보수적인 생각을 가질 수 밖에 없는 한계를 갖고 있습니다. 새로운 체제와 개혁을 바라는 국민들의 열망에 부응하지 못하기 쉽다는 것이지요. 견훤도 그러한 한계를 벗어나지 못했습니다. 그가 무력으로 대동강이 있는 평양까지 점령하겠다는 의지를 보이기는 했지만 새로운 정치체계나 사회체계를 수립하지 못했다는 것이지요. 그것은 후백제의 정치제도에 새로운 것이 없었다든가 그 휘하의 장수들이나 신하들도 예전 신라의 관등을 그대로 쓰고 있었다는 데에서도 증명이 됩니다.

또 후계자를 잘못 선택하여 자중지란을 초래케 하기도 하였습니다. 장자인 신검을 제쳐두고 젊은 후비의 아들인 금강을 후계자로 정하였던 것입니다. 이에 신검이 반기를 들자 견훤은 금산사에 유폐되었다가 고려로 도망할 수 밖에 없었습니다. 내부적인 분열은 후백제를 더 이상 지탱할 수 없게 하였던 것입니다. 결국 936년 왕건군에 의하여 격파되어 멸망하게 되었던 것입니다.

결론적으로 볼 때 후삼국의 성립은 우리나라가 분열에서 통일로 나아가기 위한 잠시의 몸부림이었다고 봅니다. 또 새로운 사회의 건설을 원하는 백성들의 열망이 배경으로 작용했다고 생각합니다. 그러나 후백제의 견훤은 군사력은 있었지만 이러한 시대적 상황에 대처하지 못했기 때문에 실패했다고 생각합니다.

견훤의 出自 관련 논의 재검토

허인욱

한남대학교 사학과 교수

1. 머리말

후백제를 건국한 甄萱에 대해, 몸이 웅장하고 기이했으며 뜻이 크고 기개가 있어 범상치 않았고, 창을 베개 삼아 적을 대비할 정도로 기상이 항상 사졸에 앞설 정도의 인물이었다.[1] 또 그는 재능과 힘이 남달랐으며 성질은 호랑이와 같았다[2]고도 한다.[3] 하지만 나라를 세운 인물이지만, 그에 대해 알려진 것은 거의 없다고 봐도 무방하다. 아무래도 후백제가 남긴 역사서의 부재 또는 패자의 역사라는 이유가 가장 큰 원인일 것이다.

현재 견훤과 관련해 가장 논란이 되는 대목은 그의 출자 문제이다. 『삼국사기』에는 지금의 문경출신으로, 『삼국유사』에는 전라도 광주출신이라는 내용이 각기 전하고 있기 때문이다. 이로 인해 문경과 광주를 지지하는 두 입장으로 나뉘어 현재까지 논란이 지속되고 있는 상황이다.

그림 1
「朝鮮歷代帝王肖像」의 견훤초상

---

1 『三國遺事』卷2, 紀異2 後百濟 甄萱.

2 『帝王韻紀』卷下, 加恩縣人阿慈介.

3 견훤의 외모를 알려주는 조선시대 이전의 초상은 전하지 않는다. 정확한 인쇄일자는 알 수 없지만, 「朝鮮歷代帝王肖像」에는 '후백제왕'이라 하여 견훤의 초상으로 여겨지는 그림이 전한다. 이 인쇄물에는 '槿園社 서울 黃金町 四丁目 二一八'이라는 표기가 있는데, '黃金町'이라는 행정구역명은 일제강점기인 1920년대에 사용되었다가 1946년 10월 1일에 '을지로'로 바뀌면서 사라졌다. 따라서 「조선역대제왕초상」은 1946년 10월 이전에 그려진 것으로 추정된다.

출자문제와 연관되어서 견훤의 父로 나타나는 阿慈介와 尙州賊帥로 나타나는 阿慈蓋의 동일인 여부도 논란이 지속되고 있다. 상주에 세력을 가진 阿慈蓋가 견훤의 아버지라면, 아무래도 문경출신설이 힘을 얻기 때문이다. 이외에 견훤의 혈통을 신라계로 언급하고 있는『이제가기』의 내용도 그것을 어떻게 이해할 것인지에 대해 논란의 대상이 되고 있다.

이 글에서는 기존의 논의가 되었던 견해들을 정리하고 그 내용들을 어떻게 이해하는 것이 가장 합리적인지 살펴보고자 한다. 물론 이 글도 앞서 언급한 문제들을 완벽하게 해결할 수 없음은 분명하다. 다만「玉龍寺洞眞大師碑文」이나『完山甄氏世譜』와 같은 족보의 내용도 같이 살펴보면서[4] 기존 견해에 대한 이해를 좀 더 해보고자 한다.

2. 몇 가지 논의와 이에 대한 검토

1) 출신지에 대한 검토

견훤의 출자에 관한 기록은『삼국사기』와『삼국유사』에 각기 다른 내용으로 전한다.『삼국사기』에는 상주 가은현 출신으로,『삼국유사』에는 광주 북촌 출신이라는 서술이 그것이다. 이 때문에 그의 출신지에 대해서는 이견이 존재하고 있는 상황이다. 논의를 진행하기 위해 관련 기록을 먼저 살펴보자.

가-1) 甄萱은 尙州 加恩縣 사람이다. 본래의 성은 李였으나 후에 甄으

4『완산견씨세보』는 국립중앙도서관에 소장되어 있는 1962년 발간본([청구기호 : 999. 11-견 131ㅅ이)을 이용하였다. 비교적 근래에 정리된 것이므로, 이를 자료로 인용하는 것은 조심스러울 수밖에 없다. 다만 견훤에 대한 자료가 별로 없는 상황에서 그 집안에 전해 내려오는 내용을 살펴보는 것도 의미가 있다고 판단하여 자료로 활용하였다.

로 氏를 삼았다. 아버지 阿慈介는 농사를 지으며 자기 힘으로 살다가 후에 가문을 일으켜 장군이 되었다. 처음 견훤이 태어나 아기 포대기에 싸여 있을 때 아버지가 들에서 일하면 어머니가 그에게 식사를 날라다 주었는데, 아이를 숲 밑에 놓아두면 호랑이가 와서 젖을 먹였다. 마을에서 들은 사람들이 기이하게 여겼다. 장성하자 생김이 뛰어났으며, 뜻이 크고 기개가 있어 평범하지 않았다. 종군하여 서울에 들어갔다가 西南海 방수에 부임하여……공로로 해서 비장이 되었다.[5]

가-2) ㉮『三國史』本傳에는 "견훤은 尙州 加恩縣人으로, ㉠咸通 8년 丁亥에 태어났다[咸通八年丁亥生]. 본래의 성은 李씨였는데 뒤에 甄으로 氏를 삼았다. 아버지 阿慈个는 농사지어 생활했는데 光啓 연간에 ㉡沙弗城[지금의 尙州]에 웅거하여 스스로 장군이라고 일컬었다. 아들이 네 명이었는데 모두 세상에 이름이 알려졌다. 그 중에 견훤은 남보다 뛰어나고 지략이 많았다."라고 하였다. ……㉯또 '古記'에는 "옛날에 부자 한 사람이 光州 北村에 살았다. 딸 하나가 있었는데 자태와 용모가 단정했다. 딸이 아버지께 말하기를, '매번 자줏빛 옷을 입은 남자가 침실에 와서 관계하고 갑니다.'라고 하자, 아버지가 말하기를, '너는 긴 실을 바늘에 꿰어 그 남자의 옷에 꽂아 두어라.'라고 하니 그대로 따랐다. 날이 밝자 실을 찾아 북쪽 담 밑에 이르니 바늘이 큰 지렁이의 허리에 꽂혀 있었다. 이로 말미암아 아기를 배어 한 사내아이를 낳았는데 나이 15세가 되자 스스로 甄萱이라 일컬었다."고 하였다.[6]

---

5 甄萱 尙州加恩縣人也 本姓李 後以甄爲氏 父阿慈介 以農自活 後起家爲将軍 初萱生孺褓時 父耕于野 母餉之 以兒置于林下 虎來乳之 鄕黨聞者異焉 及壯體貌雄奇 志氣倜儻不凡 從軍入王京 赴西南海防戍……以勞爲裨将(『三國史記』卷50, 列傳10 甄萱).

6 三國史本傳云 "甄萱尙州加恩縣人也 咸通八年丁亥生 本姓李 後以甄爲氏 父阿慈个以

가-1)은『삼국사기』권50의 견훤열전이고, 가-2)는『삼국유사』기이편의 기록으로, 견훤에 대한 기본적인 내용 및 다양한 정보를 제공한다. 먼저 父는 阿慈介로, 성은 이씨이며, 상주 가은현 사람임을 알려준다. 아자개는 농사를 지어 생활하다가 光啓 연간에 자립하여 장군을 자칭하였으며, 아들 4명을 두었다고 한다. 견훤의 父가 阿慈介이고 본래 성이 '李'씨였음은『帝王韻紀』[7]에도 기재되어 있다. 李씨 성은 아자개가 장군을 지칭하는 등 호족으로 성장하면서 '阿'와 음가가 비슷한 '李'씨를 취한 것으로 이해하기도 한다.[8]

가-2)㉠를 보면, 아자개의 아들 가운데 견훤이 가장 뛰어났는데, 그는 함통 8년인 867년생이며, 15세가 되던 881년에 성을 스스로 李에서 甄[9] 으로 바꿨다는 사실을 알 수가 있다. 그리고 어느 시기에 신라의 군대에 들어가 공을 세워 비장이 되었다는 점도 살필 수 있다. 견훤이 경주로 가 신라의 군인으로 편제된 시기가 언제인지는 분명치 않은데, 이에 대해서 安鼎福의『東史綱目』과 許穆의『記言』에 15세에 성을 바꾸고 종군하여 비장이 되었다[10]는 언급이 참고 된다.

가-2)의『삼국유사』견훤조는 ㉠의『삼국사』본전과 ㉡의 '고기' 두 가지 기록을 인용해 서술하고 있음을 볼 수 있다. 가-1)과 가-2)㉠는 얼핏 보면 유사해서 동일한 기록처럼 보이기도 한다. 이러한 이유로 기존 견해 가운데는 가-2)㉠가 인용한『삼국사』본전을 가-1)의『삼국사기』견훤열전으로 이해하기도 한다. 이에 대해 반론이 없는 것도 아니다. 가-2)㉠㉠의 '咸

농自活 光啓中據沙弗城[今尙州] 自稱將軍 有四子皆知名扵世 萱號傑出多智略(『三國遺事』卷2, 紀異2 後百濟 甄萱).

7 『帝王韻紀』卷下, 加恩縣人阿慈介.

8 李道學,「甄萱의 出身地와 그 初期 勢力 基盤」,『후백제 견훤정권과 전주』(주류성, 2001), 60쪽.

9 『東史綱目』에는 甄의 음은 眞이라 하여, 진훤이라 불러야 한다[『東史綱目』第5上, (眞聖王) 壬子]고 기재되어 있다.

10 『東史綱目』5上, 眞聖女主 壬子 ;『記言』卷33, 外篇 東事2 新羅世家2.

通八年 丁亥生'이라는 내용이 가-1)에 보이지 않는 것을 고려하면,『삼국사』 본전은 김부식이 주관해 편찬한『삼국사기』가 아니라,『舊三國史』의 견훤전을 가리키는 것[11]으로 볼 여지가 있다는 것이다. 동일한 기록으로 보는 입장에서는 '咸通八年 丁亥生'과 같은 부분은 일연이 다른 자료들을 통해 고증하여 삽입하였다고 이해한다. 즉 왕건은 唐 僖宗 乾符 3년(876) 4월에 태어났는데,[12] 925년에 고려와 후백제가 화친을 맺는 과정에서 견훤이 왕건보다 10살 위여서 尙父라고 불렸다[13]는 기록들을 통해 일연이 충분히 추정할 수 있다는 입장인 셈이다.

하지만 앞서 언급한 '함통8년 정해생' 외에도 아자개가 광계 연간에 사불성을 근거로 하여 자립하였다거나, 아자개에게 4명의 아들이 있었는데, 아들 가운데 견훤이 가장 뛰어나다는 서술 또한 가-1)(『삼국사기』 견훤열전)에는 보이지 않는다는 점은 주목해 볼만 한 대목이다. 가-1)의 내용이 길지도 않은데, 가-2)㉮에만 나타나는 사례가 여럿 보이는 것이다. 더군다나 이러한 내용은 가-1)을 통해 추론할 수 있는 내용도 아니다. 다른 자료를 보고 삽입할 수 밖에 없는 부분인 것이다. 아울러『삼국유사』후백제 견훤조의 서술방식이 異說이 있는 부분은 세주를 통해 제시하는 방법을 취하고 있다는 사실도 가-2)㉮가 가-1)의『삼국사기』 견훤열전을 참조했다고 보기 어렵게 한다. 사불성을 보면, 일연은 세주로 '지금의 상주이다.'[가-2)㉮ㄴ]라고 하며 설명을 덧붙이는 방법을 사용하고 있다. 이러한 방식은『삼국유사』후백제 견훤조의 다른 서술에서도 여럿 나타난다. 즉 일연이 본문에 서술한 부분은 고증한 것이라기보다는 별도의 자료를 이용했다고 보는 것이 좀 더 합리적이다.

앞서 언급했듯이 가-1)은 견훤의 출신지를 상주 가은현 사람으로 언급

11 李喜寬,「甄萱의 後百濟 建國科程上의 몇 가지 問題」,『후백제와 견훤』(서경문화사, 2000), 30쪽.
12 『高麗史』「高麗世系」.
13 『高麗史』卷1, 太祖 8年 10月.

한 반면, 가-2)㉯는 광주 북촌 사람으로 기재하고 있다. 훤이라는 이름은
竹州의 箕萱, 槐壤의 莘萱, 大將軍 公萱, 견훤의 사위인 池萱 등과 같이
여러 사례가 찾아지는 것을 고려하면, 당시에 흔한 이름의 하나였을 것으
로 짐작된다. 견해에 따라서는 아버지인 아자개가 李씨 성을 사용하고 장
군으로 성장하였다는 점을 바탕삼아, 선대부터 주변에 영향을 행사할 정도
로 부를 축적했던 부유농민층 혹은 村主계층으로 이해하기도 한다.[14]

견을 성으로 선택한 것과 관련해서는 丁男으로 國役을 지게 되면서 호
적에 등재할 때 견훤으로 올렸다[15]고 보거나, 가-2)㉯의 광주 북촌에 사는
부자의 딸에게 지렁이가 변신한 자의를 입은 남자가 찾아와 동침하여 견훤
을 낳았다는 내용과 연관지어, '서쪽 땅[西土]'의 '기와[瓦]' 사이에서 지렁이
가 나왔다고 하여, 甄[=西+土+瓦]으로 성을 삼았다[16]고 보기도 한다.

가장 논란이 되고 있는 출자와 관련된 내용을 살펴보자. 가-1)은 아자
개가 문경 지역에서 성장하여 장군을 자칭할 정도의 세력을 형성했는데,
그의 자식인 견훤 또한 호랑이의 젖을 먹을 정도로 특이했다는 내용이고,
가-2)㉯는 광주 북촌의 여인이 지렁이와의 사이에서 견훤을 낳았다는 내
용이다. 가-1)과 가-2)㉯ 가운데 견훤의 출자와 관련해 좀 더 지지를 받는
것은 가-1)이다. 호랑이 젖을 먹었다는 가-1)의 내용이 조심스럽기는 하
지만 아예 가능성이 없는 일은 아닌 반면에, 인간 여성과 異物[지렁이] 사이
에서 아이가 태어났다는 가-2)㉯의 내용은 상식적으로 받아들이기 어려운
이야기이기 때문이다. 『신증동국여지승람』에도 가-2)의 내용은 믿을 수 없
다[17]고 단정하였다. 이러한 이유로 가-2)㉯의 광주설보다는 가-1)의 가은
현설을 받아들이는 것이 일반적이다.

하지만 이에 대한 반론 제기가 없는 것도 아니다. 토착적 기반이 없는

---

14 申虎澈, 『後百濟 甄萱政權研究』(一潮閣, 1993), 8–10쪽.
15 申虎澈, 앞의 책(1993), 205–207쪽.
16 『五洲衍文長箋散稿』, 萬物篇「蚰蛇相思蛇辨證說」.
17 『新增東國輿地勝覽』 卷29, 慶尚道 聞慶縣 人物.

견훤이 광주를 중심으로 국가를 세우는 것이 가능할까에 대한 의문을 바탕으로 하여, 광주를 견훤의 출신지로 이해하는 견해들이 제기되고 있다. 그러한 논의의 시발점은 김상기이다. 그는 견훤이 거사할 때 제일 먼저 武珍州(광주)를 습취하여 근거지로 삼았다는 점을 들어, 견훤을 무진주 혹은 그 인근 지역 출신으로 이해했다. 특히 견훤과 깊은 관련을 맺고 있는 朴英規나 金摠이 모두 昇州(昇平) 출신이라는 점과 승주의 음가가 尙州와 상통한다는 점 등을 근거로, 견훤은 원래 昇州 출신인데, 지명을 혼동해 尙州로 잘못 기록했다[18]는 견해를 제기했다.

이에 대해 신호철은 가-1)의 기록을 신뢰하는 입장에서 蚯蚓交婚說話를 견훤의 탄생설화로 보기 보다는 혼인설화로 받아들이며 반론을 제기했다. 즉 광주 북촌 부자의 딸[富人女]은 母가 아닌 견훤의 妻라는 주장이다. 더불어 견훤이 광주를 근거지로 한 것은 그곳 출신이라서가 아니라 신라 말 방수군의 비장으로 근무한 곳이기 때문이며, 견훤과 뜻을 같이 한 광주 인근지역 인물들이 있다고 해서 그것이 곧 견훤이 그 지역 출신이라는 증거가 되지 못하고 아울러 승주와 상주의 음가가 상통하다는 점도 논리의 비약이라 반박했다.[19] 이도학도 가은, 즉 문경출생설에 힘을 실었다. 그는 문경지역에 견훤과 관련된 지명과 설화가 광범위하게 분포하고 있다는 점과 『삼국유사』 정덕본에 오각 사례가 제법 확인된다는 점을 바탕으로 광주가 비슷한 형태인 상주를 오각한 것이라는 견해를 표했다.[20]

근래에 변동명은 다시 한 번 광주출신설을 주장하였다. 그는 김상기의 의견을 바탕에 두고 상주 호족 아자개가 견훤 관련 자료의 인멸과정에서 그의 친생부로 잘못 알려졌고, 그것이 유교적 합리주의를 표방한 金富軾에 의해 채택되어서, 『삼국사기』에 수록되기에 이르렀다고 본 것이다. 그

18 金庠基, 「甄萱의 家鄕에 對하여」, 『東方史論叢』(서울大學校出版部, 1986).
19 申虎澈, 앞의 책(1993), 205–207쪽.
20 李道學, 앞의 논문(2001); 『진훤이라 불러다오』(푸른역사, 1998); 『후백제 진훤대왕』(주류성, 2015).

이후 상주출신설이 널리 유포되게 되었고 그 영향으로 인해 지금까지 별 의심없이 역사적 사실로 받아들여져 왔다[21]는 주장이다.

견훤과 관련한 사료가 많이 부족한 관계로 설화의 존재도 출신지를 증명하는 하나의 방증 자료로 이용되어 왔다. 문경지역과 광주지역의 견훤 관련 설화 분포를 보면, 문경이 광주보다 상대적으로 많다. 『大東地志』에는 문경의 加恩古縣城을 견훤성이라 부른다[22]는 내용이 있으며, 문경 갈전리의 금하굴과 아개동(아차)과 같이 아자개와 관련된 전설, 야생마를 길들이고 말과 화살의 빠르기를 시험했다고 하는 종곡리의 말바우나 견훤의 궁터가 있었다는 궁기리,[23] 그리고 견훤이 북을 울리며 군사를 조련했다는 북짓골[24] 등 견훤과 관련된 전설이 풍부하게 전하는 것이다. 또 상주시 화서면 청계마을에는 仙神堂으로 불리는 견훤사당이 존재하기도 한다. 사당의 상량문에는 道光 23년(1843)이 기록되어 있어, 오래전부터 견훤을 기리는 의식이 진행되어왔음을 알 수 있다.[25] 물론 광주에도 견훤의 생가 마을이라는 生龍洞이 있고,[26] 견훤이 군사를 지휘했다는 甄萱坮와 군마를 기른 곳이라는 의미의 放牧坪[27] 등의 이야기가 존재한다. 그러나 견훤대나 방목평은 출생이나 성장과 관련된 전설에 해당하는 것은 아니다. 따라서 출생 등에 관한 전설은 문경 지역이 좀 더 풍부한 것만은 충분히 인정된다.

앞서 견훤이 출신지에 대한 자료 및 견해에 대해 살펴보았다. 그런데 당

---

21 邊東明, 「甄萱의 出身地 再論」, 『震檀學報』 90(2000).

22 『大東地志』 卷9, 慶尙道二十三邑 聞慶 城池.

23 이에 대해서는 한글학회, 『한국지명총람 2: 경북편』(1978) 참조.

24 聞慶文化院, 『史料와 傳說로 보는 甄萱』(2003), 192쪽.

25 이에 대해서는 조영남, 「견훤대왕의 숨결이 살아 있는 상주 견훤사당과 洞祭」·엄원식, 「문경·상주지역에 남아 있는 견훤의 흔적들」, 『견훤, 새로운 시대를 열다』(국립전주박물관, 2020) 참조.

26 광주광역시 북구 生龍洞에는 이곳이 견훤의 생가마을이어서 '생룡'이라는 지명이 붙게 되었다는 이야기가 전하고 있다. 하지만 이 내용은 전근대 시기 문헌에서는 확인되지 않으므로, 이용에 주의가 요구된다.

27 『光州邑誌』 古跡.
『大東輿地圖』에도 光州의 북쪽에 '견훤대'가 표기되어 있다.

대 기록 가운데 견훤의 출신과 관련해서 도움을 주는 것이 있다. 「玉龍寺洞眞大師碑」의 비문이 그것이다.

> 가-3) 그 당시 州尊인 都統 太傅 甄萱은 군대를 통솔하여 만민이 보호하는 방벽의 堰城이었다. 태부는 본래 선행을 쌓은 것으로 將種에서 태어났으니[太傅本自善根生於將種] 바야흐로 웅대한 뜻을 펴기 시작하였다.[28]

가-3)은 신라 말 고려 초의 인물인 洞眞大師 慶甫(869~948)의 비문 일부이다. 비문은 동진대사가 태어나 수학하고 道詵의 제자가 되었다가 무염과 범일을 예방하고 당에 가서 疎山匡仁에게서 조동종을 전수받고 江西老善의 심인도 받아 귀국한 사실과 그 뒤 921년 견훤의 귀의를 받고 옥룡사에 주석하다 후백제가 패망한 후 왕건의 초청으로 개경에 가서 귀의를 받다 광종대에 입적한 사실을 다루고 있다. 즉 가-3)은 견훤과 밀접한 관계를 맺은 인물에 대한 기록으로, 동시기의 기록에 해당한다. 따라서 『삼국사기』나 『삼국유사』에 못지않게 중시되어야 할 자료임에 틀림없다.

경보는 921년에 귀국하면서 견훤의 청에 의해 전주에 위치한 南福禪院에 주석했다. 이는 그가 견훤과 동시대인이면서 매우 우호적인 관계를 형성했음을 의미한다.[29] 경보의 스승인 동리산문의 도선 또한 견훤과 밀접한 관계를 맺고 있었다[30]는 점도 참고 된다. 후백제가 멸망하고 난 光宗 9년(958)에 비문이 작성되었으면서도, 견훤에 대해 '州尊'이나 '都統' 또는 '太傅' 등의 표현을 사용할 수 있었던 것도 두 사람의 관계가 그만큼 밀접했기

---

28 初羅有州尊都統甄太傅萱 統戎于萬民堰也 太傅本自善根生於將種 方申壯志(「玉龍寺洞眞大師碑文」).

29 견훤이 이때 경보를 國師로 삼았다고 이해하기도 한다[金壽泰, 「甄萱政權과 佛敎」, 『후백제와 견훤』(서경문화사, 2000), 66쪽].

30 金杜珍, 「羅末麗初 桐裏山門의 成立과 그 思想」, 『東方學志』 57(1998), 43쪽.

때문에 가능했을 것으로 짐작된다.

그런데 이 기록 가운데 주목되는 표현은 견훤이 선행을 쌓아 將種의 집안에서 태어났다는 대목이다. 장종은 무장 집안의 후손[31]임을 뜻하기 때문이다. 경보는 견훤과 동시대인으로 그에 대한 많은 정보를 가지고 있는 인물임이 틀림이 없다. 그러한 그의 묘지명에 견훤을 무장 집안의 자손이라고 표현하고 있는 것을 그냥 넘길 수만은 없다. 물론 과장된 측면이 있을 수 있다는 이의를 제기할 수도 있다. 하지만 앞서 아자개가 농사일을 하다가 세력을 모아 스스로 장군이 되었다는 가-1)이나 가-2)㉮의 서술과 큰 차이가 없는 것을 고려하면, 아예 없는 내용을 기록한 것으로 보기는 어렵다. 그렇다는 것은 가-3)이 가-1)이나 가-2)㉮의 입장에 좀 더 힘을 실어주는 것만은 사실이다. 곧 견훤이 일정한 세력을 지닌 집안의 자손이었다는 것이 된다.

물론 그렇다고 해서 이러한 사실이 가-2)㉯를 완전히 부정하는 것도 아니다. 가-3)이 출생지와 관련된 내용을 담고 있는 것은 아니기 때문이다. 여기서 좀 더 고민을 해봐야 할 것은 가-1)·가-2)㉮와 가-2)㉯가 서로 상반되는 내용으로, 하나를 인정하면 다른 하나는 배척해야 하는 것인가 하는 문제이다. 앞서 언급한 대로 가-1)·가-2)㉮는 문경 가은현에서 아자개의 아들로 성장한 과정에 집중되어 있다. 반면 가-2)㉯의 서술은 광주 북촌이라는 곳에 사는 어머니의 존재와 그의 출생에 대해서 말하고 있다. 그렇다면 출생은 광주에서, 성장은 문경 가은현에서 이루어졌다는 절충안도 고민해 볼 수 있는 것이다. 두 기록은 배치된다기보다 상호보완적인 성격을 지니고 있는 것으로 볼 여지도 존재하는 셈이다. 물론 그렇다고 해서 상호보완이 기존에 제기되었던 문제들을 깨끗하게 해결해 주는 것은 아니다. 하지만 배치된 기록으로 볼 때와 달리 그가 후백제를 건국할 수 있었던 배경 등 좀 더 많은 부분이 해결될 가능성을 열어준다는 점에서 고민해 볼 가치는 충분하다고 생각된다.

---

31 『漢語大詞典』7(漢語大詞典出版社, 1993), 811쪽.

2) 阿慈介와 阿慈蓋는 동일인인가

阿慈介가 문경 지역에서 농사를 짓고 살다가 光啟 연간에 沙弗城을 근거지로 하여 독립적인 세력을 형성하였음은 앞서 언급했다. 光啟는 885년부터 887년까지 사용된 唐 僖宗의 연호이다. 867년생인 견훤의 나이 19세에서 21세 사이에 해당한다. 『동국여지승람』에도 상주의 沙伐國古城에 阿慈介가 웅거하였다[32]는 내용이 전한다. 沙弗城과 沙伐城은 같은 곳이다.[33] 사불성에 대해 일연은 '지금의 尙州'라고 하였다. 沙伐城은 神文王 7년(687)에 축성되었다.[34] 그런데 沙伐州가 경덕왕 16년(757)에 9주의 하나인 상주로 고쳐지는 것을 보면,[35] 사벌성은 상주 지역에 위치한 성으로 이해해도 무방할 듯하다. 따라서 아자개는 처음에는 가은현에서 농업에 종사하다가 점차 30km 떨어진 상주를 중심으로 세력을 키워 장군이 되었다[36]고 볼 수 있다.

그런데 기록에는 阿慈介와 동일하게 발음되는 阿玆蓋라는 인물이 존재해 혼란을 준다. 이 阿玆蓋는 『고려사』에는 阿字蓋로 표기되어 나타나기도 한다. 이 阿玆蓋(阿字蓋, 이하 阿玆蓋)는 918년에 王建에게 귀부한 尙州賊帥로 표기된 인물이다. 阿玆蓋의 귀부는 『삼국사기』에는 이해 7월에,[37] 『고려사』에는 9월로 되어 있다. 이러한 차이는 7월에 사자를 보내 귀부할 뜻을 전하고 조율을 거쳐 실제 귀부는 9월에 이루어졌다고 보면 큰 문제가 없다. 당시 왕건은 阿玆蓋가 항복해 오자, 문무관을 모두 班列에 나서게 하는 儀式을 갖추어 그를 맞이하게 하였는데,[38] 이는 그만큼 阿玆蓋의 항복이 당

---

32 『新增東國輿地勝覽』卷28, 慶尙道 尙州牧 古蹟.
33 申虎澈, 앞의 책(1993), 7쪽.
34 『三國史記』卷8, 新羅本紀8 神文王 7年 秋.
35 『三國史記』卷9, 新羅本紀9 景德王 16年 12月.
36 申虎澈, 앞의 책(1993), 7-8쪽.
37 『三國史記』卷12, 新羅本紀12 景明王 2年 7月.
38 『高麗史』卷1, 太祖 元年 9年 甲午.

시 왕건에게 있어, 매우 중요한 의미를 지니고 있었음을 말해준다.[39]

그런데 견훤의 아버지인 阿慈介가 웅거했다고 하는 사벌성은 상주에 위치하고 있었고 918년에 항복한 阿玆盖는 상주의 적수로 나타난다. 두 인물 모두 상주를 기반으로 삼고 있음을 볼 수 있다. 같은 지역, 같은 장소에 동명이인의 세력가가 두 명 존재한다는 것은 아무래도 받아들이기 곤란하다.[40] 동일인일 가능성을 언급하지 않을 수가 없는 형국이다. 이로 인해 선학들도 동일인임을 받아들이고 阿玆盖가 아들인 견훤이 아닌 왕건에게 귀부한 배경을 탐구하는 입장이 있는가 하면, 아자개가 왕건에게 항복했다고 하는 918년은 견훤과 왕건이 첨예하게 대립하고 있던 시기인데, 과연 아버지가 아들을 버리고 왕건에게 귀부할 수 있었는가에 대해 의문을 제기하는 입장도 존재한다.

동일인임을 인정하는 입장에서는 같은 사람이 분명하므로, 동일인 여부보다는 阿玆盖가 왜 아들인 견훤 대신 왕건에게 귀부한 이유가 무엇인가에 초점을 두었다. 상주의 호족으로 성장한 아자개는 친신라 정책을 추구하면서 상주를 중심으로 한 지역에서 자신의 세력을 유지하려는 의도를 가지고 있었는데,[41] 서남해의 비장으로 간 견훤이 자신의 의도와 달리 889년에 독자적인 세력을 꾸리면서 다른 노선을 취하자 왕건에게 귀부했다는 견해,[42] 견훤이 15세에 성을 바꾸었다는 것은 父인 阿慈盖와 이미 심각한 갈등이 있었음을 의미하는 것으로 보고, 이러한 갈등이 아자개가 왕건을 선택한 이유로 보는 견해[43] 등이 그것이다.

반면에 이름은 같지만 다른 사람으로 보는 입장은 조선 후기 安鼎福에서

39 신호철,「후백제의 지배세력에 대한 분석」,『이병도박사구순기념 한국사학논총』(1987), 138쪽.

40 申虎澈, 앞의 책(1993), 9쪽.

41 이 견해는 별도의 세력을 형성하는 것이 이미 반신라적인 의도를 갖고 있는 것이므로, 친신라적인 의도를 가졌다는 말 자체가 모순이다.

42 이때의 귀부는 아자개가 아닌 견훤이 후에 왕건에게 귀부했던 사실을 부회한 것으로 보는 견해[申虎澈, 앞의 책(1993), 20쪽]도 있다.

43 李喜寬, 앞의 논문(2000), 31-33쪽.

부터 그 연원을 찾을 수 있다. 안정복은 견훤의 형세가 매우 강한 시기에 아자개가 왕건에게 귀부할 이유가 없다고 보고 동명이인으로 볼 것을 주장했다.[44] 견훤의 광주출신설을 지지하는 김상기 또한 이에 동의하면서, 그는 만약 아자개가 견훤의 아버지라면, 『고려사』 등에 왕건이 견훤과 정치적 흥정을 하는 기록이 많이 보여야 함에도 전혀 나타나지 않는 것에 의문을 표했다. 그러한 논란 자체가 없는 것이 동일인이 아님을 증명하는 것이라는 견해다.[45] 이러한 입장은 변동명에게도 이어졌다. 그는 『고려사』 등에 언급된 아자개의 고려 귀부가 『삼국사기』나 『삼국유사』의 견훤 관련 기록에서는 보이지 않는다는 점과 후백제와 고려의 대치 과정에서 견훤과 아자개의 연관성을 언급한 기록이 전혀 없다는 점 등을 들며 동명이인설에 지지를 표했다.

그렇다면 우선 견훤의 아버지인 阿慈介와 왕건에게 귀부한 阿玆盖가 동일인지 여부에 대해 좀 더 논의해보자. 먼저 阿慈介의 세력 형성 과정을 살펴볼 필요가 있을 듯하다. 앞서 阿慈介가 886년의 어느 시점 이후부터 887년 사이에 장군을 자칭하며 독립 세력을 형성했음을 언급했다. 여기에 도움을 주는 기록이 「興寧寺址澄曉大師寶印塔碑文」이다. 이 비는 澄曉大師 折中(826~900)의 행적을 기록하고 있다. 절중이 활동하던 定康大王代에는 신라 내부적으로 혼란이 거듭되어 왕실이 위태로울 정도였다고 한다. 정강왕의 재위 기간인 886년부터 887년에 해당한다. 앞서 언급한 아자개의 독립 세력 형성 시기와 합치한다. 반란 등으로 인해 혼란한 틈을 타 아자개가 독자적인 자신의 세력을 구축하는 것이 충분히 가능했다고 할 수 있다. 비문에 의하면, 나라 곳곳이 불타는 연기와 말 달리는 먼지가 일 정도로 민란이 지속되었다고 한다. 심지어 영월의 사자산 興寧寺가 병화로 불타버릴 정도였다.[46] 절중은 병화를 피해 886년[47]에 상주의 남쪽으로 피난을 가 새재[鳥

---

44 『東史綱目』 附卷上 上, 考異 阿慈盖.

45 金庠基, 앞의 논문(1986), 199쪽.

46 이때의 병화는 농민반란을 가리킨다[조인성, 『태봉의 궁예정권』(푸른역사, 2007), 55쪽].

47 판본에는 大順 2년(891, 진성왕 5)으로 되어 있으나, 그 문장 뒤에 진성왕 2년(888)의 사실

嶺]에 머물렀다.[48] 즉 886년은 절중이 상주 남쪽의 새재에 피난을 해야 할 정도로 신라 내부의 혼란이 가중된 때였음을 미루어 짐작할 수 있다. 그런데 절중이 상주 남쪽의 새재를 피난처로 선택했다는 사실은 적어도 이때까지는 신라 정부의 통제력이 상주를 포함한 새재 이남 지역에 온전하게 미치고 있었음을 뜻한다. 이는 아자개의 장군 자칭이 절중이 조령에 피난한 886년의 어느 시점 이후에서 887년 사이가 됨을 말해준다.

그런데 여기에서 의문점이 하나 생긴다. 아자개가 자립했다고 하는 887년 이후 2년 정도 지난 시점인 889년에 상주지역에서는 수취문제로 인한 元宗과 哀奴의 반란이 일어났기 때문이다. 『삼국사기』에는 진성왕 3년(889)에 나라 안의 모든 주군에서 공물과 부세를 보내지 않아, 창고가 텅텅 비어 나라 재정이 궁핍해지자, 진성왕이 사신을 보내 독촉을 하게 되었고 이에 부당함을 느낀 이들이 곳곳에서 벌떼처럼 일어나며 반발하는 상황에 직면하게 되었음은 당연하다. 이러한 봉기 가운데 하나가 사벌주를 근거지로 한 元宗과 哀奴의 난이었던 것이다.

원종과 애노의 난이 발발하자 진성왕은 奈麻 슈奇에게 원종과 애노의 난을 평정할 책임을 맡겼다. 그러나 영기는 반란군의 위세에 눌려 나아가 진압하는데 실패했다. 난의 세력이 그만큼 강했음을 알려준다. 이 난을 평정한 이는 村主 祐連이었다. 우련은 앞장서서 힘껏 싸우다가 사망하기에 이르렀으나, 그의 활약으로 난은 평정되었다. 그 후, 진성왕은 명령을 제대로 이행하지 못한 책임자 영기의 목을 베고, 10여 세에 불과한 우련의 아들을 아버지의 직을 이어 촌주가 되게 하였다.[49] 우련의 공이 컸음은 진성왕이 10여 세에 불과한 아들을 촌주에 임명해 우련을 잇게 했다는 사실을 통해서 충분히 짐작해 볼 수 있다.

이 서술되어 있어, 光啓 2년으로 보는 것이 타당하다[한국역사연구회 편, 『譯註 羅末麗初金石文』下(혜안, 1996), 211쪽 각주 53].

48 「寧越 興寧寺址 澄曉大師 寶印塔碑文」.

49 『三國史記』卷11, 新羅本紀11 眞聖王 3年.

그런데 10여 세에 불과한 아이에게 촌주를 계승하게 했다는 점은 상주 지역에 대한 통제력을 신라 중앙정부가 온전하게 회복했음을 뜻한다.[50] 阿慈介는 원종과 애노의 난이 일어나기 전에 앞서 스스로 장군을 칭했었다. 그렇다는 것은 그 또한 난에 직·간접적으로 개입할 수밖에 없는 상황에 처했음을 의미한다. 그러한 이유로 견해에 따라서는 아자개를 원종과 애노의 일파로 보기도 한다.[51] '元宗'과 아자개의 또 다른 이름인 '元善'의 자형이 유사하다는 점에서 두 사람이 동일인일 가능성도 배제할 수는 없다. 여하튼 신라에 반대하는 원종과 애노와 직접 연결되지 않았다 하더라도 원종·애노와 아자개는 반신라 세력이라는 공통점으로 묶인다. 따라서 원종과 애노의 난의 토벌 대상에 아자개도 포함되었을 것이고 그도 피해를 입었을 가능성은 매우 높다.

주목되는 사실은 앞서 언급한 것처럼, 원종과 애노의 난이 우련에 의해 평정되었고 10여 세에 불과한 우련의 아들이 촌주로 임명되었다는 사실이다. 10여 세에 불과하다는 표현은 한 지역을 맡기에 아직 자격이 충분하지 않다는 의미를 담고 있다. 다시 말하면, 이는 상주 지역이 온전하게 신라 중앙의 통치 체제 안에 포함되었음을 말해주는 대목이다. 즉 아자개가 원종·애노의 난과 관련이 없다손 치더라도 신라군에 의해 아자개의 세력 또한 상당한 타격을 입었을 상황은 충분히 상정된다. 즉 상주에서 세력을 온전하게 유지하기 어려웠다고 보는 것이 자연스럽다.

이후 상주는 904년에 궁예의 수중에 들어가기도 했다. 이 해에 궁예가 尙州 등 30여 州縣을 쳐서 취하였다[52]는 기록을 통해 알 수가 있다. 궁예는

---

50 원종과 애노의 봉기는 왕이 파견한 병사가 진압을 두려워할 만큼 규모가 크기는 했으나, 아직 지역 기반을 가진 세력과 연결되지 못한 초보적인 초적의 봉기에 머물고 있음을 보여준다[권영오, 『新羅下代 政治史 研究』(혜안, 2011), 268쪽]는 평가를 받기도 한다. 아마도 우련이라는 촌주가 도적으로 지칭되는 세력을 토벌하는 데에 앞장섰다는 데서 이러한 견해를 제기한 듯하다.

51 金庠基, 『東方史論叢』(서울大學校出版部, 1986), 198쪽.

52 『三國史記』卷50, 列傳10 弓裔.

906년에도 상주를 공격했다. 기록에는 이 해에 "궁예가 태조에게 명하여 精騎將軍 黔式 등을 거느리고 군사 3,000명을 지휘하여 상주의 沙火鎭을 공격하게 하니, (궁예의 병사가) 견훤과 여러 번 싸워 이겼다."[53]고 한다. 沙火鎭은 阿慈介가 독자적인 세력을 구축할 때 근거지로 삼았다는 沙弗(伐)城과 같은 곳이다.[54] 그렇다는 것은 904년 이후 어느 시점에 상주가 후백제에 속한 적이 있었고 궁예가 다시 공격했음을 말해준다. 즉 상주지역의 소속이 여러 차례 바뀌었고 그곳에 독립적으로 존재하던 세력들이 이 변화에 어떠한 형태로든 영향을 받았음을 의미한다.

阿慈介와 阿慈蓋가 동일인이라고 한다면, 그는 886년이나 887년에서 918년까지 대략 30여 년 간 독자적인 세력을 유지하고 있었다는 말이 된다. 앞서 언급한 것처럼 10여 세 불과한 우련의 아들이 촌주에 임명될 정도라고 한다면, 원종과 애노 뿐만 아니라, 이 난에 어떠한 형태로 개입되었을 아자개도 평정되었다고 보는 것이 합리적이다. 또한 궁예와 견훤이 서로 상주를 차지하는 상황에서 30여 년 간 독자적인 세력을 유지할 수 있었을까 하는 점에 회의적인 것이 사실이다. 阿慈介와 阿慈蓋를 동일인으로 보기 어렵게 하는 이유이다.

여기에 앞서 언급한 918년의 阿慈蓋의 귀부 기록도 다시 한 번 생각해 볼 필요가 있다. 그 기록이 남게 된 것은 아자개가 견훤의 父여서가 아니라, 柳問律과 朱瑄劫의 자리다툼이 이유였기 때문이다. 즉 阿慈蓋가 견훤의 아버지였다면 그렇게 중요한 내용이 서술되지 않을 이유가 없다. 주목되는 사실은 후백제와 고려의 틈이 생기기 시작한 시기를 『고려사』는 918년이 아닌 920년 10월로 보고 있다는 점이다. 920년 후백제는 大良郡과 仇史郡의 두 고을을 취하고 進禮郡까지 진출하였다. 그러자 위협을 느낀 신라는 고려에 원군을 요청했고 고려는 신라를 도와 백제를 물리쳤다. 그리

---

53 『高麗史』卷1, 太祖 總序.
54 申虎澈, 앞의 책(1993), 75쪽.

고 이것이 원인이 되어, 이때부터 후백제와 고려 사이에 틈이 생기기 시작했다[始與我有隙][55]고 기재되어 있는 것이다. 이는 후백제와 고려 사이에 아자개의 귀부가 영향을 끼치지 못했음을 뜻한다. 阿慈介와 阿慈蓋를 동일인으로 보기 어려운 또 다른 이유이다.

동일인으로 보기 어려운 것은 왕건은 견훤과 정치적·군사적으로 심각한 대치 상태를 여러 차례 겪었고 그 과정에서 상대의 정통성에 상처를 줄 수 있는 글들이 오갔으면서도 아자개의 귀부는 언급하지 않았다는 점도 한 이유이다. 선학들의 언급처럼 동일인이라면, 왕건의 입장에서 견훤의 권위나 정통성에 타격을 주는 가장 쉬운 방법 가운데 하나가 아자개의 귀부 문제를 거론하는 일이었음은 재삼 거론할 필요가 없다. 아버지가 선택하지 않은 아들이라는 사실보다 견훤의 정통성에 흠을 만들기 쉬운 명분은 없었기 때문이다. 그럼에도 왕건은 견훤을 비방하면서 이 문제는 전혀 언급하지 않았다. 당대인들도 동일인으로 보지 않았다는 하나의 방증이 아닌가 한다. 즉 이 또한 阿慈介와 阿玆盖를 동일인으로 볼 수 없게 하는 까닭이 된다.

앞서 논의한 것을 정리하면, 견훤의 아버지로 나타나는 阿慈介는 886년과 887년 사이에 자립을 하고 장군을 칭하였으나, 897년에 발발한 원종과 애노의 난에 피해를 입고 세력을 잃었을 것으로 판단된다. 이후 상주 지역에 동명이인인 阿慈盖가 세력을 키웠고 918년에 왕건에게 귀부했다고 봐야 할 듯하다.

3) 혈통 관련 기록의 이해

견훤의 출생이나 성장과 관련해 앞서 살펴봤듯이 전라도의 광주와 경상도의 문경에 대한 논의가 이어져 왔다. 이러한 논쟁의 바탕에는 후백제의

---

55 『高麗史』卷1, 太祖 3年 10月.

건국과 지역적 기반이 큰 영향을 미친다는 생각이 깔려있기 때문이다. 관련하여 주목되는 또 하나의 문제는 견훤이 신라의 혈통을 잇고 있다는 내용이 『삼국유사』에 전한다는 것이다. 재미있는 사실은 견씨 집안에는 백제계 혈통이라는 내용 또한 같이 전한다는 사실이다. 이와 관련하여 다음 기록들을 보자.

나-1) 『李磾家記』에는 "진흥대왕의 왕비 思刀의 시호는 백융부인이다. 그 셋째 아들 仇輪公의 아들 波珍干 善品의 아들 角干 酌珍 王咬巴里를 아내로 맞아 角干 元善을 낳으니 이가 바로 아자개이다. 아자개의 첫째 부인은 上院夫人이요, 둘째 부인은 南院夫人으로 아들 다섯과 딸 하나를 낳았다. 그 맏아들이 尙父 萱이요, 둘째 아들이 장군 能哀요, 셋째 아들이 장군 龍蓋요, 넷째 아들이 寶蓋요, 다섯째 아들이 장군 小蓋이며, 딸이 大主刀金이다."라고 하였다.[56]

나-2) ㉮子 善品[그 형 眞平王이 無后이므로, 마땅히 (선품이) 왕위를 계승해야 하나, 도리어 善德으로 왕을 삼고 위해를 가하려 하였다. 그런 까닭에 그 해를 피해 加恩縣(지금의 문경과 상주 사이이다)으로 도망해 들어가 농업으로 業을 삼았다. (또) 그 성을 변경하여 李氏로 삼았다.] – 子 酌珍·配 王咬巴里 – ㉯子 阿慈介(元善)[姓은 扶餘氏이다. 혹 사서에 이르기를, "백제 義慈王의 太子 隆의 직계 8대손"이라고 한다. 뒤에 尙州元帥가 되었다.]·配 上院夫人, 配 南院夫人[甄氏].[57]

---

56 李磾家記云 眞興大王妃思刀諡曰白䮴夫人 第三子仇輪公之子 波珎干善品之子角干酌珎妻王咬巴里 生角干元善 是爲阿慈个也 慈之弟一妻上院夫人 第二妻南院夫人 生五子一女 其長子是尙父萱 二子将軍能哀 三子将軍龍盖 四子寶盖 五子将軍小盖 一女大主刀金(『三國遺事』卷2, 紀異2 後百濟 甄萱).

57 子 善品[其兄眞平無后 則宜繼王位 欲謀害 故避其危害 亡命于加恩縣(今聞慶·尙州間) 以農爲業 變其姓爲李氏] – 子 酌珍 配 王咬巴里 – 子 阿慈介(元善)[扶餘氏. 或史云百濟義慈王太子隆之直系八代孫 後爲尙州元帥] 配 上院夫人 配 南院夫人[甄氏](『完山甄氏世譜』).

나-1)은『삼국유사』에 인용된『李碑家記』의 서술이다.『이비가기』는『李碑家記』로도 표기가 나타난다.『이비가기』또는『이제가기』는 家記라는 점에서 이비 혹은 이제라는 개인의 집안에 전하는 족보임을 알 수 있다. 이제(이비)는 견훤의 후손으로, 후백제 멸망 후에 고려 왕씨로부터 박해를 피해 이씨로 변성한 이의 후손 가운데 한 인물로 추정된다.[58] 이 가기를 일연이『삼국유사』에 인용했다는 점을 고려하면, 그 이전에 이미 존재한 것만은 분명하다. 작성 시기와 관련한 실마리는 견훤을 '尙父'라고 표현하고 있다는 점에서 얻을 수 있다. 견훤을 상보라고 표현할 수 있는 것은 태조 8년(925) 10월 이후에나 가능한 일이었기 때문이다.『고려사』를 참고하면, 고려와 후백제가 화친을 맺으면서 왕건이 견훤을 10살 위임을 받아들여 상보라고 일컬었다고 한다.[59] 이 표현은 태조 18년(935) 6월에 다시 한 번 언급된다. 견훤이 신검과의 갈등으로 귀부하자, 南宮에 거처하게 하고 다시 상보라 다시 칭했다는 것이다.[60] 즉 상보라는 호칭은 고려식 표현인 셈이다. 따라서 가기는 후백제 멸망 이후 일연이『삼국유사』를 편찬하면서 인용하기 전의 어느 시점에 작성되었다고 봐도 큰 문제가 없다.

나-2)는『완산견씨세보』의 善品과 阿慈介(元善) 관련 서술이다. 세보도 기본적으로 가기의 내용을 바탕으로 해서 계보가 나열되어 있다. 다만 가기와 조금 다른 내용들이 부기되어 있기도 하다. 그 중에 하나가 아자개의 부인 가운데 하나인 남원부인이 甄氏라는 사실이다. 견훤이 성을 바꾼 것이나, 阿慈介와 결별을 한 이유도 모계와 관련되어 있을 가능성을 열

---

58 허인욱,「후백제 멸망과 그 유민」,『한국중세사연구』56(2019), 46~47쪽.
　　이와 관련해『완산견씨세보』에 "고려 왕조에서 우리 甄氏가 재기 부흥할 것을 두려워하고 염려하여 힘으로 해를 가해 업신여기고 멸하고자 했다. ……이로부터 우리 가문은 점점 이름을 내는 거 없이 세상을 피하여 숨어서 삶을 도모했다(『完山堅氏世譜』姓字說)."는 내용이 참고 된다. 고려 왕조에서 견훤의 후예들이 불이익을 피하기 위해, 성을 바꿨을 가능성을 생각하게 하는 언급이기 때문이다.
59 『高麗史』卷1, 太祖 8年 10月.
60 『高麗史』卷1, 太祖 18年 6月.

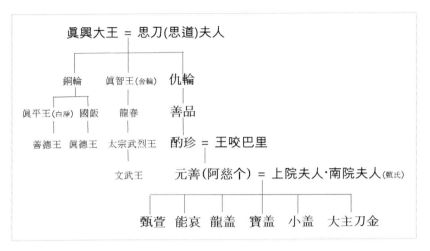

그림 2 『이제가기』의 견훤 가계
* 구륜으로부터 견훤까지 이어지는 계보를 『이제가기』를 통해 정리했다. 아울러 이해를
돕기 위해 동륜과 사륜(진지왕)의 계보는 『삼국사기』와 『삼국유사』를 바탕으로 해서 덧
붙였다.

어둔다는 점에서 앞으로 관심이 필요한 대목이다. 하나 더 주목되는 것은
나-2)의 서술이 서로 모순을 일으키고 있다는 사실이다. 나-2)㉮가 신라
계임을 드러냈다면, 나-2)㉯는 백제계 혈통임을 언급하고 있기 때문이다.
이는 이 족보가 어떤 기준에 의해 선별한 내용을 기재했다기보다는 집안에
전해지는 여러 가지 이야기들을 구분하지 않고 수록했다고 추정케 한다.
다른 기록과의 관계 속에서 살펴볼 가치가 존재하는 셈이다.

  앞서 언급한 대로 나-1)과 나-2)㉮는 견훤의 혈통을 신라 왕실로 연결
시키고 있다. 견훤의 아버지 아자개가 진흥대왕과 백융부인의 셋째 아들인
구륜공의 후손이라는 것이다. 『이제가기』의 견훤 계보는 '진흥대왕(526~
576)-구륜공-선품-작진-원선(아자개)-견훤(867~936)'의 순이다. 일반적
으로 1대는 30년 정도로 잡는다. 따라서 『이제가기』의 계보대로라면, 진흥
대왕으로부터 견훤까지 5대이므로, 150여 년 정도의 시차가 나는 것이 상
식이다. 하지만 실제로는 300년 이상의 차이가 난다. 이는 견훤의 혈통이

진흥대왕과 연결된다손 치더라도 5대 정도가 탈락되어 있음을 말해주며, 『이제가기』의 내용이 온전한 자료가 아님을 뜻한다. 따라서 그 내용을 그대로 받아들이는 것은 조심할 필요가 있음을 뜻한다.

좀 더 살펴보자. 『이제가기』는 仇輪을 진흥대왕의 아들이자, 견훤의 4대조로 기재하고 있다. 하지만 『삼국사기』나 『삼국유사』 등에서 그 존재를 찾을 수 없다. 『삼국사기』나 『삼국유사』에는 진흥대왕의 후손으로 銅輪[61]과 舍輪(金輪)[62]만이 찾아진다. 다행이도 구륜의 아들이라고 하는 선품의 존재는 『삼국사기』와 『삼국유사』에 기재되어 있다. 『삼국사기』의 "(문무왕의 비인) 慈儀王后는 波珍飡 善品의 따님"[63]이라거나, 『삼국유사』의 "(문무왕의) 왕비는 慈義로, 訥王后라고도 하며 善品 海干의 따님이다."[64]라는 기록이 그것이다. 해간은 파진찬의 이칭이므로,[65] 두 기록이 같은 인물임을 알 수가 있다. 다만 이 기록만으로는 선품이 구륜의 아들임을 확인할 수는 없다. 이와 관련해 사서로서의 가치에 대한 논란이 존재하기는 하지만, 『花郎世記』가 도움을 준다. 구륜공과 선품이 부자지간이며, 선품의 딸인 慈義가 文武帝의 后가 되었다[66]는 언급이 있기 때문이다. 이를 받아들인다면 구륜공과 선품의 존재는 확인이 된다고 할 수 있다. 하지만 여전히 작진 이하의 존재는 『화랑세기』에서도 찾아지지 않는다.

『이제가기』에는 진흥왕의 후손이 남자로 아자개를 거쳐 견훤까지 이어지고 있는 것으로 나타난다. 하지만 이 내용은 그대로 받아들이기 어렵다. 그 이유는 폐위되어 聖骨에서 탈락한 眞智王의 후손을 제외하고 男孫이 있었다면, 善德王과 眞德王이 왕위에 오르는 일은 발생하지 않았을 것이기 때

61 『三國史記』卷4, 新羅本紀4 眞興王 27年 2月·33年 3月.
62 『三國史記』卷4, 新羅本紀4 眞智王 序.
63 『三國史記』卷6, 新羅本紀6 文武王 序.
64 『三國遺事』卷1, 王曆.
65 『三國史記』卷38, 雜志7 職官上.
66 『花郎世記』21世 善品公[이종욱 역주해, 『화랑세기』(소나무, 1999)].

문이다. 『삼국유사』에는 여성이 왕위에 오를 수 있었던 이유로 "聖骨男盡"[67]을 들고 있다. 즉 진흥왕의 남손이 존재하지 않았기 때문에 여손이 왕위를 잇게 되었던 것이다. 다시 말하면, 구륜공과 아들 선품의 실존은 인정할 수 있다 하더라도 그 이후의 남손은 대가 끊겼다고 보는 것이 맞다. 따라서 『이제가기』의 아자개가 진흥대왕의 후손일 가능성은 매우 희박하다.

물론 이에 대해서 나-2)㉮는 남손이 없는 진평왕(백정)이 선품을 죽이려고 했고 이에 선품이 가은으로 도망가 숨어 살게 되었는데, 이때부터 김씨를 버리고 이씨로 변성하였다고 한다. 김씨가 아닌 이씨가 된 이유를 해결할 수 있다는 점에서 흥미를 가져볼 만하다. 하지만 다른 기록에서 이를 확인할 수 있는 방법은 없다. 곧이곧대로 믿을 수 없는 이유이다. 하나 더 언급하자면, 『화랑세기』에는 선품이 643년에 당에 사신으로 갔다가 돌아와 35세의 나이로 사망하였다는 내용이 전한다는 사실이다. 나-2)㉮의 내용을 비판없이 이용하는 것에 조심할 필요가 있는 이유이다.

앞서 살펴본 대로 나-1)의 가기와 세보의 기록인 나-2)㉮의 경우 신라계 혈통임을 언급하고 있다. 이에 반해 나-2)㉯는 아자개가 의자왕의 태자 扶餘隆(615~682)의 직계 8대손이라는 서술을 하고 있다. 이는 세보의 姓字說에서도 "역사서에 기재된 것을 미루어 살피면, 阿慈介는 본래 백제 扶餘氏의 후손이다[혹은 역사서에 이르기를, '백제 의자왕 太子(隆)의 직계 8대손'이라고 한다.]"[68]는 언급이 있다. 앞서 거론한 것처럼, 이러한 내용의 혼재는 족보가 전해내려 오는 여러 가지 이야기들을 선별하지 않고 모두 기록해 둔 탓으로 볼 수 있다. 이 내용은 견훤이 백제의 후손이 되므로, 백제를 이은 나라[후백제]를 세운 타당성이 설명된다는 점에서 솔깃한 것만은 분명하다.

부여융이 견훤의 9대조가 되므로, 견훤이 활동하는 시기와 얼추 들어맞는다는 점에서도 5대 정도가 누락된 『이제가기』와 비교해 합리적이라 할

---

67 『三國遺事』卷1, 王曆.
68 『完山甄氏世譜』姓字說.

수 있다. 하지만 阿慈介가 부여융의 8대손이라고 하면서도 그 사이의 계보는 전혀 기재하고 있지 않다는 점이다. 이는 당시 완산견씨 집안에서 부여융의 8대손이라는 구전 외에 다른 것이 전하지 않았기 때문일 것이다. 이는 그 계보가 불완전하므로 신뢰하기 어렵다는 부정적인 평가를 내릴 수도 있지만, 다른 한편으로는 그만큼 조작이 이루어지지 않았음을 의미하는 것이기도 하다. 누구도 그 사실을 모르는 상황에서 그 사이의 계보를 조작하는 것은 그리 어렵지 않았을 것이다. 그럼에도 8대손이라는 내용만을 기재하였다는 것은 일부러 조작한 것은 아니라고 봐도 될 듯하다.

완산견씨 외에 백제의 후예를 자처하는 성씨로는 扶餘徐氏도 있다. 이 집안도 의자왕의 아들인 扶餘隆을 시조로 삼고 있다. 지금도 부여서씨는 聖王·威德王·惠王·法王·武王·義慈王을 제사지내는 '백제대왕제'를 거행하며 백제와의 관련성을 강조하고 있는데,[69] 역사적 사실이라 단정할 수는 없지만, 백제계 후손임을 자처하고 있는 집안이 존재한다는 점에서 완산견씨의 백제계 계보 의식도 무조건 부정할 수만은 없다.

신라 하대에 백제 멸망 후 살아남아 산간이나 벽지로 숨어 든 후손이 존재했다는 전설이 존재하고 있음은 엔닌[円仁, 794~864]의 『入唐求法巡禮行記』에서 확인이 된다. 순례행기를 보면, 엔닌은 847년 9월 4일자 내용에 백제의 세 왕자가 黑山島로 도망해 들어가 살았다[70]는 이야기를 기재하고 있기 때문이다. 847년은 아자개와 견훤이 활동하던 시기와 그리 차이가 나지 않는다. 이와 관련해 문경 지역에 백제 패망 후 유민 일부가 산간 오지인 가은읍 아차마을로 피난해 살았다[71]는 전설 또한 참고할 만하다. 사료로서의 가치가 높다고 할 수 없지만, 문경지역에 그러한 이야기가 전해 오는 것은 무시할 수만은 없다. 적어도 당대 사료가 많지 않은 상황에서 신뢰성

---

69 양종국, 「의자왕 후예들의 과거와 현재」, 『백제문화』 33(2004).
70 『入唐求法巡禮行記』大中 元年 9月 4日.
71 문경시, 『견훤의 출생과 유적』(1996), 80쪽.

이 낮기는 하지만, 참고 정도는 해볼 수 있지 않을까 한다.

물론 앞서 말한 대로 나-1)과 나-2) 모두 그대로 받아들일 수는 없다. 사실이라고 받아들이기 어려운 부분들이 존재하기 때문이다. 하지만 『이제가기』의 내용은 고려시대부터 존재하고 있었다는 점에서 그 의미를 파악할 필요는 있으며, 백제계 혈통임을 자처하는 내용 또한 견훤의 후백제 건국과 관련해 아예 무시하기 애매한 부분이 있다. 그렇다면 이 두 가지 상이한 계보와 관련한 이야기들은 어떻게 이해할 수 있을까. 이는 아마도 견훤의 정치적 입장의 변화와 관계가 있지 않을까 생각된다.

견훤은 처음 자립한 시기부터 900년 전주로 천도하기 전까지는 기본적으로 신라의 신하임을 부정하지 않았다. 이러한 사실은 892년에 무진주에서 自署한 관함이 "新羅西面都統指揮兵馬制置·持節·都督 全·武·公等州軍事 行全州刺史 兼御史中丞·上柱國·漢南郡開國公 食邑二千戶"였다는 데서 살필 수 있다. 이때까지는 '신라서면도통'이라 하여 일부 지역을 신라의 군주로부터 위임받아 통치하는 입장임을 분명히 하고 있기 때문이다. 신라 군주의 권위에 기대어 신라의 지방관을 자처하였던 것이다.[72]

하지만 925년에 후당으로부터 받은 책봉 내용을 보면, '檢校太尉 兼侍中·判百濟軍事'을 제수하고, 이전과 같이 持節 都督 全·武·公等州軍事 行全州刺史 海東四面都統指揮兵馬制置等事 百濟王, 식읍 2천 5백호'로 하였다고 한다. '신라서면'이 '해동사면'으로, '개국공'이 '백제왕'으로 바뀌어서 나타나는 것을 살필 수 있다. 즉 892년 광주에서 독립세력을 형성했을 때는 신라 군주의 위임을 받아 다스리던 신하의 위치임을 분명히 했다면, 이후 어느 시기부터는 해동 전역을 자신의 뜻대로 다스리는 군주, 즉 신라의 신하가 아닌 後百濟 大王으로 그 위치를 전환했음을 의미한다. 아마도 그 시기는 전주로 도읍을 옮긴 900년이라 짐작된다.

견훤은 전주로 천도하면서 백제계승의식을 공식적으로 표방했다. 백제

---

72 신호철, 「후백제의 역사적 성격」, 『한국고대사연구』 74(2014), 11쪽.

가 신라에 의해 멸망당했다고 하면서, 완산에 도읍하여 의자왕의 울분을 씻겠다[73]고 한 것이다. 백제계승의식은 922년에 일본에 보낸 문서의 '1천년의 맹약'을 거론하며 백제 멸망 후 교류를 못한 지 300년의 시간이 흘렀다고 하면서 교류를 이어가길 원한다[74]는 내용에서도 드러난다. 그런데 견훤이 백제계승의식을 표방하면서도 자신의 혈통이 백제와 연결된다는 언급을 하지 않았다는 사실에 주목할 필요가 있다. 후백제를 세운 명분으로, 자신이 백제의 혈통을 이은 후손임을 선언하는 것만큼 단순하면서도 효과적인 방법은 없다. 이 점을 고려하면, 이는 견훤 스스로도 백제의 후손이라 여기지 않았음을 뜻한다.

그렇다면 족보의 백제 후손이라는 서술의 존재를 어떻게 이해할 수 있을까. 앞서 언급한 대로 비장이라는 신라의 신하로부터 세력을 결집했던 견훤은 순천에서 성장하여 광주로 이동했다. 아마도 이 시기에는 신라의 신하임을 대놓고 부정하기는 어려웠을 것임은 분명하다. 오히려 신라의 혈통임을 강조하는 것이 그의 권위를 보장받는 가장 좋은 방법 가운데 하나였을 것이다. 자신의 혈통이 한 지역을 다스릴 만한 충분한 자격과 정통성을 갖춘 인물이었다고 포장할 필요가 있었고 그러한 과정에서 제시되었던 것이 『이제가기』에 기재된 가계라는 생각이 든다. 견훤은 진흥대왕의 후손임을 자처하고 그것으로부터 권위와 정통성을 인정받으려 했던 것이다. 물론 앞서 언급한 대로 가기는 인위적인 조작이 가해졌을 가능성이 농후하다. 따라서 그가 진흥대왕의 혈통을 이어받은 것은 사실로 받아들이기 어렵다. 하지만 일반 백성들은 그 진위여부를 확인할 방법도 없었고 굳이 확인해야 할 필요도 없었다. 사실여부가 그들의 삶에 크게 영향을 미치는 것은 아니었기 때문이다.

하지만 앞서 언급한 대로 후백제를 세운 900년 이후에는 이전과는 다른

---

73 『三國史記』卷50, 列傳10 甄萱.
74 『本朝文粹』12, 「大宰府答新羅返牒」.

이데올로기를 제시할 수밖에 없는 상황이 전개됐다. 백제의 후국임을 공언한 이상 진흥대왕의 후손임을 자처하는 것은 더 이상 그에게 긍정적으로 작용할 수만은 없기 때문이다. 백성들이 그가 옛 백제지역과 관련을 맺고 있다는 생각을 갖게 할 근거가 필요했다. 그것이 앞서 가-2)ⓑ의 광주 출생설이나 세보의 백제계 후예설이 아닐까 추정된다.[75] 물론 앞서 언급한 대로 백제계 후예설은 부여융의 8대손이라는 서술만 존재한다. 계보를 인위적으로 조작하지 않았는데, 그 이유는 앞서 이미 진흥대왕의 후손이라는 이데올로기를 유포시켰던 상황 하에서 이를 완전히 부정하기 쉽지 않은 점에 있었을 것이다. 그래서 의자왕의 아들인 부여융의 후손이 산간 어딘가로 숨어들어가 가계를 이어왔다는 전설을 활용해 견훤이 백제의 후손일 가능성을 열어두는 정도로만 이용한 것이 아닌가 생각된다. 앞서 언급한 것처럼 지배층이 제시한 이데올로기에 대해 일반 백성들이 그 진위여부를 확인할 필요성도 못 느꼈을 뿐만 아니라, 진실을 가릴 방법도 사실 존재하지 않았다. 견훤의 입장에서는 사실여부와 관계없이 백성들이 그가 백제 후국을 세울 명분이 있구나 하는 생각을 갖게 만들기만 하면 되었기 때문이다. 그렇게 유포되었던 내용들이 기록에 기재되거나 구전으로 전해져 내려왔던 것이 아닌가 짐작된다.

3. 맺음말

이상의 논의를 통해 견훤의 출자와 아자개의 동일인 여부 그리고 혈통 문제에 대해 같이 살펴봤다. 이 문제들은 각기 다른 문제라기보다는 서로

---

[75] 강봉룡은 견훤이 康州(진주)를 중심으로 독립세력을 형성한 초기에는 신라왕족 출신임을 표방했으나, 뒤에 가서 자신이 태생적으로 광주 지방의 최고 지배층임을 강조하기 위해 스스로 광주 출생설[가-2)ⓑ]을 조작해 유포시켰다[강봉룡, 「甄萱의 勢力基盤 擴大와 全州 定都」, 『후백제 견훤과 전주』(주류성, 2001), 92-96쪽]고 이해한다.

영향을 주고받으며 연구자들의 견해를 형성하는데 역할을 했다는 점에서 함께 논의가 필요하다. 기록들을 통해, 견훤의 성장은 문경 가은현에서 이루어졌을 가능성이 높음은 부정할 수가 없다. 다만 『삼국사기』와 『삼국유사』의 견훤 관련 이야기가 상호보완적이라는 점에서 출생은 광주지역에서, 성장은 문경 가은현에서 이루어졌을 가능성도 존재한다. 견훤이 광주를 기반으로 세력을 확장할 수 있었던 데에는 이러한 사정이 관련있는 것이 아닌가 짐작된다.

견훤의 아버지인 阿慈介는 886년과 887년 사이에 장군을 자칭하였으나, 897년에 발발한 원종과 애노의 난에 피해를 입고 세력을 잃었을 것으로 판단된다. 그 뒤 상주 지역에는 918년에 왕건에게 귀부한 동명이인인 阿慈蓋가 세력을 형성하기도 했다. 반면 신라의 군대에 들어간 견훤은 그 해를 입지 않았고 신라가 혼란해진 틈을 타 독자적인 세력으로 성장하는데 성공을 했다. 그는 어떠한 이유에서인지 아버지인 阿慈介와 결별을 하고 광주지역을 중심으로 세력을 구축했다. 견훤은 광주지역에서 세력 유지 및 강화를 위해 신라와의 관련성을 부정하지는 않았다. 신라의 신하임을 부정하지 않던 견훤은 자신의 권위를 높이는 방법으로 진흥대왕의 후손이라는 이야기를 유포하였는데, 이는 신라 왕실의 권위를 이용해 자신의 세력을 확장하려는 의도가 담겨 있었다고 여겨진다.

하지만 견훤의 이러한 입장은 전주로 천도하며 백제 계승을 선포하면서 변화를 일으켰다. 백제를 잇는 후백제의 건국을 천명한 이상, 신라계 후손이라는 이야기는 더 이상 그의 세력 유지에 그리 유리하게 작용하지 않았기 때문이다. 이에 견훤은 의자왕의 아들인 부여융의 후손이 산간 어딘가로 숨어 들어가 가계를 이어왔다는 전설을 이용하여 백제계와의 관련성을 부각시키고자 했다. 다만 백제계 후손이라는 이야기는 앞서 진흥대왕의 후손이라는 이데올로기를 유포시킨 이후였기 때문에 이를 완전히 부정하기는 어려웠을 것이고 백제의 후손일 가능성을 열어두는 정도로 활용하며 자신의 권위를 강화하고자 했던 것으로 추정된다.

송화섭*

　허인욱 선생의 견훤의 출자에 대한 논의 가운데 탄생설화와 출신 혈통 부분에 관하여 논평에 임하고자 한다. 견훤에 대한 출자와 탄생설화는『삼국사기』와『삼국유사』를 근거로 분석해보았다. 먼저『삼국사기』와『삼국유사』의 견훤 관련 사실을 비교 검토해보자.

『삼국사기』권 제50 열전 제10 견훤전에

　(가) 견훤은 상주 가은현 사람이다. 본성은 李氏였는데, 후에 甄으로 성을 삼었다.
　(나) 처음에 견훤이 갓 낳아서 강보에 있을 때, 아버지가 들에서 밭갈이를 하고 어머니가 점심을 대접하면서 아이를 숲속에 두었더니 범이 와서 아이에게 젖을 먹이었는데 향촌사람들이 듣고서 이상하게 여겼다.

『삼국유사』기이편 후백제 견훤전에

　(가) 三國史本傳에 견훤은 상주 가은현인데, 함통8년 정해년에 태어났고 본성은 이씨였는데 후에 견으로 성씨를 삼았다.
　(나) 古記에는 옛날에 한 부자가 광주 북촌에 살았는데, 단정한 모습의 한 여자가 있었다. 그의 부친에게 이르되, 매번 紫色衣服을 입은 남자가 침실에 들어와서 교혼하는 일이 자주 있었다. 그의 부친은 「네가

──────────────

＊ 중앙대학교 다빈치교양대학 교수.

긴 실을 바늘에 꿰어 그 남자의 옷에 찔러 두라」하였다. 그 딸이 그
리하였던 바 날이 밝아서 실을 찾아보니 바늘이 북쪽 담 아래의 큰
지렁이(蚯蚓) 허리에 찔러 있었다. 그 후 임신이 되어 사내아이를 낳
으니 나이 15세에 자칭 甄萱이라고 하였다.

위의 『삼국사기』 『삼국유사』에는 견훤은 867년에 상주 가은현에서 태어
났으며, 본성은 이씨였는데, 후에 견씨 성으로 바뀌었다는 사실을 공통적
으로 기록해 놓았다. 견훤이 15세에 이르렀을때 성씨를 바꾸었다는 것은
견훤의 부친인 아자개가 정변에 휘말렸을 가능성을 시사한다. 일연은 아자
개가 왕족의 후예라는 사료의 신빙성을 높이기 위하여 삼국사 본전의 기록
까지 참고 인용하고 있다.

견훤탄생신화는 『삼국사기』와 『삼국유사』에 서로 엇갈리는 내용으로 실
려 있다. 견훤탄생신화에서도 다른 시조신화에 등장하는 기아(棄兒)습속이
등장하고 있다. 『삼국사기』의 견훤탄생신화는 고구려 주몽탄생신화에 등장
하는 기아신앙이 반영되어 있다. 고구려 주몽신화에서 해모수와 하백이 사
통하여 알(卵)을 낳았는데 "길에 버리니 우마가 피하고 들에 버리니 새와
짐승이 와서 덮어주었다(又弃之路 牛馬避之 弃之野 鳥獸覆之)"는 신화 유형
과 견훤탄생신화가 기본적으로 같다. 기아 습속은 위대한 성인(聖人)일수
록 가장 하찮은 공간에 버려진 상태에서 태어난다는 논리와 같다. 그리스
트교의 예수가 마굿간에서 태어나는 것도 같은 이치이다.

그런데 왜 『삼국유사』에는 견훤은 광주 북촌 부호의 딸과 지렁이이 사이
에서 탄생하는 것일까. 이와 유사한 탄생설화가 백제 무왕의 탄생설화이
다. 무왕의 어머니는 南池邊의 池龍과 통교하여 서동(璋)을 낳았는데(南池
邊池龍交通以生小名薯童), 그 장이 무왕이다. 견훤은 지룡 대신에 지렁이와
부잣집 처녀(富人女)가 통교하여 탄생하는 방식을 취하고 있다. 지룡은 못
의 용 일 뿐이지 왕으로서 정통성이 없는 것은 아니다. 지렁이(蚯蚓)는 견

휜의 아바타일 수 있다. 견훤은 후백제의 왕이 되었지만, 왜 용이 되지 못하고 지렁이가 된 것일까. 매번 밤마다 처녀와 침실에 들어오는 남자는 자색의복(紫色衣服)을 입었다고 하였다. 자색의복은 홍룡포(紅龍袍)일 수 있다. 그렇다면 왜 홍룡포을 입은 지렁이(蚯蚓)가 되었을까.

견훤은 892년 순천만 일대에서 신라 방수군의 비장 신분으로 있다가 군사 5천명을 이끌고 광주에 습격하여 스스로 왕이라고 하였으나, 감히 드러내놓고 칭왕이라고 할 수 없었다(遂襲武珍州自王 猶不敢公然稱王). 왜 그랬을까. 지렁이는 당시 견훤의 처지와 신분을 대변해주고 있다. 지렁이라는 표현은 견훤 자신이 스스로 왕이라고 떠들었지만, 광주 전남의 지방호족들은 견훤을 왕으로 인정해주지 않았음을 상징적으로 보여주고 있다. 견훤은 광주 북구에 위치한 무진고성에 거점을 두고 광주 전남 지역의 호족과 지방세력을 포섭하여 후백제를 건국하려고 총력을 기울였으나 실패하고 만다. 무진고성은 통일신라시기 무진주의 치소성이지 왕성은 아니었다.

견훤은 8년간 광주 전남에서 용이 되지 못하고 지렁이 신분이었다. 후백제를 건국하여 용이 되고자 애썼으나 끝내 광주입도에 실패한다. 이러한 견훤의 처지가 광주 북촌에서 지렁이전설로 전해온 것으로 볼 수 있다. 광주 북촌은 현재 광주광역시 북구이며, 북구에 무진고성(武珍古城)이 위치하고 있다. 견훤은 광주에서 후백제 건국에 실패하고 900년에 전주에 와서 후백제의 국호를 정하고 마침내 왕위에 올랐다. 견훤의 지렁이전설은 무진주 시절에 왕위에 오르지 못한채 자왕과 칭왕으로 끝난 견훤의 처지가 반영된 것으로 보인다.

다음은 견훤의 출신에 대하여 짚어보고자 한다.

일연은 『삼국유사』 후백제 견훤전에 『이비가기(李碑家記)』의 내용을 전재하고 있다. 핵심은 견훤이 왕족 신분이라는 점을 강조하려는 의도가 짙게 풍긴다. 견훤의 출신 혈통을 짚어보기 앞서, 김부식이 펴낸 『삼국사기』와 일연이 펴낸 『삼국유사』에서 견훤에 대하여 어떻게 평가하고 기술하였는지를 비교 검토할 필요성이 있다. 김부식은 고려의 충신으로서 왕건에게 맞서 싸운 견훤을 간악하고 원수같은 사람이라고 혹평하면서 매우 부정적으로 평가하고, 견훤전 내용도 상당 부분 악의적으로 기술해 놓았다. 반면에 일연은 승려의 신분으로 역사적 사실을 평가하는데 정치적인 입장에서 훨씬 자유롭고 객관적으로 기술하고 있다. 오히려 견훤의 역사적 평가에 대해서는 『삼국유사』가 『삼국사기』보다 사료적 가치를 갖고 있는 것으로 볼 수 있다.

일연은 『이비가기』의 사료를 인용하여 견훤이 신라 왕족의 혈통임을 밝히고 있다. 견훤의 아버지인 아자개가 진흥대왕과 백융부인의 셋째 아들인 구륜공이며, 구륜공의 대를 이은 선품의 아들 작진과 왕교파리가 혼인하여 원선을 낳았는데, 원선이 견훤의 아버지인 아자개라는 것이다. 견훤의 혈통은 진흥왕의 왕족 혈통은 분명한 듯하나, 후궁의 자녀였거나 왕위 계승의 정쟁에서 밀려난 것으로 보인다. 발표자는 견훤의 혈통이 진흥왕에서 비롯되었다면, 5대로서 150년이어야 하는데, 진흥왕에서 아자개까지 300년의 간극이 있다는 의문을 제기하고 있다. 하지만 신라하대사회는 왕권 경쟁을 위한 암투가 극심했었고, 반란 역모에 가담한 사람은 가문의 혈통을 은폐하거나 신분을 감추는 일이 있었다. 실제 신라하대사회에는 정치적 반란이 발생하였고 왕의 교체도 빈번하였던 사회였다. 『삼국유사』의 아자개 관련 기록을 사실로 받아들인다면 견훤 가문은 왕족이었다.

견훤은 신라 골품제가 붕괴되어가고 왕위 쟁탈의 암투가 극심하던 시기에 태어났다. 신라 하대로 내려갈수록 왕위 계승을 위한 암투가 심화되어 갔다. 견훤이 15세가 되던 881년에 성씨를 이씨(경주이씨?)에서 견씨로 바꾸었다. 왜 성씨까지 바꿀 상황이 되었을까 하는 점이다. 성인이 되는 나이에 어머니성을 따른 것은 부친 아자개가 정치적 역모에 가담한 사건이 있었고, 아들 견훤이 사회활동하는데 장애 요인을 제거하기 위하여 성씨를 바꾼 것으로 볼 수 있다. 아자개는 신라 49대 헌강왕대에 정치적인 권력 다툼에서 역적으로 몰려 완전히 밀려나 왕족에서 박탈당하고 상주 가은현으로 도망해와 은신한 듯 하다.

왜냐하면 헌강왕 5년(879) 실제 일길찬 신홍(信弘)이 반란을 일으켰다가 처형당한 사례가 있기 때문이다. 아자개가 왕족에 속한 인물이었기에 정치적 반란 또는 역모에 가담하였을 가능성은 있었을 것이다. 아자개는 역모에 가담하였다가 처형당할 위기에서 상주 가은현으로 도망하여 자신의 신분을 감추고 성도 이씨에서 견씨로 바꾼 것으로 보인다. 그는 상주에서 농사군에서 생활하였지만 재기하여 장군의 신분에 오르게 되었다. 견훤이 신라의 방수군으로 배치되었다가 비장의 지위에 오르고 후백제를 건국하고 왕위에 오르게 된 것은 역설적으로 견훤이 왕족의 혈통이었음을 입증하는 것이라 할 수 있다.

허인욱

　　구체적인 오류의 지적보다는 견훤의 탄생 설화가 갖는 의미와 아자개의 출신에 대한 의견을 주신 듯합니다. 선생님은 두 가지를 말씀해 주셨습니다. 하나는 견훤과 관련된 지렁이 전설은 무진주 시절에 왕위에 오르지 못한 채 自王과 稱王으로 끝난 견훤의 처지가 반영된 것이라는 점과 아자개가 경주이씨(?)의 일원이었고, 정치적인 충돌로 인해 가은현으로 숨어들었으며, 견씨로 변성을 한 것이 아닌가 하는 점입니다. 다만 말씀해 주신 부분은 사료를 통해 구체적으로 확인할 수 있는 부분이 아니어서 이에 대한 답을 드리기가 쉽지 않습니다. 주신 의견에 대해서는 견훤의 정치적 입장과 아자개에 대한 이해를 해 볼 수 있는 여러 가지 견해 가운데 하나로 생각해 보도록 하겠습니다. 좋은 의견 감사드립니다.

견훤의 해양패권 쟁탈전 始末

-왕건과의 관계를 중심으로-

강봉룡

목포대학교 사학과 교수

1. 머리말

신라 하대에 들어 전국에서 일어나기 시작한 호족들의 독자세력화 추세는 9세기 말에 이르러 대호족으로 통합되면서 전국을 3분하는 양상으로 전개되어 갔으니, 그 선두에 견훤과 궁예(왕건)가 있었다. 견훤은 중앙군 출신으로 발흥하는 서남해지역의 해양세력을 평정하기 위해 특별 편성된 '서남해방수군'의 일원으로 참여하여 진군하는 과정에서 세력을 결집하여 900년에 전주에서 후백제를 건국하였고, 궁예는 죽주 호족 기훤과 북원의 호족 양길 휘하에서 강원지역을 석권하는 과정에서 세력을 키워 철원에서 901년에 후고구려(904년 '마진'을 거쳐 911년 '태봉'으로 개칭)를 건국하여, 신라와 더불어 후삼국의 형세를 이루었다. 여기에 궁예 휘하의 장수였던 왕건이 견훤군과의 주요 전투에서 잇따라 무공을 세우며 자기 세력을 구축하더니, 918년에 궁예를 축출하고 고려를 건국하여 신라 및 후백제와 더불어 후삼국의 새로운 한 축을 형성하였고, 급기야 936년에 후삼국을 통일하기에 이르렀다.

최후의 승리자가 왕건으로 귀결되었던 만큼 역사 기록에는 견훤의 쟁패 상대로 고려 건국 이전부터 궁예보다는 왕건이 전면에 나타나곤 하였다. 특히 해양 쟁패의 경우에서 왕건의 활동은 더욱 두드러졌던 것으로 나타났으니, 원래 그가 해양세력에서 출신하였기 때문일 것이다. 자연히 그간 연구의 무게 중심은 왕건이 견훤을 제압하는 과정에 두어졌으니, 이는 승패의 결과가 작용한 바로서 충분히 이해되는 부면이 있다. 그리고 양자의 쟁패전에 대한 관심에서는 주로 지상전에 무게 중심이 두어졌으니, 해양사에 대한 관심의 부재가 그 배경에 있다고 여겨진다. 이에 본고에서는 이러한 경향성을 탈피하여, 패배자 견훤의 입장에서 왕건과 쟁패를 전개해간 과정을 주로 해양패권 쟁탈전의 관점에서 살피고자 한다.

당시 해양은 인적 물적 교류의 중심 통로로서 육상을 능가하였던 것으로 평가되고 있다. 이러한 사정은 군사 작전에서도 마찬가지여서, 군사 작전 수행 과정에서 해전과 지상전이 서로 긴밀하게 연동되면서도 전자가 후자를 규정하는 경우가 많았다. 해양 거점을 확보하면 인근 육상 거점들이 대거 투항해오는 사례들이 적지 않았음은 이러한 경향을 잘 보여준다고 할 수 있다. 이를 염두에 두면서 본고는 견훤이 왕건에 대응하여 해양패권을 추구해 갔던 과정['始末']을 주요 흐름으로 설정하되, 지상전의 양상을 보완적으로 연계시키면서 견훤 해양쟁패전의 의미를 입체적으로 부각시켜 보고자 한다.

2. 始: 강주 및 순천에서 해양 입문

견훤은 상주 가은현(지금의 문경군 가은읍)의 阿慈介라는 농민 출신 중소호족의 아들이었다 하니, 원래 바다와는 인연이 없는 산골 사람이라고 할 수 있다. 그런 그가 바다와 인연을 맺고, 또 급기야 후백제의 건국 시조에까지 오를 수 있었던 것은 그럴 만한 특별한 계기가 있었다. 京軍으로 입대한 그가 '서남해를 防戍하는 임무를 띤 군대'('서남해방수군')에 편입되어 파견된 것이 그것이었다.[1]

견훤은 '서남해방수군'의 일원으로 889년경에 신라의 서울 경주를 출발하였다. 최종 목적지 '서남해' 지역은 반세기 전에 암살당한 장보고가 관할하며 동아시아 해상무역을 석권했던, 서해와 남해가 만나는 지금의 전남

---

1 『삼국사기』 권50, 열전10, 견훤조에 나오는 관련 기사는 "장성하면서 체격이 엄청났고, 뜻이 굳고 기개가 있어 평범하지 않았다. 군대를 따라 왕경(王京)에 들어갔다. (나중에) 서남해를 지키기 위해 나아갔다."라 번역할 수 있다. 이는 마지막 구절(밑줄친 부분) '赴西南海防戍'에 대하여, '결과'가 아닌 진군하는 '과정'으로 보고 번역한 것이다[이에 대한 고증은 강봉룡, 「견훤의 세력기반 확대와 전주 정도」, 『후백제 견훤정권과 전주』(주류성, 2001), 82~88쪽 참조].

서남부지역에 해당하는 곳으로서, 당시 나주(이전엔 '금성'이라 함)가 그 중심을 이루고 있었다. 889년(진성여왕 3) 당시의 신라는 "국고가 텅비고 전국에서 도적이 벌떼처럼 일어날" 정도로 최악의 상황에 처해 있었음에도[2] 불구하고 그해 '서남해방수군'을 결성하여 파견하는 무리수를 감행할 수밖에 없었던 것은 나름의 이유가 있었을 것이다. 즉 국내외 해로의 요충지이자 최대의 청자 생산지로서 차지하는 '서남해' 지역의 경제적 중요성이 지대했기 때문에,[3] 그리고 거기에 또 장보고 사후에 흩어졌던 이 지역 해양세력들이 위협적인 세력으로 결집해 가는 추세를 제압할 필요가 있었기 때문이었지[4] 않았을까 한다.

견훤은 진군하는 과정에서 저항하는 지방 호족들을 제압하며 혁혁한 전공을 세워 마침내 단위 부대를 지휘하는 '裨將'의[5] 지위에까지 올랐다.[6] 그리고 견훤의 부대는 진군을 거듭하면서 얼마 안 되어 '서울 서남주현들'을 아울러서 5,000여 명의 무리를 거느리게 되었다고 한다.[7] '서울 서남주현들'이란 康州(지금의 진주)를 중심으로 하는 지금의 경남 서부지역을 지칭하는 것으로 보인다.[8] 진주는 신라 9주의 하나인 강주의 州治가 있던 곳으로서, 낙동강의 지류인 남강이 흐르고 남으로 남해안의 사천과 남해도로 통하는 해양의 요충지이기도 하였으니, 산골 출신인 견훤이 바로 이곳에서 처음으로 바다와 대면했을 것으로 보인다. 견훤은 진주의 유력 해양

---

2 『삼국사기』 권11, 신라본기11, 진성왕 3년(889).

3 최건, 「한국청자 발생에 관한 배경적 고찰」, 『고문화』 31(1987); 강봉룡, 「해남 화원·산이면 이대 청자요군의 계통과 조성 주체세력」, 『전남사학』 19(2002), 559-560쪽.

4 강봉룡, 「왕건의 제해권 장악과 고려 건국 및 후삼국 통일」, 『역사학연구』 75(2019), 36-38쪽.

5 '비장'의 성격에 대해서는 신호철, 「견훤의 출신과 사회적 진출」, 『동아연구』 17(1989), 92-93쪽 참조.

6 『삼국사기』 권50, 열전10, 견훤조는 이에 대하여 "창을 베고 자면서 적을 기다렸고, 그의 용기는 항상 군사들 중 으뜸이었으므로, 神將이 되었다.(枕戈待敵, 其勇氣恒爲士卒先. 以勞爲神將)"라 기술하고 있다.

7 『삼국사기』 권50, 열전10, 견훤.

8 김수태는 당시 강주가 '서울 서남주현들'에 포함되었을 것으로 파악하였다[김수태, 「후백제 견훤정권의 성립과 농민」, 『백제연구』 29(1999), 98쪽].

세력을 복속시키고 따르는 무리가 대규모임에 고무되어, 처음으로 신라에 반심을 품고 신국가 건설의 야망을 드러내기 시작했을 것으로 보인다. 나중 건국 이후에 후백제가 889년을 '건국 원년'으로 표방하였던 것도[9] 그해에 진주에서 처음으로 품은 신국가 건설의 구상을 염두에 둔 때문이 아닐까 한다.

견훤의 다음 타겟은 순천이었다. 견훤이 강주지역에서 큰 세력을 이루자, 순천지역의 유력한 해양세력인 박영규와 김총 등은 그 기세에 압도되어 복속을 자청해 왔던 것으로 보인다. 진주와 순천은 남해안을 따라 연접해 있을 뿐 아니라 두 도시 사이에 지형적으로 큰 장애물도 없어 자고로 경상도와 전라도의 남부지역을 잇는 脣齒와도 같은 긴밀한 관계였다는 점을 생각하면, 순천의 두 호족이 자복해 온 것은 충분히 이해가 된다. 과연 박영규는 견훤의 사위가 되고, 김총은 견훤의 경호대장 격인 引駕別監이 되어, 곧바로 견훤의 심복으로 자리 잡았다.

견훤의 순천 접수는 아주 특별한 의미를 내포한다. 진주에서 처음 해양의 중요성을 경험한 견훤으로서는 박영규와 김총 등과 같은 유력한 해양세력을 아우른 것을 계기로, 그의 주력세력을 해양세력으로 본격 무장하였을 것으로 보이기 때문이다. 이 점에서 박영규와 김총의 해양세력으로서의 면모를 살필 필요가 있다.[10]

먼저 박영규의 면모를 살펴보기로 하자. 『고려사』와 『신증동국여지승람』 등에 나오는 박영규에 대한 기사의 내용을 보면, 견훤의 사위가 되었다는 점, 후에 견훤을 따라 태조 왕건에 귀부하여 그의 딸 하나를 태조에게 바

---

9 신호철, 『후백제 견훤정권 연구』(일조각, 1983), 42쪽.
10 박영규와 김총을 단순한 호족으로서가 아닌, 해양세력으로 파악하려는 시도는 2000년대에 들어서서 이루어졌다. 변동명, 「고려시기 순천의 산신·성황신」, 『역사학보』 174(2002); 정청주, 「신라말·고려초 순천지역의 호족」, 『전남사학』 18(2002); 강봉룡, 「후백제 견훤과 해양세력—왕건과의 해양쟁패를 중심으로—」, 『역사교육』 83(2002), 118-121 등 참조.

치고 두 딸을 정종에게 바쳤다는 점, 죽어서 海龍山神이 되었다는 점, 그리고 그를 모시는 海龍山祠가 있었다는 점 등이다.[11] 박영규의 활동무대에 대한 보다 구체적인 기사는『江南樂府』에 실려 전한다.

『平陽舊志』에 이런 구절이 있다. 박영규는 江南君의 후손이며 견훤의 사위였고, 이 땅의 君長이었다. 道里의 해룡산 아래 鴻雁洞-옛 성터가 있다-에 웅거하고 있었다. 나중에 고려에 투항하여 좌승의 벼슬을 받았다. 죽어서 해룡산 산신이 되었고-옛날에는 사당이 있었으나 지금은 없다- 순천박씨의 중시조가 되었다.[12]

『강남악부』는 순천 출신의 趙顯範(1716~1790)이 1784년에 순천지역의 인물, 풍속, 신기한 일 등에 관한 이야기를 모아서 엮은 樂府體 詠史詩集 이고,[13] 여기에 인용된『평양구지』는 이수광이 1618년에 편찬한『昇平志』 이전에 있었던 순천의 읍지로 알려져 있다. 이 기록에 의하면, 박영규는 도리 해룡산 아래 홍안동에 웅거하여 군장으로 행세하였으며, 죽어서는 해룡산신이 되었다는 것이다.

여기에 근래 박영규가 웅거했을 것으로 추정되는 해룡산성에 대한 정밀 지표조사가 이루어짐으로써[14] 해양세력으로서의 박영규의 실체가 좀 더 구체적으로 밝혀질 수 있게 되었다. 이에 의하면 산성은 옛 순천부의 남동쪽에 위치한 인제산의 한 줄기가 남동쪽으로 순천만 입구를 향해 뻗어 있는 구릉상에 위치한 것으로 확인되었다. 또한 해룡산성은 홍

11『고려사』권92, 열전3, 박영규; 같은 책, 권88, 후비1;『신증동국여지승람』권40, 순천도
  호부 사묘·인물.

12『江南樂府』麟蹄山.

13 조원래,「강남악부해제」,『국역 강남악부』(순천대 남도문화연구소, 1991).

14 최인선·박태홍,「해룡산성의 축성법과 조사내용」,『순천 해룡산성』(순천대학교 박물관,
  2002).

내동의 홍두·내동·통천의 세 마을을 에워싼 여러 개의 봉우리와 구릉 및 계곡을 연결하고 동남쪽으로 순천만을 향해 열려있는 세 마을의 개활 평지를 가로질러 연결하여 版築 혹은 盛土의 기법을 활용하여 축조한 토성이며 平山城임이 밝혀졌다. 산성의 둘레는 2km를 상회하고 있으며, 여기에서 삼국시대부터 조선시대에 이르는 시기의 유물이 확인되고 있는데, 특히 통일신라에서 고려시대의 유물이 주류를 이루는 것으로 추정되었다.[15]

이러한 해룡산성에 대한 지표조사의 내용과 『강남악부』에 인용된 기사를 보면, 해룡산성이 박영규의 근거지였을 것이 확실하다. 그리고 그 산성의 위치가 순천만에 연접해 있고, 박영규가 해룡산신이 되었다는 해룡의 칭호가 해양세력을 지칭하는 것임을 염두에 둘 때, 박영규는 순천의 유력한 해양세력이었음에 분명하다. 더욱이 해룡산성의 인근에는 1480년(조선 성종 11)에 潮陽浦로 개칭된 沙飛浦라는 포구가 있었고, 이곳에 고려 초의 조창인 해룡창이 설치되었으며, 조선시대에는 세곡을 운송하는 해창포가 있었던 것을[16] 염두에 둘 때, 해양세력으로서의 박영규의 면모는 의심할 여지가 없다.

또한 해룡산성은 순천에서 육로를 따라 남으로 뻗어내려 여수반도로 이어지는 좁다란 길목의 서편에 위치하고 있는데, 그 남쪽에는 여수반도와 서쪽의 고흥반도가 이루는 순천만이 전개되고 있다. 그리고 여수반도로 뻗어내려가는 그 좁다란 길목의 동편에는 광양만이 전개되고 있는데, 그 일대에 지금까지도 '해룡면'이라는 이름의 고을이 위치하고 있고, 이곳으로부터 광양만에 접하여 검단산성과 신성리왜성이 나란히 자리잡고 있어, 이곳 역시 박영규의 해양활동의 공간이었을 가능성이 크다. 그렇다면 박영규는 순천에서 여수로 통하는 길목의 동서 양편으로 광양만과 순천만으로 통하

---

15 최인선·박태홍, 윗 보고서 참조.
16 정청주, 앞 논문(2002), 31-32쪽.

는 해양의 최고 요지를 장악한 해양세력이었다고 할 수 있겠다.

다음에 김총의 경우를 보자. 『신증동국여지승람』과 『강남악부』에 인용된 『승평지』 등에 나오는 김총에 대한 기사를 보면, 견훤을 섬겨 인가별감에 올랐다는 것, 죽어서 성황신이 되었으며 그 성황사가 進禮山에 있다는 것 등이 기술되어 있다.[17] 또한 진례산은 순천도호부의 동쪽 73리에 있고, 진례부곡은 여수현 동쪽 25리에 있다고 전한다.[18]

진례부곡은 오늘날 여수시 상암동의 진북·진남 마을로 비정되는 곳이므로, 진례산은 그 인근에서 찾아야 할 것인데, 「대동여지도」에 의하면 진례산이 흥국사의 뒷산인 영취산 인근에 표시되어 있어, 진례부곡의 위치와 일치하고 있다. 그런데 이곳은 북으로 광양만과 접하고 있어, 김총이 광양만을 배경으로 활동한 해양세력이었음을 시사받을 수 있다.

이와 관련하여 그에 인접한 적량동에서 7점의 비파형동검을 포함한 다량의 청동유물을 부장한 고인돌유적이 발굴된 것을 주목할 필요가 있다. 이처럼 다량의 비파형동검의 수습 사례는 이제까지 한반도에서는 유례가 드물고 요령지방에서나 찾아볼 수 있는 바로서, 연안 해로를 통한 고조선과의 문화교류 가능성을 생각해볼 수 있다.[19] 또한 인근에는 충무공 거북선 수리소가 있었던 것으로 전해지고 있다. 이러한 점들을 염두에 둘 때, 이 일대는 고대 이래 해양의 주요 거점으로 활용되어 왔음을 알 수 있겠으며, 따라서 이 지역과 밀접한 관련 속에서 활동한 김총 역시 유력한 해양세력으로 보아 무방할 것이다.

이처럼 박영규와 김총을 순천만과 광양만을 장악한 유력한 해양세력으로 본다면, 견훤은 이들을 복속시킴으로써 유력한 해양세력과 해양거점을 확보한 셈이 된다. 또한 이로써 견훤은 이곳을 거점으로 삼아 바다를 통해

---

17 『신증동국여지승람』 권40, 순천도호부 인물·사묘.
18 『신증동국여지승람』 권40, 순천도호부 산천·고적.
19 이영문·정기진, 『여천시 적량동 상적 지석묘』(전남대학교 박물관, 1993) 참조.

'서남해' 지역으로 진군하는 것이 가능하게 되었을 뿐만 아니라, 더 나아가 중국 및 일본과의 독자적인 해양교류도 구상할 수 있게 되었다.

3. 敗: 나주에서 해양 진출 시도와 실패

889년 경주를 출발하여 진주를 거쳐 순천을 접수하는 데까지 견훤의 진 군 추세는 그야말로 파죽지세였다. 그런데 무슨 일인지 순천에서 향후 진 로를 둘러싸고 심각한 고민에 빠졌던 것 같다. 그 고민의 내용이란 원래의 목적지인 '서남해'의 나주지역으로 서진할 것인가, 아니면 방향을 바꾸어 광주지역으로 북상할 것인가를 타진하는 것이었을 가능성이 크다. 그런데 견훤은 892년에 무주(광주)를 접수한 것으로 보아, 결국 광주행을 결심했 고, 광주를 접수한 것으로 이해할 수 있겠다. 광주 호족 池萱은 견훤의 사 위가 되는 것으로 보아 견훤에게 자진 복속했던 것으로 보인다.[20] 892년의 이러한 상황에 대하여 『삼국사기』는 "무주 동남쪽의 군현들이 견훤에게 모 두 降屬했다."고[21] 밝히고 있는데, '무주 동남쪽'이란 순천에서 구례, 곡성 등을 거쳐 광주에 이르는 지금의 전남 동남부지역을 지칭하는 것이 분명하 다. 그렇다면 광주를 접수한 892년 단계에 서남해의 '나주지역'은 아직 견 훤에게 복속되지 않은 상태였다고 할 수 있다.[22]

광주 접수 이후 견훤은 비록 稱王은 하지 않았지만 신국가 건설의 청사 진을 더욱 구체화하여 광주를 '첫 도읍'으로 표방하는[23] 한편, 스스로 '新羅

---

20 순천에서 향후 진로를 타진할 때, 견훤은 '서남해' 지역 해양세력의 저항적 위세가 만만치 않음을 확인했던 반면 광주 호족 지원으로부터는 자발적 복속의 신호를 받아냈을 것으로 보인다.

21 『삼국사기』 권11, 신라본기11, 진성왕 6년(892).

22 정청주, 「신라말·고려초의 나주호족」, 『전북사학』 14(1991), 149−150쪽.

23 『삼국유사』 권1, 왕력편에 의하면 '견훤이 임자년(892) 처음으로 광주에 도읍한 것'으로 나 온다.("甄萱壬子始都光州")

西面都統·指揮兵馬制置·持節都督全武公等州軍事·行全州刺史·兼御
史中丞·上州國·漢南郡開國公·食邑二千戶'라는 긴 칭호를 自署하기에
이르렀다. 그런데 건국 이후인 925년에 후백제는 後唐에 사신을 파견하여
이와 유사한 '持節·都督全武公等州軍事·行全州刺史·海東四面都統指
揮兵馬制置等事·百濟王食邑二千五百戶'라는 작호를 책봉받았는데,[24] 이
로 보아 견훤은 이미 광주에서 신국가의 군왕임을 내심 자부했다는 것을
알 수 있다. 이는 889년에 진주에서 '건국 원년'으로 표방한 것에 이어 광주
를 '첫 도읍'으로 간주하면서[25] 신국가 건설의 구상을 더욱 구체화한 것이
다. 다만 견훤이 자서한 칭호에서 전주·무주·공주의 3주 중 전주를 가장
앞에 칭하고, 또 '행전주자사'를 添稱한 것으로 미루어 볼 때, 신국가의 최
종 도읍지로 전주를 내정했음을 알 수 있다. 과연 견훤은 900년에 전주로
옮겨가 定都하고 '의자왕의 宿憤을 갚겠다.'고 맹세하면서 후백제의 건국
을 선언하였다.

892년 광주 접수 이후 견훤은 신국가 건설 작업을 더욱 구체화한 연후에
미루어 두었던 '서남해'의 나주지역 공략에 본격 나섰던 것으로 보인다. 그
러나 이에 대한 구체적인 자료가 없어 상당 부분 추론과 정황 설정에 의존
할 수밖에 없다. 먼저 견훤이 이미 최종 도읍지로 내정한 전주로 옮겨 건국
을 선언하는 일이 급선무였을 것인데, 광주를 접수한 지 8년이나 지난 900
년에 이르러서야 그리했다는 점을 주목하고자 한다. 이는 곧 광주에서 '서
남해' 지역에 대한 공략이 여의치 않았음을 보여주는 것이 아닐까 한다. 이
와 관련하여 다음 기사가 시사하는 바가 크다.

후백제왕 견훤이 大耶城을 공격하였으나 떨어뜨리지 못하자, 군사를

---

24 『삼국사기』 권50, 열전10, 견훤.
25 『삼국유사』에 의하면 "다스린 지 43년 청태 원년(934년) 갑오에 견훤의 세 아들이 반역하
여 견훤은 태조에게 항복하였다."고 하여, 실제 후백제는 광주에 도읍한 892년을 원년으
로 삼는 인식도 있었던 것으로 보인다(『삼국유사』 권2, 기이2, 후백제 견훤).

錦城 남쪽으로 이동시켜 그 주변 부락을 약탈하고 돌아갔다.[26]

견훤은 후백제 건국 직후인 900년에 오월국에 교류를 시작하였고,[27] 그 이듬해인 901년에는 위 기사에 나타나듯이 대야성(지금의 합천)을 공격했다가 여의치 않자 되돌아오는 길에 금성(지금의 나주) 남쪽 부락을 약탈하고 돌아왔다. 견훤이 국가체제를 어느 정도 정비한 시점에 가장 먼저 대야성과 금성을 타격의 대상으로 삼은 것은 특별히 주목할 일이다. 먼저 신라의 최고 요새지인 대야성을 공격한 것은 의자왕의 숙분을 갚겠다고 선포한 자신의 맹세를 짐짓 과시하려는 상징적인 '정치쇼'에 가깝다고 한다면, 금성 남쪽의 부락을 약탈한 것은 광주에서 성취하지 못한 '서남해' 공략을 재개하여 본격화하겠다고 선언하는 실질적 의미가 있다고 하겠다.

그러나 견훤의 '서남해' 나주지역 공략 계획은 후고구려 궁예의 수군장군 왕건이 개입함으로써 여지없이 틀어지고 말았다. 왕건은 903년에 수군을 동원하여 금성을 공략하여 10여 군현을 차지하였고, 909년에 오월국에 파견한 견훤의 배를 염해현에서[28] 나포하였으며, 912년에는 목포~덕진포 사이의 영산강 하구에서 견훤이 親率한 후백제 수군을 대파하기에 이르렀던 것이다. 결국 견훤은 '서남해' 지역 공략의 선수를 왕건에게 빼앗김으로써 국초부터 교섭을 시도하던 오월국으로 통하는 해상 길목까지 차단당하였다. 뿐만 아니라 '서남해' 지역을 차지하기 위해 직접 인솔해간 수군마저 영산강 하구에서 잃어버리고 말았던 것이다.

이로써 견훤은 '서남해방수군'의 최종 목적지이자 국내 해상교통의 최고 요충지인 '서남해' 지역을 왕건에게 내줌으로써 불리한 해양환경에 처하게

---

26 『삼국사기』 권11, 신라본기11, 효공왕 5년 8월.
27 『삼국사기』 권50, 열전10, 견훤.
28 염해현에 대해서는 무안 해제면과 영광 염산면으로 보는 두 견해가 있다[강봉룡, 「나말여초 왕건의 서남해지방 장악과 그 배경」, 『도서문화』 21(2003), 354쪽; 김명진, 「태조왕건의 나주 공략과 압해도 능창 제압」, 『도서문화』 32(2008), 280쪽 참조].

되었다. 왕건이 영산강하구에서 거둔 912년 승리에 대하여 『고려사』는 "이로 인해 궁예가 삼한의 땅을 절반 넘게 차지하였다."고 평가하였으니,[29] '서남해' 지역의 중요성이 어느 정도였던가를 가히 짐작할 수 있다. 그런데 왕건은 그런 '서남해' 지역을 궁예에게 바치지 않고 자기 세력기반으로 삼았고, 이후 결국 918년에 궁예를 축출하고 고려를 건국하게 되었다. 따라서 향후 견훤의 후백제와 왕건의 고려는 양대 대결 구도를 형성하면서 제해권을 둘러싼 치열한 각축을 벌여가지 않을 수 없게 되었다.

4. 爭: 강주 및 운주에서 해양 쟁탈전 전개

후백제와 고려의 제해권 각축전은 서남해의 나주에서 시작하여, 남해안의 康州(지금의 진주)와 서해안의 運州(지금의 홍성)로 확산되었다. 그런데 『고려사』 등의 사서는 주로 고려 측의 동향에 중점을 두고 서술하는 바람에 후백제 측의 활동 내력은 매우 소략하다. 그래서 기왕의 연구에서는 주로 고려 왕건이 제해권을 장악하는 과정을 추적하는 것에 집중되었다. 이에 여기에서는 비록 소략한 기록이나마 후백제 견훤을 주인공으로 삼아서 고려 왕건과 각축을 벌이며 선전해간 과정과 모습을 살펴보려 한다.

1) 康州를 둘러싼 제해권 각축

위에서 살폈듯이 견훤은 신라 '서남해방수군'의 비장으로서 '서남해' 지역을 향해 진군하는 과정에서 889년에 강주(지금의 진주)와 순천지역을 접수하고 892년에 광주에 입성하였으며, 900년에 전주에 입도하여 후백제 건국을 공식화하였다. 그 과정에서 '서남해'의 나주지역을 차지하는 데는 실

---

29 『고려사』 권1, 세가1, 태조 즉위전 기사.

패했지만, 남해의 해양 요충지인 강주와 순천지역은 당분간 세력 하에 두었을 것으로 짐작이 간다.

전주에 안착하여 후백제를 건국한 견훤은 육로와 해로를 통해서 신라로 영향력을 확대해 가려는 심산이었다. 901년에 시범적으로나마 대야성을 공격하였고, 나주지역을 노략했던 것이 그 첫 포문을 연 셈이었다. 견훤이 나주를 공략한 것은 나주와 순천과 진주를 잇는 해로를 확보하여 서해와 남해의 제해권을 장악하고자 함이었을 것이다. 그러나 나주지역 공략은 불발에 그쳤던 것 같다. 그러자 내륙으로 관심을 돌려 916년에 다시 한번 대야성 공격에 나섰지만[30] 또 다시 실패하였다.

그 사이 918년에 왕건이 궁예를 몰아내고 고려를 건국하였다. 이에 견훤은 다시 해양으로 관심을 돌려, 918년 오월에 사신 파견하였고, 오월로부터 답례 사신이 도착하는 성과를 올리기도 하였다.[31] 그러나 견훤에게 해양의 사정은 호전되기는커녕 오히려 악화되었다. 920년 2월에 강주 장군 閏雄이 왕건에게 귀부하는 일이 일어남으로써,[32] 남해안의 제해권마저 왕건에게 빼앗기는 최악의 상황을 맞게 된 것이다.

이에 견훤은 다시금 세를 만회하기 위하여 920년 10월에 육로를 통해 다시 大良郡(대야성을 지칭함)과 仇史郡(지금의 지명 미상) 등을 쳐서 빼앗고 진례성(지금의 김해)에까지 진출하였다. 신라의 요청을 받은 고려군이 당도하자 진례성에서 물러났다고는 하지만[33] 최고의 요충지 대야성을 점령한 것은 주목할 만한 성과였다. 그리하여 견훤은 924년부터 다시 육로를 통해 신라 방면으로의 진출에 집중했던 것으로 보인다. 먼저 924년 7월에 아들 須彌康을 시켜 대야성과 문소성(지금의 의성)의 군대를 일으켜 조물군(지금

---

30 『삼국사기』 권12, 신라본기12, 신덕왕 5년 8월.
31 『삼국사기』 권50, 열전10, 견훤.
32 『삼국사기』 권12, 신라본기12, 경명왕 4년 2월; 『고려사』 권1, 세가1, 태조 3년 1월.
33 『고려사』 권1, 세가1, 태조 3년 10월.

의 위치 미상)을 공격하게 하였고,[34] 925년 12월에는 거창 등 20여 성을 공취하였다고 한다.[35]

육로를 통해 성당한 성과를 올림에 따라 그에 상응하여 해로를 통한 진출도 그에 상응하는 성과를 냈을 것으로 보인다. 마침 924~927년의 기간 동안에 의성과 진주와 김해지역에서 새로운 해양세력이 활동했던 기사가 나타나고 있는데, 이는 견훤이 강주를 중심으로 한 남해안의 제해권을 다시 확보한 정황을 보여주는 것으로 판단된다. 여기에서 잠시 관련 기사를 살펴보기로 하자.[36]

ㄱ (924년 정월) 신라왕 金朴英(경명왕)과 본국 泉州節度使 王逢規가 後唐에 사신을 파견하여 조공했다.[37]

ㄴ (927년 3월) 신라국 權知康州事 왕봉규를 懷化大將軍으로[38] 삼았다. 신라국 前登州都督府 長史 張會巖과 신라국 金州知後官이며[39] 본국 金州司馬인 李彦謨, 그리고 可檢簡校右散騎常侍…'[40]

ㄷ 927년 4월에 '知康州使 왕봉규가 林言을 사신으로 보내니, 명종이 중흥전에 불러들여 물품을 하사했다.[41]

앞의 두 중국 측 기사(ㄱ과 ㄴ)에 의하면 각 직함마다 '신라국'이나 '본국'

---

34 『고려사』 권1, 세가1, 태조 7년 7월.

35 『삼국사기』 권50, 열전10, 견훤.

36 관련 기사는 『삼국사기』, 『고려사』, 『구오대사』, 『신오대사』, 『오대회요』, 『책부원귀』 등에 보이는데[윤경진, 「지강주사 왕봉규와 고려 태조 왕건」, 『역사와 실학』 66(2018), 159쪽 참조], 여기에서는 이중 타당하다고 판단되는 기사(일부 비교 교열)를 중심으로 검토하기로 한다.

37 『책부원귀』 권972, 외신부17, 조공5 後唐 莊宗 同光 2년 정월.

38 『책부원귀』에는 '회화장군'으로 되어 있다(『책부원귀』 권976, 외신부21, 포이3, 후당 명종 천성 2년 3월 을묘).

39 『책부원귀』에는 '등주지후관'으로 되어 있다.

40 『당대회요』 권13, 신라 천성 2년 3월.

41 『삼국사기』 권12, 신라본기12, 경애왕 4년 4월.

이 冠稱되어 있는데, 이에 대한 논의가 우선 필요하다. 먼저 ⓛ의 '전등주 도독부 장사' 앞에 '신라국'이 관칭되어 있는 것을 보자. '등주'는 당시 후당의 관할 하에 있던 중국 산동반도 북쪽 연안의 포구도시이므로, '전등주도독부 장사'는 후당 측이 제수한 것이 분명하다. 그렇다면 그 앞에 관칭된 '신라국'은 '후당 측이 이전에('전') '등주도독부 장사'로 제수한 적이 있는 장회암이 신라국 사람이라는 것을 표시한 것이라 할 수 있다. 즉 장회암은 신라인으로서 후당 측으로부터 '등주도독부 장사'라는 직함을 제수받은 셈이 된다. 그렇다면 '본국'이 관칭되어 있는 직함은 마땅히 신라('본국') 측이 제수한 것이 되겠다. 이에 따른다면, '권지강주사', '전등주도독부 장사', '금주지후관' 등은 후당 측이 제수한 직함이고, '천주절도사', '금주사마' 등은 신라가 제수한 직함이라고 할 수 있다. 그렇다면 왕봉규는 924년 단계에 신라 측으로부터 '천주절도사'의 직함을, 927년 단계에는 후당 측으로부터 '권지강주사'의 직함을 각각 제수받은 것이 되고, 이언모는 후당 측으로부터 '금주지후관'을, 신라로부터 '금주사마'를 각각 제수받은 것이 된다.

다음에 직함에 포함되어 있는 지명을 검토해 보자. 먼저 신라 측('본국')이 제수한 직함에 포함된 지명은 마땅히 신라의 지명일 것이다. 그렇다면 '본국'이 관칭되어 있는 924년 왕봉규의 직함 '천주절도사'의 '천주'는 신라의 지명이 된다. 그러면 이와 반대로 후당 측이 제수한 직함에 포함된 지명은 모두 후당 측의 지명일까? 꼭 그렇지만은 않은 것 같다. 후당 측이 제수한 '등주도독부 장사'의 등주는 중국 측 지명이지만, 후당 측과 신라 측이 이언모에게 제수한 두 직함에 모두 '금주(金州)'라는 동일한 지명이 포함되어 있어 검토가 필요하다. 금주는 지금의 김해로 비정되는 신라의 지명임이 분명하므로, 후당에서 제수한 직함에 포함된 지명은 중국의 지명일 수도, 신라의 지명일 수도 있다. 아마도 이언모는 신라의 '금주사마'로서 후당에 파견된 후에, 후당으로부터 '금주지후관'으로 제수받아 신라 김해지역과 후당 사이의 교섭업무를 맡지 않았을까 한다.

그렇다면 927년 기사의 '권지강주사'에 포함되어 있는 '강주'는 어디일까? 금주는 지금의 김해이고, 천주를 지금의 경북 의령으로 비정하는 기왕의 견해가[42] 여전히 타당하다고 여겨지므로, 강주는 김해와 의령에 인접한 지금의 진주로 보는 것이 자연스럽다.[43] 장회암이 후당으로부터 신라의 지명인 금주가 포함된 '금주지후관'을 제수받았듯이, 왕봉규 역시 신라의 지명인 강주가 포함된 '권지강주사'를 후당으로부터 제수받았다고 보는 것은 무리가 없어 보인다. 그렇다면 위 기사에 의거하여 다음과 같은 추론이 가능하다.

왕봉규는 원래 의령의 호족으로 성장하여 '신라 측'으로부터[44] '천주절도사'를 제수받고 924년 1월 이후에 후당과 독자적인 외교 교섭을 진행하다가(㉠ 기사), 후당으로부터 '권지강주사'(혹은 '지강주사')를 제수받았다. 또한 927년 3월에는 '회화대장군'의 직함까지 제수받은 직후에는 등주 혹은 김해를 기반으로 활동하던 장회암과 이언모를 대리인으로 삼아 교섭을 보다 본격화하더니(㉡ 기사),[45] 4월에는 임언이란 자를 후당에 사신으로 파견하기에 이르렀다. 그런데 그때 후당의 명종이 임언을 중흥전에 불러 물품을 하사했다 하니, 후당은 왕봉규를 왕에 버금가는 외교의 대상으로 대우하였다고 할 수 있다.[46] 그렇다면 왕봉규는 924~927년 단계에 강주를 중심으로

---

42 김상기, 「나말 지방군웅의 대중국교통−특히 왕봉규를 중심으로−」, 『황의돈고희기념사학논총』, 1960[『동방사논총』(서울대출판부, 1974) 재수록], 436쪽.

43 천주를 중국의 천주로 보고, 金州를 金州의 오자로 간주하여, 강주를 신라의 지명인 진주가 아닐 거라 추정한 견해가 있다. 이는 왕봉규를 왕건과 동일인으로 보는 자신의 신설을 뒷받침하려는 시도에서 제기된 것이다.[윤경진, 앞 논문(2018), 66쪽] 상당히 유의미한 측면을 내포한다고 생각되긴 하지만, 신라가 '천주절도사'를 제수했다는 위에서의 추정에 의거하면 천주는 의당 신라의 지명일 수밖에 없고, 또한 중국의 천주는 閩의 관할 하에 있어 후당과는 관계가 없다는 점 등을 고려할 때, '왕봉규=왕건'설은 아직은 수용하기 어렵다.

44 '신라 측'이란 반드시 신라 왕조를 의미하는 것은 아니다. 여기에서는 '후백제 측'을 의미하는 것으로 파악하고 있다.

45 ㉡ 기사만을 가지고 왕봉규와 장회암 및 이언모와의 관계를 속단하기는 어렵지만, 기왕의 통설에 따라 왕봉규와 후당의 관계를 매개해 주는 역할을 수행한 자들로 보고자 한다.

46 이 점에서 윤경진이 제기한 '왕봉규=왕건'설은 일리가 있어 보인다. 그러나 부합되지 않는 점도 상당하여 수용하기 어렵다는 것을 밝혀둔다.(주 43 참조)

의령과 김해를 연계하여 후당과 독자적인 외교 교섭까지 전개했던 해양세력이었다고 할 수 있다.

그렇다면 왕봉규가 활동했다는 924~927년의 진주~김해 일대의 상황은 어떠했을까? 먼저 889년에 견훤이 '서남해방수군'의 비장으로서 경주를 출발하여 강주와 순천지역을 접수하고 892년에 광주에 입성했었다는 것은 앞에서 살핀 바와 같다. 그런데 920년 2월에 강주장군 윤웅이 왕건에 귀부함으로써 강주지역에 대한 주도권이 잠시 왕건에게 넘어간 적이 있었다. 그렇지만 강주지역은 곧 또다시 견훤에게 귀속된 것으로 보인다. 즉 견훤은 육로를 통해 920년 10월에 대야성을 함락시키고 김해지역에까지 진출하였고, 924년에는 대야성을 근거로 하여 조물군을 공격하였으며, 925년 12월에는 거창 등 20여 성을 공취하였으니, 이러한 일련의 추세로 미루어 볼 때, 순천과 진주지역, 더 나아가 김해지역에 대한 주도권을 회복했을 가능성이 크다. 이와 관련하여 다음의 기사를 눈여겨보자.

(태조는) 海軍將軍 英昌과 能式 등을 보내 수군을 이끌고 康州를 쳐서 轉伊山·老浦·平山·突山 등의 네 고을을 함락시키고 사람과 물자를 약탈하여 돌아왔다.[47]

이는 927년 4월에 왕건이 영창 등을 보내 강주를 쳐서 진주 인근의 섬과 포구 등 네 고을을 함락시키고 약탈하였다는 것이다. 이는 곧 그 직전에 강주지역이 견훤의 영향력 하에 있었다는 것을 의미하는 것이고, 그 시점은 924년경이었지 않았을까 한다. 그렇다면 이즈음 왕봉규의 대후당 교섭활동은 견훤의 용인 하에, 혹은 견훤과의 연계 속에서[48] 이루어졌을 가능성이

---

47 『고려사』권1, 세가1, 태조 10년 4월 임술.
48 왕봉규가 견훤이나 왕건과 거리를 둔 독자세력이었을 가능성도 상정할 수 있겠다. 필자는 그 가능성을 배제하지 않으면서 일단 여기에서는 왕봉규가 견훤의 영향력 하에서 활동했을 가능성을 전제로 하여 논지를 전개하기로 한다.

128 후백제와 견훤

크다고 할 것이다.[49]

그런데 927년 8월에 왕건이 강주를 순시했다고 한 것으로 보아,[50] 고려는 927년 4월경에 네 고을의 함락에 그치지 않고 강주지역을 통째로 차지했던 것으로 보인다. 그렇다면 여기에서 유의할 점이 있다. 강주지역이 견훤에서 왕건으로 넘어간 927년 4월에 '주강주사' 왕봉규의 활동상이 마지막으로 나타나고 이후 사라졌다는 점이다. 이는 결국 왕건이 강주지역을 장악함으로써 견훤과 연계하여 진행해오던 왕봉규의 대외활동이 중단된 것을 의미하는 것으로 볼 수 있을 것이다. 여기에서 왕봉규의 실체에 대한 더 이상의 논의는 진행하기 어렵지만, 927년을 경계로 하여 견훤과 왕건이 강주지역의 제해권을 교대로 장악했다는 것만은 인정할 수 있겠다. 그리고 이후에도 강주지역에 대한 제해권 장악은 양자 사이에 반복적으로 교대되었던 것 같다.

견훤은 927년 강주지역 제해권을 상실하고 후당과의 관계마저 소원해진 것을 만회하기 위한 강온 양면의 작전에 돌입했던 것으로 보인다. 먼저 9월부터 육로를 통해 신라에 대한 대반격에 나섰다. 9월에 근품성(지금의 문경시 산양면 일대로 추정)과 고울부(지금의 영천시)를 강타하고 10월에 경주로 진격해 들어가 경애왕을 살해하였으며, 신라를 구원하기 위해 달려오던 고려군을 공산(지금의 대구 팔공산)에서 대파하였다.[51]

견훤은 중국과의 외교적 전열도 가다듬었던 것으로 보인다. 후당을 대신하여, 국초부터 관계를 맺어오다가 918년 이후 소원해졌던 오월과의 관계 개선에 힘을 쏟았던 것 같다. 그리하여 927년 11월에 오월국 사신 班尙書가 후백제를 찾아와 조서를 전하자, 견훤은 그해 12월에 그 조서를 베껴 고려에 전하였다. 오월국과의 관계를 과시함으로써 왕건의 기를 꺾고자 함

---

49 견훤이 후당에 처음 사신을 파견한 것이 925년이었으니(『삼국사기』 권50, 열전10, 견훤), 이는 이전부터 후당과 교섭해오던 왕봉규 세력의 중개에 의한 것이었을 것이다.
50 『고려사』 권1, 세가1, 태조 10년 8월 8일 병술.
51 『삼국사기』 권50, 열전10, 견훤.

이었을 것이다. 이에 대하여 왕건은 928년 1월에, 그간 陸戰과 水戰에서 고려가 선전했던 바를 열거하면서, "강주는 남쪽에서 와서 귀부하였고, 羅府(=나주)는 서쪽에서 옮겨와 귀속하였다."는 구절이 포함된 답서를 견훤에게 보냄으로써, 오히려 나주와 강주를 양축으로 하는 서해와 남해의 제해권이 고려에 있음을 과시하고 있다.[52]

견훤은 더 이상 외교적 수사로써 고려를 제압할 수 없다는 것을 깨닫게 되었던지, 답서를 받은 직후에 곧바로 강주지역에 대한 무력 공격에 나섰던 것 같다. 이러한 사실은 928년 1월 28일에 왕건이 강주를 구원하기 위해 金相과 直良 등을 보냈으나 초팔성(지금의 합천군 초계면)에서 김상이 전사당하고 말았다는 기사를[53] 통해서 엿볼 수 있다. 이때는 아직 강주가 견훤에게 넘어가지는 않지만, 이후 그해 5월에 견훤이 강주를 공격하여 300여 인을 살해하고 장군 有文의 항복을 받았다고 한 것으로 보아,[54] 5월부터는 강주지역의 제해권이 다시 견훤에게 넘어간 것으로 보인다. 930년대에 견훤이 아들 양검을 강주도독으로 파견할 수 있었던 것도 이러한 배경에서 가능했다고 해야겠다.

요컨대 강주지역은 889년 견훤이 장악했던 것이 920년에 왕건에게 빼앗겼고, 924년경에 다시 견훤에게 넘어간 것을 927년 4월경에 왕건이 다시 빼앗았으며, 928년 5월에 견훤이 이를 다시 탈환했다고 할 수 있다. 이렇듯 928년 5월 이후 진주지역이 후백제에게 다시 귀속되면서, 고려는 당분간 제해권을 둘러싼 각축전에서 고전을 면치 못하게 되었다. 바로 이즈음에 또 다른 해양 요충지였던 運州지역까지 견훤에게 넘어간 것으로 나타나는데, 이에 대해서는 절을 바꾸어 살피기로 한다.

---

52 『삼국사기』 권50, 열전10, 견훤.
53 『고려사』 권1, 세가1, 태조 11년 1월 28일 을해.
54 『삼국사기』 권50, 열전10, 견훤.

2) 運州를 둘러싼 제해권 각축

협의로 볼 때 운주는 지금의 홍성지역을 지칭한다. 홍성지역은 서북쪽으로 서산과 당진으로, 동북쪽으로 예산과 아산과 천안으로, 남으로 보령으로, 그리고 서로는 천수만으로 이어져, 서해안의 해양 요충지를 이룬다. 이들 고을들은 삽교천·곡교천·무한천과 그 지류들이 실핏줄처럼 얽히면서 아산만으로, 더 나아가 경기만으로 안내되어, 예부터 '內浦지역'이라는 동질적인 해양문화권으로 간주되어 왔다. 그런 만큼 근래에 그 핵심에 해당하는 홍성에 충남의 신도청 자리를 마련한 것은 우연이 아닌 셈이다. 여기에서 당시 운주는 홍성을 중심으로 하되, '내포지역'을 포괄하는 광의의 개념으로 쓰인 것으로 간주하고자 한다.[55]

먼저 옛 혜성군이었던 서산·당진지역에서 복지겸과 박술희 등의 해양세력이 웅거하면서 고려 건국 이전 왕건의 초기 제해권을 뒷받침하고 있었다는 것에 대해서는 기왕에 살핀 바 있다.[56] 그런데 고려 건국 직후인 918년 8월에 웅주(지금의 공주)와 운주 등의 10여 군현이 모반하여 후백제로 귀부하는 사건이 발생하면서, 운주지역에 대한 고려의 제해권에 일대 위기가 찾아왔다. 이에 왕건은 급히 전 시중인 金行濤를 東南道招討使 겸 知牙州諸軍事로 파견하여[57] 牙州(지금의 아산)를 중심으로, 운주지역의 사태에 조기 수습하려 했던 것으로 보인다.

그러나 사태는 제대로 수습되지 못했던 것 같다. 이후 왕건은 운주지역에 대한 추가적이고 단계적인 조치를 잇따라 취하였다. 919년에 烏山城을 禮山縣으로 고치고, 이곳에 大相인 哀宣과 洪儒를 파견하여 민심을 수습

---

55 광의의 운주는 '내포지역', 혹은 '아산만 일대'라 칭할 수도 있겠다[김명진, 「고려 태조 왕건의 아산만 일대 공략과정 검토」, 『역사와 역사교육』 33(2017) 참조].

56 강봉룡, 「왕건의 제해권 장악과 고려 건국 및 후삼국 통일」, 『역사학연구』 75(2019), 41–42쪽.

57 『고려사』권1, 세가1, 태조 원년 8월 23일 계해.

하게 하였던 것,[58] 925년에 西征大將軍 庾黔弼을 보내 임존군(지금의 예산군 대흥면 일대)을 공격하도록 하여 3,000여 명의 후백제군을 죽이거나 사로잡는 전과를 올렸던 것[59] 등이 그것이다. 아주와 예산과 임존에 파견한 인물들이 하나같이 왕건의 최측근의 거물급 정치인이었다는 점에서 운주지역에 대한 왕건의 관심이 얼마나 지대했던가를 알 수 있다. 그리고 마침내 왕건은 927년 3월에 운주를 직접 공격하여 성주 兢俊의 투항을 이끌어내기에 이르렀다.[60]

927년 3월 왕건의 운주지역 접수와 같은 해 4월의 강주지역 접수는 고려가 '운주-나주-강주'로 이어지는 서해와 서남해와 남해의 제해권을 온전히 장악한 것을 의미한다. 그렇지만 앞에서 살폈듯이 오래지 않아 928년 5월에 강주지역의 제해권이 다시 견훤에게 넘어갔으니, 그런 만큼 운주지역 사수를 위한 왕건의 의지는 더욱 강해질 수밖에 없었던 것 같다. 즉 왕건은 928년 4월에 탕정군(지금의 아산 온양 일대)에 직접 행차하여, 운주의 玉山에 성을 쌓고 군사를 두어 지키도록 하였으며,[61] 7월에는 유금필로 하여금 탕정성을 쌓도록 하였다.[62] 이렇게 운주지역에 대한 방비조치를 철저히 했음에도 불구하고, 934년 9월에 왕건이 운주를 직접 공격했다고 한 것으로 보아, 그 이전 언젠가 운주지역의 제해권이 견훤에게 넘어갔던 것으로 보인다. 아마도 928년 5월에 강주지역 제해권이 견훤에게 넘어가자 그 연쇄작용으로 운주지역도 견훤에게 넘어간 것이 아닐까 한다.

요컨대 운주지역 제해권을 둘러싼 왕건과 견훤 사이의 각축 역시 강주지역에서와 마찬가지로 아주 무상하게 전개되었다고 할 수 있다. 즉 처음

58 『고려사절요』 권1, 태조 2년 8월.
59 『고려사절요』 권1, 태조 8년 10월.
60 『고려사』 권1, 세가1, 태조 10년 3월.
61 『고려사절요』 권1, 태조 11년 4월.
62 『고려사절요』 권1, 태조 11년 7월.

엔 왕건의 지지기반이었으나 918년에 견훤에게 넘어갔고, 927년 3월에 왕건이 이를 탈환하였으나, 그 이후 928년 하반기 무렵에 견훤에게 다시 넘어가는 식으로 반복되었던 것이다. 928년 5월 강주지역이 견훤에게 넘어간 것에 이어 그해 하반기에 운주지역마저 넘어가면서, 왕건은 서해와 남해의 제해권 각축전에서 고전을 면치 못하는 상황에 처하게 되었다.

5. 末: 나주에서 해양 쟁탈전 종결

위에서 살펴본 바에 따라, 강주지역과 운주지역의 재해권을 둘러싸고 견훤과 왕건이 벌인 각축전의 양상을 간략히 정리하면 다음과 같다.

- 원래 강주지역은 견훤의 세력기반이었고, 운주지역은 왕건의 세력기반이었다.
- 이후 강주지역의 제해권은 920년 왕건에게 넘어갔다가, 924년경에 견훤이 탈환했으며, 927년 4월경에 다시 왕건에게 돌아갔다. 그리고 928년 5월에 다시 견훤에게 넘어갔다.
- 이후 운주지역 제해권은 918년에 견훤에게 넘어갔다가 927년 3월에 왕건이 탈환하였다. 그리고 928년 하반기에 다시 견훤에게 돌아갔다.

요컨대 진주와 운주지역은 927년에 왕건이 장악했다가 928년에 견훤에게 귀속되었으니, 928년 5월 이후엔 남해와 서해의 제해권이 견훤에게 넘어가는 형국이었다고 할 수 있다. 그러면 나주를 중심으로 한 '서남해' 제해권의 향방은 어떠했을까? 다음 기사를 살펴보자.

"羅州界의 40여 군은 나의 藩籬가 되어 오래 풍화에 젖었으므로 일찍이 大相 堅書·權直·仁壹 등을 보내어 가서 진무하도록 하였는데 근자에 백제에게 겁략당하여 6년간 해로가 통하지 않으니 누가 나를 위하여 진무할 것인가."[63]

이는 935년에 왕건이 여러 장수를 향하여, 나주지역이 후백제에게 겁략당하여 6년간이나 해로가 통하지 않게 된 사정을 하소연하면서 그 대책을 하문하는 내용이다. 935년으로부터 6년 전이라면 929년 혹은 930년의 일로서,[64] 그렇다면 928년에 강주와 운주지역의 제해권이 넘어간 것에 이어 930년경에 나주지역의 제해권마저 견훤에게 넘어갔다는 것이 된다. 928년 이후 제해권 각축에서 견훤은 최고의 선전을 펼치고 있었고, 왕건은 그야말로 총체적 난국으로 빠져들어갔다고 할 수 있다.

그런 와중에 929년 말 왕건은 반전의 기회를 잡는 듯했다. 929년 12월부터 930년 정월 21일 사이에 벌어진 고창(지금의 안동) 전투에서 고려는 후백제에 대승을 거두었고, 이를 계기로 내륙의 다수 호족들이 고려에 귀복하는 추세가 이어졌다.[65] 이로써 그간 고려의 수세적 분위기가 적어도 내륙에서는 일신되는 듯했다. 그러나 해양에서는 사정이 달랐다. 이미 견훤은 남해안의 거점인 순천과 함께 강주지역, 그리고 서해안의 거점인 운주지역을 손에 넣었고, 930년경에는 고려 최후의 해양 보루라 할 나주 중심의 '서남해' 제해권까지 장악하였던 것이다.

고려도 손을 놓고 있지만은 않았다. 930년부터 반격에 나섰다. 먼저 그해 8월에 천안으로 진출하여 天安府를 설치한 것이 그 첫 반격 카드였다.[66] 이는 운지지역의 해양과 충청도의 내륙을 이어주는 곳에 위치한 천안에,

---

63 『고려사』 권92, 열전5, 유금필.
64 '935년의 6년 전'은 당해 연도를 포함하여 930년으로 보는 것이 유력하다[김명진, 앞 논문(2008), 314−317쪽].
65 고창 전투 승리 직후인 1월 25일에 영남의 30여 군현이 대거 왕건에게 투항해왔다(『고려사』 권1, 세가1, 태조 13년 정월 경인).
66 『고려사』 권1, 세가1, 태조 13년 8월.

후백제에 대항하는 전초기지를 건설하기 위함이었다.[67] 이를 거점 삼아 고려는 932년 6월 15일에 매곡성(지금의 보은군 회인면)을 쳐서 성주 龔直을 귀복시켰고,[68] 7월 11일에는 일모산성(지금의 청주시 상당구 문의면으로 비정)을 공격하여 함락시킴으로써[69] 충청 내륙지역에 대한 주도권을 확대해 갔다. 그럼에도 후백제의 제해권을 위축시키지는 못했던 것 같다. 다음 기사를 보자.

- 9월 견훤은 一吉粲 相貴를 보내 수군으로 예성강에 침입하여, 鹽州 · 白州 · 貞州 세 고을의 배 100척을 불사르고 猪山島에서 기르던 말 300 필을 취하여 돌아갔다.[70]
- 겨울 10월 견훤의 해군장군 尙哀 등이 大牛島를 공격하여 약탈하자, 大匡 萬歲 등에게 명하여 구원하게 하였으나 승리하지 못하였다.[71]

이에 의하면 견훤은 932년 9월과 10월에 고려의 심장부에 해당하는 예성강 일대까지 침략하였다. 예성강을 통해 황해남도의 연안군 · 배천군 · 개풍군 일대를 노략하고 저산도(지금의 황해남도 은천군 대행면의 저도)에서 말 300필을 약취해 갔으며, 10월에는 대우도(지금의 황해남도 강령군 부근 섬으로 추정)를[72] 약탈하였다. 이에 대하여 고려는, 931년에 참소를 당해 鵠島

67 천안부 설치와 그 의의에 대해서는 김갑동, 「나말여초 천안부의 성립과 그 동향」, 『한국사연구』 117(2002); 김명진, 「태조왕건의 천안부 설치와 그 운영」, 『한국중세사연구』 22(2007) 참조.
68 『고려사』 권2, 세가2, 태조 15년 6월 15일 병인; 『고려사』 권92, 열전5, 공직.
69 『고려사』 권2, 세가2, 태조 15년 7월 11일 신묘.
70 『고려사』 권2, 세가2, 태조 15년 9월.
71 『고려사』 권2, 세가2, 태조 15년 10월.
72 신성재 교수(해군사관학교)는 토론에서 대우도의 위치 비정에 대한 견해에 다양한 이견이 있음을 제시하면서 상기의 대우도가 충남 서산시 대우도일 가능성을 제안하였다. 이에 필자는 그 가능성을을 인정하며 여기에 적시해 둔다. 대우도의 위치 비정에 대한 제설에 대해서는 신성재 「나말여초 백령도와 유금필의 수군활동」, 『이순신연구논총』 26, 21쪽 참조.

(지금의 백령도)에 유배가 있던 유금필이 비공식적으로 대응했을 뿐,[73] 체계적인 대처는 하지 못하고 있었다.

고려로서는 제해권 탈환을 위한 특단의 조치가 필요하였다. 마침내 그 조치는 934년에 가서야 운주지역에서 감행되었다. 먼저 그해 5월 6일에 왕건은 예산진(지금의 예산군)에 행차하여 민심을 독려하는 조서를 반포하였고,[74] 이를 이어 다음 기사에 보이듯 9월 20일에 마침내 운주를 공격하여 격파하기에 이르렀다.

> 왕이 스스로 군사를 거느리고 運州를 공격하여 견훤과 싸워 크게 이기자 熊津 이북의 30여 성이 풍문을 듣고 스스로 항복하였다.[75]

왕건이 친솔한 고려군이 역시 견훤이 진두지휘한 후백제군을 운주 전투에서 대파한 것이다. 유금필은 우장군으로 참전하였다. 앞에서 거론한 바와 같이 운주는 아산만 일대의 해양 요충지였던 만큼, 그 파급력은 대단하였던 것 같다. 웅진 이북의 30여 성이 대거 투항해 온 것이다.[76] 서해안 해양의 중심축을 이루던 운주지역을 차지함으로써 고려는 절대적 열세에 처해있던 제해권을 만회하고 한숨을 돌리게 되었다. 이제 가장 중요한 서남해의 제해권 탈환에 나설 차례였다. 935년 왕건은 여러 장수들에게 나주의

---

73 『고려사』 권92, 열전5, 유금필, 「14년(931) 유금필이 참소를 당해 鵠島에 귀양 보내졌다. 이듬해에 견훤의 海軍 장수 尙哀 등이 大牛島를 공격하여 약탈하니, 태조가 大匡 萬歲 등을 보내어 가서 구원하게 하였으나 전세가 불리하여 태조가 근심하였다. 유금필이 上書하여 말하기를, "신이 비록 죄를 지어 쫓겨났지만 백제가 우리 바닷가를 침략하였다는 소문을 들었습니다. 신은 이미 제가 있는 섬과 包乙島에서 장정들을 선발하여 군대를 채우고 또 전함을 수리하여 방어하고 있사오니 주상께서는 근심하지 마십시오."라고 하였다.」

74 『고려사』 권2, 세가2, 태조 17년 5월 을사.

75 『고려사』 권2, 세가2, 태조 17년 9월 정사.

76 932년 9월 20일 운주를 격파하자 웅진 이북의 30여 성이 투항해 온 것은, 918년 8월 23일에 웅주와 운주 등 10여 개의 주현이 모반하여 후백제에 투항한 사건(『고려사』 권1, 세가1, 태조 원년 계해)을 연상케 하는 바로서, 운주의 해양적 위상이 지대함을 엿보게 한다.

해로가 6년간이나 불통한 상황임을 하소연하며 방책을 묻자, 공경들이 유금필을 천거하였다.

공경들이 유금필을 천거하였다. 왕이 이르기를, "나 역시 그를 생각해 보았다. 그러나 요사이 신라로 가는 길이 막혔던 것을 금필이 가서 통하게 하였으니 그의 노고를 생각하면 다시 명하기가 어렵다" 하였다. 금필이 아뢰기를, "신이 비록 나이 들어 이미 노쇠하나 이것은 국가의 큰일이니 감히 힘을 다하지 않겠습니까"라 하였다. 왕이 기뻐서 눈물을 흘리며 이르기를, "경이 만약 명을 받든다면 어찌 이보다 더한 기쁨이 있겠소" 하고, 금필을 都統大將軍으로 삼아 예성강까지 전송하고 御船을 주어 보내었다. 금필이 나주에 가서 경략하고 돌아오니, 왕이 또 예성강까지 행차하여 맞아 위로하였다.[77]

왕건의 해결사 유금필이 935년 4월 나주 중심의 서남해 제해권을 6년 만에 탈환했다는 것이다. 왕건은 어선을 제공하며 예성강까지 나와 유금필을 전송하였고 개선해 돌아오는 유금필을 역시 예성강까지 행차하여 맞이하였으니, 서남해 제해권의 탈환에 걸었던 왕건의 관심과 집착이 얼마나 지대했던가를 가히 짐작할 수 있다.

서남해의 제해권 탈환은 확실히 고려에게 역전의 전기가 되었지만, 그 결정적 계기는 적(후백제)의 분열에서 비롯하였다고 할 수 있다. 고려가 서남해 제해권을 탈환하기 1개월 전인 935년 3월에 후백제에서는 심각한 적전분열의 사건이 일어났다. 견훤이 넷째 아들 금강을 후계자로 삼고자 하자, 장남 신검이 아우 양검 및 용검과 공모하여 난을 일으켜 견훤을 김제 금산사에 유폐시킨 사건이 그것이다.[78] 결국 이러한 후백제의 분열사태가

77 『고려사절요』 권1, 태조신성대왕 18년 4월.
78 『고려사』 권2, 세가2, 태조 18년 3월.

고려에게 서남해 나주지역의 제해권을 탈환할 수 있는 결정적 계기가 되었던 것이다. 그리고 다음 기사에 나타나는 바와 같이 서남해의 중심지 나주는 후백제 분열의 종착점이 되었다.

> 견훤은 막내아들 能乂와 딸 哀福, 폐첩 고비 등과 더불어 나주로 달아나 入朝를 요청하였다. 장군 유금필과 대광 만세, 원보 香乂·吳淡·能宣·忠質 등을 보내 군선 40여 척을 거느리고 해로로 맞이하게 하였다. 견훤이 도착하자 그를 다시 일컬어 尙父라 하고 南宮을 객관으로 주었다. 지위를 백관의 위에 두고 양주를 내려 식읍으로 삼았으며, 금과 비단 및 노비 각 40구와 內廐馬 10필을 내려주고 앞서 투항한 信康을 衙官으로 삼았다.[79]

935년 6월에 견훤은 금산사에서 탈출하여 나주로 달려가서 고려에 입조를 요청하였으니, 이는 2개월 전에 유금필이 이곳을 탈환했기 때문에 가능한 일이었다. 견훤이 식솔들을 거느리고 금산사를 탈출하여 나주에 이른 경로는 마땅히 해로였고,[80] 유금필 등이 40여 척의 군선을 거느리고 견훤을 개경으로 안내했던 것도 서해안의 해로였다. 결국 후백제의 산골 출신의 시골뜨기 견훤은 신라 중앙군으로 입대하여 출신했고, 해양을 알면서 흥기했으며, 해양에서 왕건과 각축을 벌이다가 급기야 해양으로 진 셈이다.

견훤의 투항으로 대세는 완전히 고려로 기울었다. 그해 10월에 신라는 고려에 來投할 뜻을 알려왔고, 936년 2월에는 순천의 해양세력으로서 견훤의 사위가 된 박영규가 고려에 투항하였다.[81] 그리고 신검이 이끄는 후백

---

79 『고려사』 권2, 세가2, 태조 18년 6월.
80 그 해로는 아마도 김제군 죽산면의 해창 포구에서 출항하여 영산강 하구에 이르고, 여기에서 영산강을 따라 나주로 거슬러 올라갔을 것으로 추정한다.
81 『고려사』 권2, 세가2, 태조 19년 2월.

제는 이듬해인 936년 9월 8일에 일리천(지금의 선산군) 전투에서 고려군에게 대패당하고 신검 등이 황산(지금의 논산)에서 항복함으로써[82] 마침내 고려에 의한 후삼국 통일의 畫龍은 點睛되었다.

6. 맺음말

이상에서 가능한 한 견훤의 관점에 서서 왕건과의 해양 쟁패전의 전개 과정을 살펴보려 하였다. 그 흐름을 간략히 소개하는 것으로 마무리하기로 한다.

문경 출신으로 京軍의 일원으로 복무하고 있던 견훤에게 절호의 기회가 온 것은 889년(진성여왕 3) 서남해지역 해양세력을 평정하기 위해 특별 편성된 '서남해방수군'의 부대장격인 '裨將'으로 임명되어 파견되면서부터였다. 견훤은 진군의 과정에서 경유 지역의 호족들을 아우르면서 강주(지금의 진주)에 이르자, 따르는 병사들이 5,000여 명에 달하는 것을 보고 처음으로 '반심'을 품게 되었다. 강주는 문경 산골 출신인 견훤에게 해양의 중요성을 처음 각인시킨 뜻깊은 곳이기도 하였으니, 견훤이 900년에 후백제를 건국한 직후에 강주 입성 시점인 889년을 '후백제 원년'으로 표방하였던 것은 이 때문인 것으로 보인다.

견훤이 해양에 보다 큰 뜻을 품은 것은 순천만(여자만)과 광양만을 양면에 거느리고 있는 순천에서였다. 순천에는 해양을 기반으로 하여 성장한 박영규 및 김총과 같은 유력 해양세력이 있었는데, 이들이 견훤에게 자진 투항해오면서. 견훤은 박영규를 사위로, 김총을 引駕別監으로 삼아 해양 전력을 보강할 수 있었다. 그런데 견훤은 여기에서 잠시 주춤하였다. 원래 계획대로라면 남해안을 따라 '서남해'(지금의 목포와 나주 방면)의 방향으

---

82 『고려사』 권2, 세가2, 태조 19년 9월 갑오.

로 서진해야 했을 것이나 진로를 바꾸어 내륙으로 북서진하여 광주 방면으로 진군하는 것을 선택한 것이다. 이러한 선택의 이면에는, '서남해'의 지역에는 도서지역의 능창과 영산강유역의 오다련 등과 같은 만만치 않은 저항세력이 버티고 있었고, 광주지역에는 자진 복속을 표명해온 지훤과 같은 호족세력이 있었다는 점이 고려되었을 것이다.

견훤은 892년에 광주에 입성한 후에 자진 투항한 지훤을 사위로 삼고, 전주를 중심으로 하는 신국가 건설의 청사진을 세워 준비에 박차를 가하는 한편으로, 원래의 목표지점이었던 '서남해' 지역에 대한 공략에 나섰다. '서남해' 지역은 국내외 해상교통로의 최고 요지일 뿐 아니라 청자생산기지 등 장보고가 남긴 유산이 도처에 남아있는 곳이었던 만큼 견훤은 이곳을 포기하기는 어려웠을 것이다. 견훤이 신국가 건설 계획의 실행을 지체하면서까지 광주에 무려 8년 간이나 머물렀던 것은 '서남해' 지역을 확보하기 위함이었을 터인데, 여의치 못했던 것 같다.

결국 견훤은 900년에 전주로 옮겨 定都하고 후백제 건국을 선언하였고, 그 이듬해에 나주지역을 전격 공격하여 노략하고 돌아왔다고 하니, 견훤의 '서남해' 지역 점령은 여전히 여의치 못한 상황이었던 것 같다. 영산강유역 해양세력은 궁예(왕건)와 손을 잡고 견훤의 집요한 공격에 맞섰다. 903년 왕건이 궁예의 '수군장군'이라는 직함으로 함대를 거느리고 서해를 따라 내려와 나주지역의 10여 군을 점령한 것은 영산강유역 해양세력의 협조로 이루어진 평화적 점령이었다 할 것이다. 왕건이 오다련의 딸(후에 장화왕후)과 결혼하였고, 장화왕후 왕무가 태조 왕건을 이어 고려 2대왕에 올랐던 것은 이러한 사정을 적실히 보여주는 바이다.

이후 견훤과 왕건 사이에 영산강유역을 둘러싼 해양패권 다툼이 본격화되었다. 그러나 912년에 목포~덕진포 사이의 '영산강대전'에서 견훤이 왕건에게 참패당하고, 압해도 등 도서지역을 거점 삼아 마지막까지 저항하던 능창마저 왕건에게 생포됨으로써, '서남해'의 해양패권은 결국 궁예에게 넘어갔다. 그러나 왕건은 '서남해' 지역을 궁예에게 넘기지 않고 자기 세력화

함으로써 마침내 918년 궁예를 몰아내고 고려를 건국하는 배경으로 삼았다. 이후 해양패권 쟁탈전의 양상은 후백제의 견훤과 고려의 왕건이 대립하는 것으로 재편되었다.

이후 양자의 해양패권 쟁탈전은, '서남해' 지역 해양패권이 왕건에게 귀속된 상황에서, 남해안의 해양거점인 강주(지금의 진주지역)와 서해안의 해양거점인 운주(지금의 홍성 일대)를 중심으로 치열하게 전개되었다. 강주지역은 원래 견훤의 세력기반이었고, 운주지역은 원래 왕건의 세력기반이었다. 그런데 강주지역의 제해권은 920년에 왕건에게 넘어갔다가, 924년경에 견훤이 탈환했고, 927년 4월경에 다시 왕건에게 돌아갔으며, 928년 5월에 다시 견훤에게 넘어갔다. 그리고 운주지역 제해권은 918년에 견훤에게 넘어갔다가 927년 3월에 왕건이 탈환하였고, 928년 하반기에 다시 견훤에게 돌아갔다. 그야말로 남해와 서해의 해양패권을 둘러싼 쟁탈전은 일진일퇴 숨가쁘게 전개되었고, 주인도 무상하게 바뀌어 갔던 것이다.

그런데 928년에 견훤이 강주와 운주를 잇따라 확보하고, 여기에 최고의 해양 요충지라 할 '서남해' 지역마저 930년경에 장악하게 됨으로써, 이후 해양 쟁패전의 추세는 견훤에게 절대적으로 유리하게 돌아가고 있었다. 이러한 추세를 몰아 견훤은 932년에 수군을 보내 고려의 해양 심장부라 할 예성강 일대의 도서연안지역까지 약탈하기에 이르렀다.

왕건도 특단의 반격에 나섰다. 934년에 예산진(지금의 예산)에 행차하여 민심을 독려하는 조서를 반포하고, 곧이어 운주를 친격하여 대승을 거두었다. 운주의 승리로 인해 웅진(지금의 공주) 이북의 30여 성이 고려에 투항해 오면서, 전세는 다시 역전되는 듯했다. 이런 와중에 후백제에 돌발사태가 일어났다. 935년 3월에 견훤의 장남 신검이 후계 문제에 불만을 품고 견훤을 김제 금산사에 강제 유폐시키는 조치를 감행했던 것이다. 왕건은 이 틈을 놓치지 않고, 935년 4월 유금필을 보내 '서남해' 지역의 탈환에 성공하였다. 이에 견훤은 6월에 금산사를 탈출하여 직전에 고려가 탈환한 '서남해'의 나주에 이르러 入朝를 요청하기에 이르렀고, 왕건은 유금필 등으로 하여금 군선 40여 척을 거느리고 나주로 가서 맞이해 오도록 하였다.

요컨대 견훤이 품은 대권의 꿈은 강주와 순천과 운주 등의 주요 해양 거점을 확보하고, 해양의 최고 요충지인 '서남해' 지역마저 장악함으로써 실현되는 듯하였으나, 결국 그의 꿈은 '서남해' 지역으로 투항함으로써 저물었다고 해야겠다.

신성재*

강봉룡 교수의 논고는 후삼국 전쟁기를 시대적 배경으로 서해와 남해 상에서 제해권 장악을 둘러싸고 치열하게 전개되었던 견훤과 왕건(궁예)의 '해양패권 쟁탈전'에 대해 그 전개 과정을 전체적으로 정리한 것이다.

근래까지 진행된 해양사 방면의 연구가 승자인 왕건을 중심에 두는 경향이 있고, 지상전 위주로 서술해온 시각에 문제의식을 갖고 지상전과 연계한 해상전의 전개, 해상전의 결과가 지상전을 규정해온 사실들에 주목하여 견훤이 왕건(궁예)을 상대로 해양패권을 장악하기 위해 추진한 해상전의 시작과 끝을 입체적인 시각에서 밝히고 있다. 기존 연구를 충실히 반영하는 가운데 일관성 있게 그 시말을 서술한 의미 있는 성과로 이해된다.

토론자 역시 평소 이 시대를 전공하는 입장에서 최근까지 강봉룡 교수가 발표한 일련의 논문을 통해 많은 학술적 영감과 시사점을 받았고, 그러한 배움의 과정을 통해 견훤과 왕건이 벌인 해상전의 흐름이 후삼국 통일에까지 직접적인 영향을 미친 것에 주목해 논문들을 기고한 바 있다. 본 논문을 정독하면서, 또한 평소 후백제 견훤의 해양활동과 관련하여 몇가지 궁금한 사항이 있어 질문을 드리고자 한다.

1. 견훤의 해양관, 바다에 대한 전략적인 식견, 수군운용과의 상관성과 관련하여

"원래 바다와는 인연이 없는 산골사람"으로 상주 가은현(현재 문경군 가은읍) 출신의 견훤이 해양에 입문하게 됨을 889년 서남해 방수군으로서의 근무, 그리고 이 과정에서 서진하면서 순천과 광양지역의 대표적 해상세

---

* 해군사관학교 교수.

력인 박영규와 김총을 그 해양세력 기반으로 확보하게 됨을 주요 요인으로 꼽고 있다. 이들이 견훤정권이 수립되는 초기 단계에 귀부하여 그 해양 인적기반을 이룬 것은 기존 연구에서도 설명된 바 있다. 발표문의 내용을 벗어나는 질문일 수 있으나 중요하다고 생각되는 점이 견훤의 해양(수군)활동에 기초가 되는, 해양에 대한 인식과 해양관, 나아가 바다에 대한 전략적인 식견과 지향점 등이 무엇이었는가 하는 점이다. 바다에 대한 인식이 있어야 이를 군사문제와 연계시킬 수 있고, 바다를 어떻게 군사적으로 이용할 것인가 하는 정책과 전략, 수군운용과 같은 구체적인 방책 등이 수립되기 때문이다. 견훤이 왕건과 해양쟁패전을 전개하기에 앞서 지녔던 해양관과 전략적인 식견 및 안목, 이에 기반으로 수립되는 군사정책의 틀, 수군운용 전략의 방향 등에 대해 고견을 구한다.

2. 견훤이 해양군사활동을 추진하는 기반이 되었던 수군 기지(거점)과 관련하여

견훤이 왕건(궁예)와 서남해역의 패권 장악 놓고 벌인 쟁탈전에서 주도적인 역할을 수행한 군사들로 수군을 거론할 수 있을 것이다. 견훤정권의 실질적인 무력 기반을 형성하였던 수군력에는 인력(병력), 전함, 전함을 운용하는 수군기지(거점) 등이 포함된다. 2장에서 그 주요한 인적기반으로 박영규와 김총의 해양세력을 거론하였고, "견훤은 이곳(순천만과 광양만)을 기점삼아 바다를 통해 서남해 지역으로 진군하는 것이 가능하게 되었을 뿐 아니라, 더 나아가 중국 및 일본과의 독자적인 해양교류도 구상할 수 있게 되었다"고 서술하고 있다. 이에 근거한다면 견훤의 해양쟁패전에서 순천과 광양만 지역은 수군활동을 수행하는 전략기지로 활용되고 대외교류의 창구로 기능한 것이 된다. 과연 이 지역이 견훤정권하에서 실제 수군활동 거점으로 활용된 것인지 궁금하다. 더불어 견훤이 해양쟁패전을 수행하기 위해 운영한 수군 기지(거점)이 있었다면 어느 곳이었는지 부연 설명 바란다.

3. 견훤의 해양패권 장악과 연계하여 신국가 건설이 갖는 의미

2장의 내용에서 견훤이 세력을 형성하면서 '신국가 건설'의 야망을 드러내고, 광주를 접수하는 892년 단계에서는 '신국가 건설의 청사진을 더욱 구체화'하고, 그 뒤 서남해의 나주지방에 대한 공략에 본격적으로 나섰음을 서술하였다. 발표문의 여러 곳에서 견훤의 '신국가 건설'을 언급하고 있는데, 견훤이 표방한 신국가 건설이 갖는 의미가 무엇인지 구체적이지 않다. 또 신국가 건설과 연계하여 해양패권 장악을 추진한 것처럼 표현하고 있는데, 양자간에 어떠한 상호 연결점을 염두해둔 의미인지 궁금하다.

4. 강주지역의 세력과 왕봉규의 존재와 관련하여

강주지역의 해상세력으로 등장하는 왕봉규의 존재에 대해 발표자는 견훤이나 왕건과 거리를 둔 독자세력이었을 가능성도 배제하지 않되, 견훤의 휘하에서 활동했던 인물로 파악하고 있다. 왕봉규가 924년 단계에 신라로부터 '천주절도사'의 직함을 받고, 927년에는 후당으로부터 '권지강주사'를 제시받은 점 등을 고려하면 기존 연구의 견해처럼 독자적인 세력이거나, 신라와 일정한 연관을 맺고 있던 세력이 아닌가 여겨진다. 이러한 입장에서 보면 강주지역에서 견훤과 왕건의 싸움은 독자성이 높은 공간에 대한 주도권 쟁탈전으로 서술할 수도 있겠다. 더하여, 강주지역을 둘러싼 견훤과 왕건의 싸움을 모두 제해권 쟁탈전으로 설명하고 있는데, 고려는 927년 4월에 수군을 파견한 기록이 있으나, 후백제는 지상전을 전개한 내용으로 기록되어 있다. 실제 견훤이 강주지역에서 제해권 전투에 수군을 동원했는지 의문이다.

5. 932년 10월에 견훤이 공략한 대우도의 위치 문제

견훤의 수군이 932년 9월 예성강 수역에 이어 동년 10월 공략한 대우도의 위치에 대해서는 ①경기도 남양만 대부도(지내굉, 1937), ②황해도 강령군에 위치한 섬(평화문제연구소, 2008), ③압록강 하구 용천군에 위치한 섬

(문수진, 정청주, 김갑동 등), ④충남 서산시 지곡면 도성리 앞바다에 위치한 섬(국토지리연구원, 신성재)으로 비정하고 있다. 발표자는 이 중에서 황해남도 강령군 부근의 섬으로 정리하고 있다. 견훤의 수군이 932년 9월에 예성강 수역을 공략한 뒤 복귀하고, 다시금 1개월 뒤에 수군활동을 벌인 점에서 예성강 수역과 백령도를 연결하는 중간 해역에 위치한 강령군 관할의 대우도로 비정할 수도 있겠다. 그러나 견훤이 재개한 10월의 수군활동에서 그렇게 먼 곳을 공략한 이유가 분명치 않다. 929년 말 ~ 930년 정월 고창전투에서 승리한 고려가 천안과 운주지역의 방위력을 강화하고(특히 운주는 해양과 내륙을 연결하는 위치), 이후 견훤이 932년에 고려의 심장부인 예성강 수역을 공략하고 이어서 대우도를 공격한 점, 934년 운주전투가 발발하던 상황을 감안하면 충청도 서해안에 위치한 섬이 아닐까도 여겨진다. 토론자는 운주의 해양전략적 위치, 고려가 930년 천안을 위치한 충청도 지역에 대한 방위력을 강화한 점, 운주전투가 934년에 발발하는 일련의 과정으로 보아 대우도의 위치를 충청도 서산 앞바다에 위치한 섬으로 파악한다. 이에 대한 의견을 구한다.

6. 935년 고려의 나주지역 제해권 탈환은 후백제 정권 내부의 분열이 결정적인 계기였나?

후백제의 내부 분열과 신검의 정변이 결과적으로 고려의 나주지역 재확보, 최후 전투인 일리천 전투와 후삼국 통일전쟁의 종식에 직접적인 계기가 된 것은 분명하다. 후백제는 정권의 분열로 고려의 군사활동에 효과적으로 대응하기 어려웠을 것이다. 당연히 고려의 수군이 나주를 탈환하는 도전에도 대응이 제한되었을 것이다. 그런데 고려의 입장에서 보아 나주지역에 대한 제해권을 탈환할 수 있었던 요인은 수군의 전략적 가치를 중시하고, 전쟁 수행전략과 연계하여 장기적으로 그 활동을 보장한 점에 있다. 견훤의 예성강 수역 공략으로 100여척의 전함을 상실한 상황 속에서도 고려는 2~3년 동안에 수군전력을 회복하는 놀라운 역량을 발휘하였다. 왕조의 사활을 건 싸움에서 수군을 어느 규모로 양성하고, 어떤 해역(지역)을 제해권 장악의 전략거점으로 삼고, 전쟁재원을 뒷받침하는 수군활동을 보장하였는가 하는, 아주 근원적이고도 근본적인 수군전략이 나주지역 제해권 탈환에 보다 중요한 요인으로 작용한 것이 아닌가 여겨진다.

강봉룡

1. 견훤의 해양관, 바다에 대한 전략적인 식견, 수군운용과의 상관성과 관련하여

답변 ● 견훤의 세력 확대과정에서 해양을 크게 중시했음은 분명하다. 본 논문에서 살폈듯이 견훤은 왕건과 해양을 둘러싼 쟁패전을 치열하게 전개하였고, 그 성패에 따라 차후 판도가 좌우되는 측면이 컸다는 것에서 알 수 있다. 또한 견훤이 해양을 통해 중국 및 일본 측과 교류를 활발히 진행하려 하였고, 그 과정에서 궁예(왕건)와의 쟁패전이 불가피했던 것도 이를 반영한다. 다만 견훤의 해양에 대한 인식을 살필 수 있는 직접적인 자료는 찾아볼 수 없어, 그의 해양관과 전략적인 안목, 수군운용전략의 방향 등에 대해서는 아직 특별한 의견을 갖지 못하고 있다. 앞으로 이러한 관점에서, "원래 바다와는 인연이 없는 산골사람"으로서의 견훤이 어떻게 해양에 대하여 관심을 가지게 되고 해양쟁패전을 구사해가면서 해양전략의 깊이를 심화시켜 갔는가, 그 과정을 주의깊게 들여다볼 필요가 있다고 생각한다.

2. 견훤이 해양군사활동을 추진하는 기반이 되었던 수군 기지(거점)와 관련하여

답변 ● 순천의 해룡산성은 그 출토유물 등으로 미루어 볼 때 신라 말에 순천만을 배경으로 일어난 해양세력 박영규의 거점으로 추정된다. 김총은 광양만을 배경으로 위세를 떨친 해양세력으로 판단된다. 박영규와 김총이 견훤에게 귀복함으로써 견훤이 해양의 중요성을 깊이 깨닫는 계기가 되었던 것으로 보인다. 이밖에 견훤과 왕건이 쟁패의 대상으로 삼았던 핵심 해양 거점으로는 광양만을 통해서 순천과 통하는 진주(당시엔 강주) 인근 해역, 서해안의 홍성(당시엔 운주) 지역, 서남해안의 나주 지역 등을 들 수 있다. 이러한 핵심 해양거점을 둘러싼 견훤과 궁예(왕건) 사이의 쟁패전은 일진일퇴의 양상을 띠며 치열하게 전개되었다. 한때는 견훤이 이들을 모두 장악하고 고려의 본거지인 예성강 연해지역에까지 진출하는 위세를 떨치기도 하였으나, 내분 등에 휘말리면서 결국 모든 해양 거점을 왕건에게 내줌으로써 자멸하고 말았다. 순천-진주와 나주, 그리고 홍성지역의 핵심 해양거점으로서의 중요성에 대해서는 논문에서 상세하게 다루었다.

3. 견훤의 해양패권 장악과 연계하여 신국가 건설이 갖는 의미

답변 ● 신라의 중앙군 출신으로 '서남해 방수군'의 비장이 되어 889년에 파견된 견훤은 진주지역에 이르러 따르는 무리가 5,000여 명으로 증가된 것에 고무되어 처음 반심을 품은 것으로 추정된다. 이 단계에 그는 진흥왕의 후손임을 표방하면서 자신의 반심을 포장하고 숨기려 하였다. 이후 순천을 접수하고 892년에 광주에 입성한 이후에는 사정이 달라졌다. 마음 속으로 '왕'임을 자임하고, 광주 용의 후예임을 표방하여 신라와 절연하였으며, '전무공3주도독'과 '전주자사'를 스스로 칭하면서 전주를 중심으로 신국가 건설의 청사진을 구체화하였다. 여기에서 그는 나주지역('서남해')에 대한 진출을 지속하는 한편 전주를 중심으로 신국가 건설 작업을 병행하였다. 그리하여 900년에 마침내 "의자왕의 숙분을 갚겠다."는 명분을 내세워 전주에서 후백제 건국을 선언하였다. 이렇듯 견훤은 '신라의 비장→신라의 왕족 표방→광주 용의 아들 표방→백제의 후예 표방'으로 자신의 위치와 위상을 바꾸어 가면서 신국가 건설을 실현해 간 것이다. 그 과정에서 궁예(왕건)와 치열한 해양쟁패전을 벌이고, 해양을 통해 중국 및 일본과도 교류하면서 국가 건설과 국가의 기반 확립에 매진하였다.

4. 강주지역의 세력과 왕봉규의 존재와 관련하여

답변 ● 진주~김해 일대에서 왕봉규 등의 활동이 기록에서 확인되는 것은 924~927년에 한정된다. 그런데 924년에 견훤이 대야성, 조물성, 거창외 20성 등 경남 서남부 지역을 석권한 것으로 나타난다. 이를 두 가지 관점에서 생각할 수 있다. 첫째는 왕봉규 등이 독자적인 해양세력으로 경남의 해역을 장악하였고, 견훤은 경남의 서남부 육지부만 장악하여 서로 양립하고 있었던 것으로 볼 수 있다. 둘째, 견훤의 영향력과 용인 하에 왕봉규가 국내외 해양활동을 전개할 수 있었던 것으로 파악할 수 있다. 필자는 전자의 가능성도 배제하지 않으면서, 당시 형세에 비추어 볼 때 후자의 가능성에 무게를 둔 것이다. 그리고 927년에 왕건이 수군을 동원하여 진주 인근 해역을 장악한 사실에 주목하여, 이 해역에서 견훤의 영향력을 제거하고, 왕봉규 등의 해양활동까지 배제한 것으로 파악하였다. 이는 927년 이후 왕봉규 등의 활동 기사가 갑자기 사라진 것을 그 전거로 들었다. 한편 토론자는 924년 견훤이 수군을 동원하여 경남 남해안 지역을 장악했겠는가 의문을 제기하고 있다. 기록상 당시 견훤의 수군 동원 기사는 나오지 않지만, 당시 일상화되어 있었던 수륙 병진의 전략전술의 관행으로 비추어 볼 때, 육군과 함께 수군도 동원했을 가능성이 크다고 생각된다.

5. 932년 10월에 견훤이 공략한 대우도의 위치 문제

답변 ● 필자는 932년 9월 견훤의 수군이 예성강 인근 해역을 약탈하고 이어 10월에 대우도 해역을 공격하여 약탈했다는 기사를 연속선 상에서 파악하여 대우도 역시 예성강 인근 해역으로 막연히 비정하였다. 그런데 토론자는 대우도 비정에 대한 여러 견해를 제시하면서 대우도가 충남 서산 대우도일 가능성을 제안해 주었다. 이에 토론자의 제안을 받아들여 서산의 대우도일 가능성을 논문의 주에 표시해 둠으로써 독자들의 판단에 맡기려 한다. 만약 서산의 대우도가 맞다고 한다면, 견훤은 그해 9월에는 예성강 해역을 공략하고, 10월에는 핵심적 해양거점의 하나인 운주 해역을 공략한 것이 되겠다.

6. 935년 고려의 나주지역 제해권 탈환은 후백제 정권 내부의 분열이 결정적인 계기였나?

답변 ● 929년 말~930년 초의 고창전투에서 고려가 대승을 거두었음에도 불구하고, 해양주도권은 935년까지도 후백제 측으로 기울어져 있었다. 후백제 견훤은 이미 강주와 운주 해역은 물론이고, 가장 중요한 나주 해역까지 장악하고 있었고, 932년에는 고려의 본거지인 예성강 해역과 대우도 해역에서 약탈을 감행하기도 하였다. 해양쟁패전에서 고려가 역전의 계기를 마련한 것은 934년 9월에 운주 해역을 탈환하면서부터였고, 결정적인 것은 935년 4월 나주 해역의 탈환이었다. 그런데 후백제에서 견훤이 장남 신검에 의해 금산사에 유폐된 것이 935년 3월이었으니, 고려의 나주 탈환이 있기 1개월 전이었다. 934년 9월 고려의 운주 탈환은 930년 8월 천안부를 설치하면서부터 지역 민심을 살피고 다독이는 치밀한 준비과정을 거쳐 가능했다고 여겨지지만, 935년 4월의 나주 탈환은 후백제의 내분이 결정적인 요인이 되었을 가능성이 크다고 생각된다. 토론자가 왕건의 근본적인 승리 요인으로 후백제의 내분 이외에 왕건의 수군전략의 탁월성을 논급하였는데, 수군전략에 대한 구체적인 자료가 없어 쉽게 판단하기 어렵다.

古土城으로 본 後百濟 全州都城 一考察*

최흥선

국립익산박물관 학예연구실장

---

* 본 논고는 국립완주문화재연구소 『연구소 미래를 그리다』 학술심포지엄에 수록된 필자의
졸고 「후백제 유적조사의 현황과 과제」를 중심으로 이루어졌다. 여기에 오목대토성의 자
료를 보완하고 최근 발굴된 동고산성과 황방산성(서고산성)의 발굴성과를 일부 인용하였
음을 밝혀둔다.

1. 머리말

후백제 연호로 추정되는 '정개(正開)' 명문을 중심으로 한 실상사 편운화상부도 연구[1] 이후, 후백제 흔적에 대한 조사연구는 1942년 발간된『전주부사』에서 시작되었다.[2] 당시 전주 도심에 남아있는 잔존 유적, 수집 유물, 구전 전승을 바탕으로 후백제 전주도성의 구조와 범위를 보여주는 도면이 자세한 설명과 함께 처음으로 소개되었는데, 지금까지도 영향을 미치거나 혹은 더욱 발전되는 양상을 띠고 있다. 그러나 사실『전주부사』의 제1편 통설 저술 및 감수를 담당한 조선총독부 도서관장 오기야마 히데오(荻山秀雄)를 제외하고 가메다 마사시(龜田正)와 나미마스 시게루(浪松茂) 편찬자 2인은 역사에 종사한 인물이 아니며 이들 모두 고고학 연구와도 무관하다. 또한『전주부사』편찬 7년의 기간 중 오기야마 히데오(荻山秀雄)의 병가가 있었고, 1937년 중일전쟁이 발발하는 등 2년간 여러 번에 걸쳐 집필이 중단될 정도로『전주부사』편찬 작업은 녹녹지 않은 상황이었다. 도시환경 또한 급격한 변화를 겪고 있어 전주史나 후백제에 관한 이야기는 관찰자의 눈이라는 한계를 집필자 또한 적시하고 있다. 결국 전주의 근고사(近古史) 정보를 제공하여『전주부사』의 발간에 도움을 준 효산 이광열(李光烈)의 역사관이 보이지 않게 작용되는데 이 또한 후백제에 대한 조선 후기와 근세의 전통적 역사인식을 크게 벗어나지 않는다고 생각된다. 따라서 후백제 도성구조의 내용 중『전주부사』에서 참고할 수 있는 내용은 비교적 신뢰도가 높은 사진, 인공물의 흔적이 담긴 유적의 서술, 근대적인 관점에서의 후백제 도

---

1 김포광,「片雲塔과 後百濟의 年號」,『佛教』49(1928).
   배재훈,「편운화상부도를 통해본 실상산문과 견훤정권」,『백제연구』50(2008).
2 전주부사국역편찬위원회 · 전주시,『국역전주부사』(2009).

성구조를 표현한 도면과 서술, 후백제 도성을 유추할 수 있는 그 시대의 도시환경 정보 등이다. 그리고 무엇보다 동고산성을 비롯한 고고학 연구의 장을 열게 해준 선구적 성과는 놓칠 수 없다.

한편『전주부사』에서 제시된 후백제 도성구조에 대한 최초의 논지는 고고학적 방법으로 여러 번 검토되었으나 변화가 많은 도시환경이라는 특수성과 잔존유적이 많지 않다는 이유로 매번 비슷한 결론에 도달하는 한계에 직면하였다. 그러나 최근 발굴과 같은 고고학적 방법론은 새로운 관점을 제시하는데, 예로『전주부사』서술 당시 활용할 생각을 못했거나 이후 적용된 기술에서 후백제 전주도성을 살필 수 있는 중요한 실마리를 찾는게 이제는 가능하게 되었다. 대표적으로『전주부사』발간 6년 후 촬영한 항공사진이[3] 남아있고, 보다 이전인 1912년에는 전주 전역에 대한 지적도가[4] 작성되었다. 또한 1918년·1939년에 만들어진 지형도에서도 후백제의 고성 흔적이 뚜렷이 엿보인다.[5] 1970년대 이후에는 동고산성·전라감영 등 많은 고고유적이 발굴되었으며[6] 2003년에는 전주부성 축성 기록인『축성계초』[7] 등 새로운 기록 자료도 등장하였다. 무엇보다 후백제사 관련

---

3 국방정보본부〈항공사진〉(1948~1954).
  국토지리원〈항공사진〉(1968).
4 국가기록원·전주시,〈전주시 지적도〉(1912).
5 〈전주시 도시계획도〉(1938), 이호림 소장
  〈전주 지도〉(1918), 홍성덕 제공
6 원광대학교 마한·백제문화연구소·전주시,『전주 동고산성 건물지(3차) 발굴조사보고서』(1997).
  원광대학교 마한·백제문화연구소·전주시,『전주 동고산성(1,2차)발굴보고서』(1997).
  원광대학교 만한백제문화연구소·『전주 동고산성건물지 발굴조사 2차약보고서』(1992).
  전북문화재연구원·전주시,『전주 동고산성』(2006, 2009).
  전북문화재연구원·전주시,『전주 동고산성-남성벽·동문지·집수시설 발굴조사보고서』(2011).
  전주문화유산연구원·전주시,『전주 동고산성 발굴조사 7차 약식보고서』(2013).
  전주문화유산연구원·전주시,『전주 동고산성 서문지 발굴조사 보고서』(2015).
  전주문화유산연구원,「전주 동고산성 서문지 시발굴조사」(2020).
7 전주역사박물관,『국역 전주부성 축성록』(2010).

역사학·고고학·미술사학 연구자들이 많이 증가하여 다양한 분야에서 새롭고 과학적인 관점으로 후백제사를 다루는 게 가능하게 되었다.[8] 이에 고고학적 자료의 검증 등 『전주부사』의 서술상의 문제점을 바르게 인식하고 실제적인 물적증거를 바탕으로 축적된 연구성과를 반영하여 견훤의 전주 도성을 다시 바라보고자 한다. 그 첫 번째 대상이 고토성이다. 또한 동고산성, 남고산성,[9] 서고산성,[10] 오목대토성,[11] 노송정 90-2토축물, 전주부성,[12] 주변 방어시설에 대한 면밀한 조사와 연구는 후백제 전주도성을 밝혀주는 핵심 요소라 할 수 있어 후백제와 관련된 내용을 중심으로 살펴보고자 한다.

8 곽장근, 「후백제 궁궐의 위치와 도성 규모에 대한 토론문」, 『후백제 왕도 전주의 재조명』, 한국고대사학회 학술대회 자료집(2013).
   김두규, 「풍수지리로 본 전주」, 『지도로 찾아가는 도시의 역사』(전주역사박물관, 2004).
   김주성, 「후백제의 궁궐 위치와 도성 규모」, 『후백제 왕도 전주의 재조명』, 한국고대사학회 학술대회 자료집(2013).
   유병하·나병호, 「궁예도성과 견훤도성」, 『대외관계로 본 후백제』, 백제학회 학술심포지엄 자료집(2014).
   장명수, 『성곽발달과 도시계획연구-전주부성을 중심으로』(학연문화사, 1994).
   조법종, 「후백제 전주의 도성구성에 나타난 사령체계」, 『한국고대사연구』 29(2003).
   진정환, 「후백제 불교조각의 대외교섭」, 『대외관계로 본 후백제』, 백제학회 학술심포지엄 자료집(2014).
   최흥선, 「후백제의 유적조사의 현황과 과제」, 『연구소 미래를 그리다』, 국립완주문화재연구소 개소기념 학술심포지엄(2019).
9 원광대학교 마한백제문화연구소, 『전주·남고산성발굴조사약보고』(1991).
   전주시·원광대학교 마한백제문화연구소, 『전주, 남고산성 발굴조사보고서』(2001).
   전주시·전라문화유산연구원, 『전주 남고산성 남동우각 성벽 및 건물지 발굴조사』(2018).
10 전라문화유산연구원·전주시, 「전주 서고산성 발굴조사 약보고」(2020).
   전라문화유산연구원·전주시, 「전주 서고산성 시굴조사 약보고」(2020).
11 국립전주박물관, 『후백제 도성벽 조사보고서』(2016).
12 전주문화유산연구원·전주시, 『전라감영지 발굴조사 보고서』(2018).

2. 古土城의 실체

1) 고토성의 지리적 인식

이 글에서 고토성의 범위는 『전주부사』 삽도 '全州府境域沿革圖' 중 고성벽지로 표시된 굵은 선으로 둘러싸인 곳을 의미한다. 동고산성과 남고산성과도 연결되어 전주를 감싸고 있으며 역사적으로 전주부성 외곽에 존재하는 성벽으로 인식하고 있다. 기록상 주치인 전주성(읍성)를 제외하고 견훤이 쌓았다고 전하는 성은 고토성으로 동국여지승람(1530년)에서[13] 가장 이르게 나타난다. 이후 성황사중창기(1688년)에[14] 동고산성으로 추정되는 견훤궁터가 등장한다. 견훤 기록과 관련된 남고산성은 한참 뒤인 여지도서(1757년)가 처음이다. 남고산성은 세종실록지리지와 신증동국여지승람에 단순 고덕산석성·고덕산성으로만 기록되고 있어 아마도 임진왜란 이후 남고산성의 군산적 중요성 때문에 남고산성=견훤성의 인식이 생긴듯하다. 이 내용은 이미 남고산성 발굴조사에서 전영래 선생이 밝힌 바 있다.[15] 서고산성은 일제강점기 '국유림도면'(1916년), 『조선보물고적조사자료』에 등장하나 후백제와 관련된 내용은 없다. 이외 후백제 도성과 관련된 핵심 시설로 추정되는 오목대토성, 노송정 90-2토축물, 주변 방어시설에 대해서는 『전주부사』 이전 기록에는 등장하지 않는다.

고토성은 이후에도 〈여지도서〉(1757년), 〈전주부읍지〉(1760년경), 〈전라

---

13 〈동국여지승람,1482년〉【古跡】古土城在府北五里基址甄萱所築 고토성(古土城) 부의 북쪽 5리에 있다. 터가 남아 있는데 견훤이 쌓은 것이다. 고덕산성(高德山城) 돌로 쌓았는데 둘레는 8천 9백 20척(尺), 높이가 8척이며, 그 안에 우물이 7개, 시내 하나가 있다.

14 〈전주성황사중창기(1688년)〉「全州城隍祠重創記」古基面北 … 移建坐卯卽世謂甄萱古宮墟也(옛터가 북쪽을 향하고 있었으나 … 옮겨 동쪽을 바라보고 세웠는데 그곳이 견훤의 옛 궁터이다.)

15 주)10 전게서

도영사례〉(1792년), 〈호남읍지〉(1871년), 〈완산지〉(1905년경)에[16] 이르기까지 줄곧 견훤이 축성한 것으로 기록되어 조선시대 내내 후백제 잔상의 상징이 었다. 지리지 이외에 전라관찰사를 지내며 1734년 전주부성을 전면적으로 개축한 조현명(1690~1752년)은 새 성인 전주부성과 견훤 고성(고토성)을 비교하는 시를[17] 남기어 전주부성 외곽에 견훤이 쌓은 성이 존재함을 나타냈다. 근대 이후에는 보다 실제적인 고토성의 모습을 알 수 있는데, 1925년 최남선은 전주를 기행하며 전주형무소로부터 호남선까지 일자로 이어지는 고토성의 모습을 사실적으로 표현하고[18] 있어 그때까지 이 성이 남아있음은 확실하다.

또한 고토성은 근대 지적도와 지도에서도 찾아볼 수 있다. 1912년 〈지적도〉에는 고토성의 라인이 최남선의 표현과 같이 일자로 구획되어 있다. 이후 1918년 〈전주지도〉와 1939년 〈전주시가지계획평면도〉에도 약 400m의 줄기로 남아있으며, 1948년과 1954년 〈전주시 항공사진〉에도 고토성의 줄기를 찾을 수 있다. 현재에도 전주중앙중학교 앞길을 따라 기린로-미당교회-전주동부교회 주차창을 가로질러 전주 동덕사 뒤까지(구 여단터) 연결되는 소로가 있는데, 이는 현재의 도시계획과 전혀 일치하지 않은 구도로인 고토성 줄기이다. 또한 이 길을 따라 전주 중앙중학교운동장, 전주동부교회 주차장, 전주 동덕사 뒤편에서는 현재도 집선문 계열의 와편과 도기편이 종종 확인된다

---

16 〈완산지〉【고적】古土城在府此五里甄萱所築今廢址基尙存高德山城在府東南十里亦甄萱所築

17 〈조현명 시〉崢嶸新堞入雲長待峙甄萱故疊傍忘謂人和憑地理寧知民口甚川防 높다란 새 성첩은 구름 속에 길게 솟아/견훤의 옛 성 곁에 마주 보고 우뚝 섰네. 인심의 화합 생각 잊고 지리에만 의지할까/백성의 입 막기가 강물 막기보다 어려운 줄 어찌 알리!

18 〈심춘순례〉1925년 최남선, 반대산 밑에 높다란 판자로 담장을 두르고 지붕에 창을 낸 집채가 줄줄이 보이는 것은 물을 것도 없이 감옥인데, 그 곁에서부터 철로 쪽으로 논두렁처럼 울묵줄묵하게 약간 일자로 남아 있는 것이 후백제의 성터라 한다. … 그토록 절대하던 후백제 근거지의 떨어진 자취가 지금 저 흙덩이 몇 줌이다. 그나마 없었다면 행인의 조상하는 눈물을 받을 후백제 때 물건이랄 것이 무엇이었을는지.

표 1 전주시내 주요 城의 변천

시기(출전)		읍성	고토성	남고산성	동고산성	서고산성	오목대토성
백제					어긋문, 중방	선문기와	
통일신라		? (타원형)			다락문	집선문기와	집선문기와
후백제		?	집선문기와	청동불상	全州城명 수막새	집선문기와 수지문기와	집선문기와 수지문기와
1182년	고려사 권20, 세가	성					
1253년	고려사 권24, 세가	全州城					
1376년	고려사절요 제30권	全州					
1388년	귀록집18, (조현명)	邑城					
1454년	세종실록지리지	1288보	×	고덕산석성 (1413보)			
1530년	신증동국여지승람	5356척	고토성 (견훤)	고덕산성 (8820척)			
1688년	성황사중창기				견훤궁터		
1734년	진주부성 축성록	2249보 (구성)					
		2618보 (신성)				황방산성	
1757년	여지도서	5356척	고토성 (견훤)	고덕산성 (견훤)			
1760년경	전주부읍지	2618보	고토성 (견훤)	고덕산폐성 (견훤)			
1770년	문헌비고	2618보					
1792년	전라도영사례	2618보	고토성 (견훤)	고덕산폐성 (견훤)			
1866년	대동지지	2618보	×	남고산성 (2693보)			
1871년	호남읍지	5356척	고토성 (견훤)	고덕산성 (견훤)			
1905년경	완산지	5356척	고토성 (견훤)	고덕산성 (견훤)			
1925년	심춘순례		고토성 (견훤)				
1942년	전주부사		고토성 (견훤)	남고산성 (견훤)	동고산성 (견훤)		성벽줄기

2) 후백제 전주도성에 대한 『전주부사』 성벽줄기의 오류

(1) 북쪽 성벽

최남선의 표현과 같이 '울묵줄묵하게 약간 일자로 남아 있는 후백제 성터'인 고토성은 북쪽의 직선 성벽줄기를 나타낸다 사진 1·2. 『전주부사』에서는 이 줄기 북쪽 외곽에 위치한 형무소를 도성의 영역에 포함하는데 본래 이곳은 1881년 무렵부터 옥사가 있던 공간으로 이를 위해 대지 조정이 있었던 것으로 추정된다. 또한 고대 도성구조에서 성벽 외부에 부가적인 시설이 있는 사례가 좀처럼 없고 지적도에서도 반원형의 모습이 아닌 직선으로 된 성벽 줄기만 확인되는 점, 통일신라~후백제의 주요 유적이 전주시의 내부로 집중되는 점을 고려할 때 성벽과는 관련이 적은 것으로 판단된다. 이곳은 이후 1992년 전영래 선생에 의해 『전주부사』의 왕궁을 포함한 물왕멀 일대까지 확장된다. 이는 전주부사에서 제시한 물왕멀의 왕궁터가

사진 1 전주 고토성 잔존상태

사진 2 전주 고토성 출토유물

서성벽 줄기의 외곽에 위치한 모순을 해결하기 위한 방편에서 비롯된다. 이 지역은 다시 2000년에 본질인 고토성의 일자형 둑은 사라지고 형무소를 중심으로 한 독립된 면적이 있는 왕성으로까지 인식되기에 이르렀다.[19]

(2) 동쪽 성벽

고토성을 인식하는 핵심은 1912년 〈지적도〉이다. 여기에는 후백제 성인 고토성의 줄기가 일제강점기 가마쿠라 방직공장(현 전주중앙중학교 우측)에서 여단 밑까지 이어짐을 보여준다 **그림 1**. 또한 이 고토성의 줄기는 동쪽의 구릉 정상을 이용한 자연 성벽의 형태로 남아 여단에서부터 성황댕이 – 마당재 – 기린봉을 지나 동고산성까지 이어진다 **그림 2**. 마찬가지로 오목대 토성의 줄기도 현 자만동 제각을 지나 자연 성벽의 형태로 발산을 거쳐 승암산까지 이어진다. 협축이나 삭토법 등 인공적인 흔적도 있을 수 있으나 이

---

19 성정용, 「후백제 도성과 방어체계」, 『후백제와 견훤』(서경문화사, 2000).

그림 1 지적도와 정확하게 일치하는 고토성 성벽과 자연성벽의 라인(맨 위)

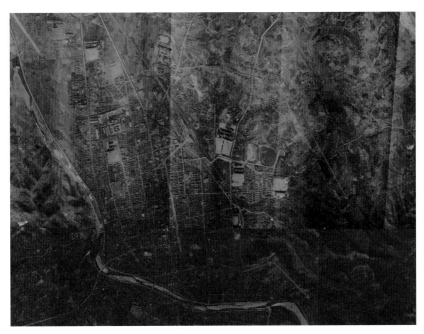

그림 2 1948년 항공사진에 보이는 자연 성벽줄기

는 분명 고고학적 증거로 보여주어야만 하는데 아직까지 확인되지 않는다. 당시 지적도는 아주 오랫동안 인류가 살아온 흔적이 지형이라는 공간에 투영된 산물이다. 전주시내에 적용한 사례를 볼 때 전주부성 내에서 통일신라~조선시대의 도시계획이 관찰되고 부성 외부 동편에서는 후백제 도시계획의 가능성까지도 제시하고 있다.[20] 예로 완산구 중노송동의 많은 지적과 도로망이 1912년부터 2020년까지 108년 동안 역사상 산업화나 전쟁 등 많은 변화가 있는 기간임에도 불구하고 큰 변화가 없음을 관찰할 수 있을 정도로 지적도의 지형 정보는 참고할만하다.

(3) 서쪽 성벽

전주부사에 표현된 서성벽은 전주시의 서쪽 평탄대지와 동쪽 구릉지대를 구분하고 있다. 그러나 1912년 〈지적도〉는 후백제 서성벽에 대한『전주부사』의 오류도 잡아낸다. 지적도의 라인은 고토성과 자연 성벽의 줄기가 정확하게 일치하는 것을 보여주지만, 『전주부사』에서 언급한 후백제 서성벽은 지적도 라인과 부합되는 곳이 전혀 없다**그림 3**. 이러한 오류는 1928년에 설치된 전라선을 1936년『전주부사』 편찬시 서성벽으로 착각한 것에서 기인한다. 현 전주고 뒤 중노송동 재개발 대상지에 대한 전북문화재연구원의 발굴조사에서도 성벽의 흔적은 전혀 확인되지 않았다.[21] 특히 후술할 오목대 토성의 기초부에서도 확인되는 삼국시대 판축이나 성토토성의 축조 전통인 기저부 정지 작업이 전혀 보이지 않는 점은 주목할만하다. 기저부 정지 작업은 성을 축조하기 위한 필수 단계로 체성을 구성하는 석재나 토사의 압력을 유지하기 위해 계단상이나 혹은 불규칙하게 생토면까지 깎아내는 작업으로 대부분의 고대 성벽 발굴에서 관찰된다.[22] 또한 전주부사

---

20 이경찬, 「전주의 도시형성과 고대·중세의 도시형태」, 『지도로 찾아가는 도시의 역사』(2004).

21 전북문화재연구원, 「전주 중노송동 물왕멀구역 주택재개발정비사업 시굴조사 약보고」 (2015).

22 이혁희, 「백제 토성 축조기법의 특징과 변천」, 『유리건판으로 보는 백제의 성곽』(2016).

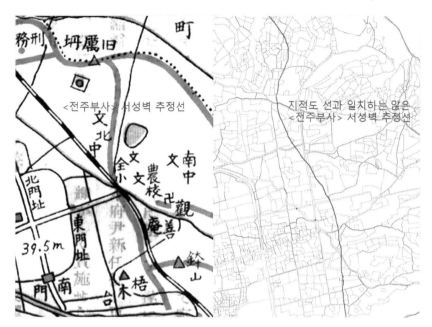

그림 3 『전주부사』의 서성벽과 지적도상의 서성벽 추정선

에 물왕멀의 왕성 추정지에 사용된 것으로 제시한 일부 각진 석재는 면담 조사에 의하면 사실 20여 개로 나주 자미산성의 건물지 기단부에서 확인된 것과 유사한 형태이다.[23] 자미산성과 같이 일부 건물지와 같은 시설물이 있었을 것으로 추정되나 성벽과 같은 대규모도 아니며 이것이 후백제와 연관이 있다는 것도 확인이 어렵다. 냇돌 만여 개도 근대의 건물 기반조성에 사용된 것으로 조사 당시 확인되었다. 아울러 서성벽의 일부로 본 오목대 토성벽 또한 이러한 결과를 방증하는데, 조사 결과 성벽의 존재는 확인되었지만 방어하고자 하는 방향은 『전주부사』에서 제시하는 서쪽이 아닌 반대 방향이다. 결국 오목대 자체의 성벽으로 확인되고 서성벽의 존재는 부정된다그림 4. 그리고 이 시기에는 벌목이 많아 산이 황폐하여 성벽의 존재가 명

---

23 목포대학교박물관·나주시, 『자미산성』(2000).

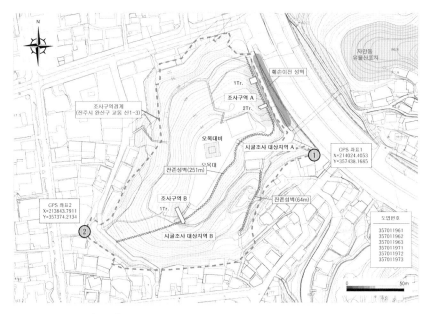

그림 4-1 오목대 토성

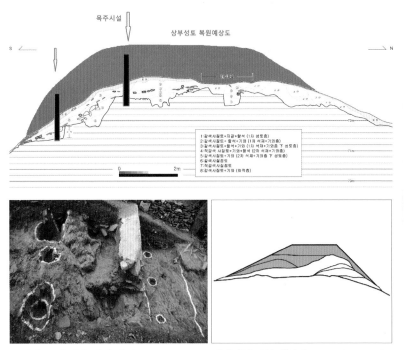

오목대 토성 남쪽 성벽 주공   이성산성 남성 체성구조(오목대 1·2Tr 참조)

그림 4-2 오목대 토성 남쪽성벽 복원 예상도(목주 2m 높이 예상)

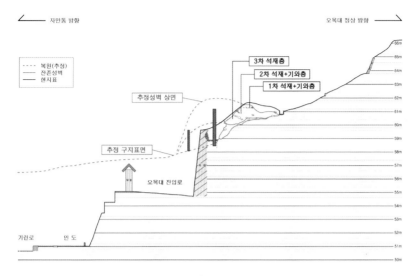

그림 4-3 오목대 토성 동쪽성벽(1Tr) 복원 예상도(남쪽 성벽 참고)

확하게 노출되는 바 이는 일제강점기 사진을 보아서도 알 수 있고 다른 지역과 달리 서성벽 사진을 제시하고 있지도 못한다. 따라서『전주부사』에서 기와나 자기(도기)편이 포함된 토축물로 언급한 고토성, 오목대 토성, 노송정90-2 토축물은 확실한 유적으로 보이나 후백제 서성벽으로 거론되는 『전주부사』의 내용은 전면 수정이 필요하고, 오히려 서성벽은 보다 서쪽으로 확장되어 자연 해자인 전주천을 이용했을 가능성이 매우 높다.

  (4) 남쪽 성벽

  『완산지(完山誌)』「향리기언」의 오목대 밑으로 흐르는 남대천 관련 기사는 지질학적 내용으로 역사보다 더 오래전의 일이거나 비록 천이 있다 하더라도 전라감영지가 통일신라 주치일 가능성이 높은 점, 전주시내 대부분이 이 당시 지면 조정이 이루어진 점을 고려할 때 생활 공간으로 분리된 공간이 하천에 의해 방해가 되는 정도는 아닌 것으로 판단된다. 오목대 남쪽인 청수정(清水町)으로 연장되는 성벽 라인 또한 조정이 필요하다.『전주부사』에서는 직선으로 연결되어 전주천과 어울려 남쪽을 방어하고 있는 형국이나 사실 오목대 토성의 남쪽을 사선으로 감싸 이중 보호하는 시설로 볼 수 있다. 서성벽이 전주천으로 변경됨에 따라 후백제 전주도성의 규모가 달라지기 때문에 도성을 이루는 당시의 각종 시설물 위치도 전반적으로 재검토가 필요하다. 아울러 후백제 전주도성을 반월형이 아닌 타원상의 행주형 구조로 이해할 때 고토성 좌측에 위치한 숲정이나 전라감영의 장대지, 그리고 전주천을 넘어 전주시 후백제유적 조사에서[24] 확인된 맞은편 서산의 장대지 추정시설과 완산의 방어시설도 이해가 되는 부분이다.

3. 고토성 관련 전주도성 주요 성곽

1) 동고산성

전주시 군경묘지 동남쪽 기린봉과 승암산에 걸쳐 있는 동고산성은 전주 후백제 유적에서 제일 중요한 유적이다. 기록상 맨 처음 왕궁터로 지목된 곳이자 산성의 규모와 내부시설 등 그 전모가 그대로 남아있다. 국내 최대규모의 고대 정전으로 추정되는 건물지와 '全州城'명 기와 등의 유물이 다량으로 출토되어 왕성의 기능을 가진 배후산성의 면모를 보여주기도 한다. 그 위상만큼 전주 후백제유적 유일하게 동고산성에 대한 집중적인 분석연구가 있었다.[25] 그러나 9차례에 걸친 조사에도 불구하고 아직 성 내부 공간, 집

---

24 전주시·전주문화유산연구원, 『전주시 후백제 유적 정밀지표조사 보고서』(2017).

25 강원종, 「전주 동고산성 발굴성과와 의의」, 『후백제 왕도 전주의 재조명』(한국고대사학회 학술대회 자료집, 2013).

　강원종, 「전주 동고산성의 고고학적 검토」, 『한국고대사연구』(2014).

　강원종, 「전주 동고산성의 고고학적 성과」, 『 후백제 전주성(동고산성) 국가지정문화재 승격을 위한 학술대회』(2021).

표 2 전주 동고산성과 무진고성의 주요 변화[26]

유구		연대						특징
		600년	700년	800년	900년	1000년	1100년	
주건물지	이전건물지							全州城명 연화문수막새, 쌍조문, 쌍무사문막암새, 옹호완 온돌시설 2층(?), 차양칸
	이후건물지			⊢ 8c 후반 쌍조문암막새				
					⊢→ 9c 후반 10c초(전주성명 와당)			
1-1건물지	초축							인동당초문암막새, 옹호완차양 칸, 재차 축조
	개축				⊢→ 9c 후반 10c초(개축)			
1-2건물지	초축							기단석열아래에서 기와층
	개축				⊢→ 9c 후반 10c초(개축)			인동당초문암막새, 옹호완적 심, 석열기와편 3칸의 제단
1-3건물지								官명기와, 옹호완 차양칸
5-1건물지								성벽접합, 통칸형식
5-2건물지	초축							재축 가능성 성벽접합, 차양칸, 덤병초석
	개축				⊢→ 9c 후반 10c초(개축)			
7건물지	초축							기단터에 기와편 다량
	개축				⊢→ 9c 후반 10c초(개축)			물미, 성벽접합, 4면 차양칸, 줄기초석, 누각형
8건물지					⊢→ 9c 후반 10c초(개축)			단각고배, 성벽 접합, 차양칸, 덤병석, 초반석
11건물지	초축							지대석 아래 소토와 기와
	개축				⊢→ 9c 후반 10c초(개축)			물미, 성벽접합, 줄이줄여 재 축(서쪽), 차양칸, 고막이시설, 누각형 건물
북문지	1차문지	6c~7c 후반 → (구제표 탄소연대, 어긋문: 고사부리성)						타날문토기, 백제기와, 어긋 문, 장방형 성돌, 견치석
	2차문지		⊢ 685년 완산주 설치 → (2차 문지 개축)					경질토기, 官명기와, 석축추가 문시설, 준, 확석확쇠, 문지방 석, 문주공석, 부석
	3차문지				⊢→ 9c 후반 10c초(3차 문지 개축)			해무리굽청자, 음각연화문청 자, 수지문기와, 감축시설
동문지	초축		⊢ 685년 완산주 설치 → (확쇠 및 다락문 형식)					당초문암막새 다각문식, 기와, 지붕시설, 확 석, 원산석, 바닥석
	개축				⊢→ 9c 후반 10c초(견치석 재사용)			견치석
남성벽	초축							팔자형인화문토기 견치석, 내탁식, 목기접시
	개축				⊢→ 9c 후반 10c초(견치석 재사용)			
서성벽	1차성벽		⊢ 685년~9c 중반 → (1차 성벽 폐기층 목탄)					대형의 면석, 소형의 신쇠문추 정, 판석형 합쇠
	2차성벽				⊢→ 9c 후반 10c초(견치석 재사용)			견치석 사용, 1차 성벽 흑색과 침층, 官명기와
집수정	원형							판상석 원형 → 말각방형
	말각방형							세장방형, 통일대 목제완
동고산성 종합		(동고산성 초축)						
			(685년 완산주 설치, 757년 전주로 변경)					
					(견훤의 왕도 설치)			
무진고성	A지구 하층 B지구 하층							선문, 격자문(통일신라후기)
	B지구 상층							官, 國城명와, 수지문와, 서조 문, 귀면문와당, 순청자
	A지구 상층							일휘문와당, 순청자, 상감청자 (12~13c)

---

26 동고산성 연구 결과와 보고서를 요약한 자료임을 밝혀둔다.

수정, 주 출입구 광장, 남문지, 건물지의 상관관계, 그리고 출토유물에 대한 전면적인 분석이 미진한 상태이다. 특별히 동고산성은 유적의 장기적이고 체계적인 조사뿐만 아니라 전주시가의 중심지 배후에 위치하여 전면적인 복원 정비도 필요하다.

2) 남고산성

전주천을 사이에 두고 동고산성의 서쪽 남고산 좌안에 위치한 남고산성은 조선시대 전주를 방어하는 천혜의 요새였다. 순조 13년(1813)에 남고사가 이곳에 자리하고 있어 그 이름을 따 남고산성이라 불렸는데, 1790년 간의 『완산지』에 서고사가 실린 것을 보면 대략 18세기 후반 동고·서고·남고의 명칭이 자리잡은 듯하다.[27] 산성은 모두 3차례의 조사가 이루어졌다. 비록 출토품이나 성곽의 구조에서 아직 후백제와 직접 연결하기 어려우나 동고산성으로 이어지는 능선으로 보아 동고산성과 더불어 전주의 남쪽 방어시설임에 틀림이 없다. 또한 성의 내부에 대한 조사가 없어 그 전모를 알 수 없으나 조선시대 내내 전주에서 가장 중요한 거점 성이었고, 남고사에서 출토된 불상이 후백제 양식을 많이 따르고 있어 향후 남고진 등 성 내부 공간에서 후백제와 관련된 시설이 분명 밝혀질 것으로 기대된다.

3) 서고산성

황방산 정상의 남서쪽에 위치한 서고산성(황방산성)은 2019년과 2020년 최근 두 차례 걸쳐 시굴조사가 이루어졌다. 삼국시대부터 통일신라시기의 기와편과 도기편, 그리고 일부 고려 청자편이 출토된다. 산 정상부는 지석묘도 분포되어 있고 서해안으로 가는 앞쪽은 완주 갈동 등 대규모 초기철

---

27 전주문화원, 『완역 완산지』(2010).

기시대 유적이 조사된 혁신도시가 위치한다. 전주에 입성하기 위해 거쳐야 하는 삼례역과 앵곡역이 주위에 있다. 해로 또한 고대부터 서해에서 신창진을 통해 전주로 들어서기 위해 거쳐야 하는 최전방의 거점지역으로 남쪽의 만마관과 같이 서북쪽의 전주 관문으로 생각된다. 발굴조사에 따르면 백제 말기 성벽이 축조되고 통일신라에 개축이 있었던 것으로 추정한다. 그러나 서남쪽의 성벽 일부 구간에서는 백제 성벽에 사용된 석재가 통일신라 석재와 역전되거나 섞여 있는 양상도 관찰되는데, 이는 동고산성이나 광주 무진고성[28] 기타 후백제 시기를 포함하고 있는 마로산성,[29] 침령산성, 익산토성[30] 성벽의 축조와 유사한 양상으로 보다 면밀한 검토가 필요하다.

4) 오목대 토성

오목대 토성은 2015년 시굴조사로 그 전모가 일부 밝혀졌다. 동남쪽의 잔존 토성벽은 길이 261m, 너비 8m, 높이 3~5m 규모이며 자연 단애면을 활용한 북서쪽은 240m, 전체 약 500m 규모의 토석+와적이 혼축된 퇴뫼식 토성이다. 남쪽에는 약 80m 규모로 성벽을 덧댔다. 동북쪽으로는 자만동 제각과 연결되는 성벽이 있었으며 제각부터는 자연성벽으로 발산과 승암산의 동고산성과 연결된다. 성벽의 구조는 후백제 산성으로 비정되는 순천 해룡산성과[31] 유사하다. 석재와 기와를 혼축하거나 외측의 2단 목주시설을 제외하고 백제 성토토성의 전통인 기저부 조정, 기초성토, 표토블록, 체성성토, 성벽 삭토 후 보강성토, 상부성토 등이 관찰된다. 특히 일부 구간에서 체성을 구성한 토층의 입자가 공극이 있을 정도로 아주 거칠고 성벽을

---

28 전남대학교박물관·광주광역시, 『무진고성 I 』, 『무진고성 II』(1989, 1990).

29 순천대학교박물관·광양시, 『광양 마로산성 I ~ V』(2005, 209, 2011, 2012, 2012).

30 원광대학교 마한·백제문화연구소, 『보덕성발굴조사보고서(일명 익산토성)』(1981).
　원광대학교 마한·백제문화연구소·전라북도, 『익산오금산성발굴조사보고서』(1985).

31 순천대학교박물관·순천시, 『순천 해룡산성』(2002).

지탱하기 위한 보강석에 석재와 기와를 혼재한 점 등은 매우 급하게 축성된 흔적으로 당시 혼란했던 시대적 상황을 반영한 것으로 보인다. 아마도 고토성과 오목대 90-2토축물도 유사한 구조였을 것이다. 출토유물은 '大'·'官'명 기와, 당초문암막새, 연화문수막새, 연화문전, 무문전, 집선문평와, 집선복합문평와, 어골문평와, 초화문평와, 무문평와, 능형문평와, 격자문평와 등으로 후백제 성으로 알려진 동고산성 북문지 3차·서문지 2차 성벽, 순천 해룡산성, 나주 자미산성, 광양 마로산성, 광주 무진고성 등 통일신라 후기~고려초 이전에 해당되어 후백제 시기를 포함하고 있다.

5) 노송정 90-2 토축물

노송정 90-2 토축물은 『전주부사』에 성벽의 구체적인 사진이 게재되어 있으나 현재는 파괴되어 그 흔적을 확인할 수 없다. 다수의 와편이 출토된 현 캠핑장 좌측에 위치하며 아마도 천주교 교구청에서 남쪽으로 연결되는 토성의 일부 구간으로 추정된다. 남쪽에 있는 오목대 토성과 통일신라 주치로 추정되는 전주부성과 삼각점을 이루는 공간으로 동고산성 입구로 통하는 길목이다. 바로 남쪽에는 통일신라~후백제 관련 다량의 기와편과 도기편, 초기청자편, '官'자명 기와편, 당초문 암막새 등이 출토된 풍남동 유적이 위치한다. 특히 동고산성과 연결되는 골짜기로 올라가면 보물로 지정된 고려시대 초기 범종이 출토된 낙수정이 위치한다. 그만큼 이전에도 중요한 공간임을 알 수 있다. 일제강점기 90-2지번은 확인이 안되어 바로 옆의 90번지나 90-1번지의 오기로 추정된다.

6) 전주부성

호남의 제일성이자 전라감영이 위치한 전주부성은 기록에 의하면 고려 1182년과 1253년에 등장한 '全州城'이 원형일 것으로 생각되나 동고산성의

'全州城'명 기와를 고려할 때 1388년 고려관찰사 최유경이 축성한 성이 전주부성의 초기 모습일 것으로 생각된다. 그러나 지적도에는 분명 통일신라의 방리구획뿐만 아니라 후백제의 도심 구획을 나타내는 도로망이 관찰된다는 연구[32] 통일신라부터 전주가 군사적으로 중요한 거점이 된다는 연구는[33] 주목할 만하다. 현재 전주부성에 대한 고고학적 연구는 전라감영지를 중심으로 4차례의 발굴조사가 이루어졌고 관찰사의 집무처인 선화당이 복원되었다. 조사결과에 따르면 통일신라의 '官'자명 기와편뿐만 아니라 나말여초기의 기와편·도기편, 고려시대의 전주목관(全州牧官)명 기와, 1350년을 의미하는 경인2월(庚寅二月)명 조선시대 명문와 등이 출토되었다. 이로 보아 통일신라~후백제 내내 주치로서 기능했을 뿐만 아니라 고려와 조선에 이르기까지 행정의 중심지였던 것으로 판단된다.

7) 주변 방어시설

마지막으로 후백제 전주도성을 보호했던 외곽 요새들이 존재한다. 조선시대 전주부성의 북쪽 외곽에는 장대지가 있다. 숲정이와 마찬가지로 서북방의 노출된 공간에 장대를 설치하여 전주부성을 보호하는 역할이다. 이 장대지의 좌측 끝단은 완산에서 흐르는 서산 봉우리가 있는데 이곳에서 통일신라를 포함한 선문 기와편과 석재가 노출되어 있다. 전주시내를 보호하기 위한 시설로 추정되며 최근 전주시 후백제 유적 정밀지표조사에서 어은산건물지 2지역에 해당한다. 이외 어은산건물지 1지역과 완산의 옥녀봉 유물산포지에서 나말여초기의 기와편과 건물의 기단부로 추정되는 석재도 확인되고 있다. 이들 유적은 모두 전주천을 건너 완산의 줄기를 따라 이루어진 산정에 위치한 곳으로 전주성을 보호하기 위한 시설이다. 그리고 자

---

32 주)21 전게서.
33 최범호, 「완산주 설치와 관련한 전주의 지정학적 배경」, 『전북사학』(2017).

만동 현 제각자리에도 제각과 관련없는 석재가 집선문 와편과 섞여 다량 노출되어 있다. 시급한 조사가 필요하다. 마당재 재림교회 뒤편에서도 석재와 기와편이 섞인 토축물과 다량의 집선문 기와가 출토된 곳이 확인된다. 동쪽의 자연성벽인 고토성의 안쪽 공간에서도 별도의 기능을 하는 시설이 있었음을 보여준다.

4. 古土城으로 본 후백제 全州都城의 구조

고토성의 기록과 고고학적 물증을 바탕으로 후백제 전주도성을 살펴보면, 전주시의 남동쪽 배후에 동고산성을 두고, 동고산성 좌우의 기린봉과 승암산 자락에서 흘러내린 자연성벽을 이용하여, 북서에서는 古土城으로 남서에서는 오목대 토성으로 연결한 다음, 남서쪽은 전주천의 자연 해자를 이용하여 완벽하게 전주 시가지를 보호하는 구조이다. 아울러 황방산성, 서산과 완산 7봉의 봉우리 그리고 남고산성의 줄기는 이러한 후백제 도성의 외곽을 2차적으로 방어하는 시설로 추정된다. 특히 황방산성은 서해안의 출구인 서북쪽에서 남고산성은 만마관의 통로인 남동쪽에서 전주의 열린 공간을 우선적으로 막아주는 기능을 한다. 노송정 90-2번지는 천주교 교구청 구릉대지 - 자만동·오목대 토성 - 경기전 동편 공간에서 동고산성과 전주의 주치를 연결하는 곡간의 대지를 구획하는 특별한 토축물로 판단된다. 이 공간은 수많은 기와편과 도기, 일부 초기청자가 포함된 트럭 약 15대분의 토사가 반출되어 이루어진 발굴조사에서 나말여초기의 건물지와 고려시대 초기의 담장 유구가 발굴조사된 풍남동 유적이 위치한 곳이다.[34] 보다 위쪽의 낙수정에서는 고려초기의 보물 1325호 범종이 출토된 곳으로 역사상 후백제 이후에도 중요한 공간을 점하고 있다는 것은 확실하다. 배

---

34 국립전주박물관, 『전주 풍남동 후백제 도성추정지 발굴조사 보고서』(2017).

후산성인 동고산성에서 전주의 주치가 조망되는 이 곡간과 주변의 구릉상 대지는 후백제에서도 중요한 시설이 위치할 가능성이 매우 높은 지점이다.

후백제 도성의 일부로써 고토성은 백제 사비도성의 나성과 고구려 평양성의 외성, 일본의 다자이후 세이쬬(大宰府政廳)의 미즈끼(水城) 등의 방어체계와 크게 다름이 없다. 역사상 백제의 풍납토성과 몽촌토성, 그리고 공주의 공산성은 성안에 궁성을 위치한 것으로 생각된다. 반면에 사비성은 왕궁이 왕성인 부소산성 밖에 만들어지고 이를 중심으로 시가가 조성되며 이를 다시 광대한 지역을 대상으로 방어 라인인 나성을 외곽에 설치하는 것이 큰 변화이다. 부소산성에서 북동쪽의 청산성에 접하는 북나성 그리고 청산성에서 남쪽으로 이어지는 동나성, 서쪽과 남쪽의 대부분 공간은 금강을 천혜의 요새로 삼았다. 최근의 익산도성(가칭)도 궁성인 왕궁리를 중심으로 배후산성인

고구려 황주성

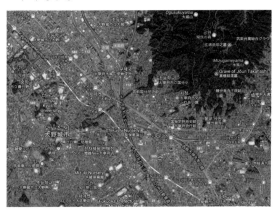

다자이후 세이쬬(大宰府政廳)의 미즈끼(水城)

부여 나성

그림 5 고대 도성에서의 나성과 배후 산성

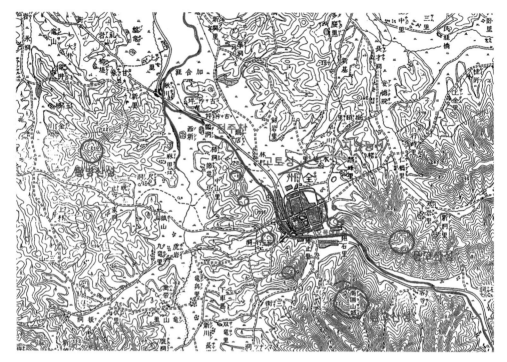

그림 6 전주 후백제 도성구조(지도 1911년)

익산토성 그리고 금강 이남의 산성과 주위의 저평한 구릉에 위치한 산성들을 외곽성으로 보고 있어[35] 후백제 도성구조에 참조할 만하다. 백강 전투 이후 당과 신라의 침입에 대비해 664년과 665년에 급하게 축조한 후쿠오카 다자이후 세이쵸(大宰府政廳)의 미즈끼(水城)와 오노조(大野城)의 방어 구조 역시 유사하다.[36] 삼국시대 제일의 성인 고구려의 평양성이나 황주성 또한 강을 이용하고 노출된 지역에 외성을 쌓아 도성을 보호하는 개념이다.[37]

결론적으로 전주 도성의 고토성은 부여의 나성(羅城)이나, 다자이후의 오노조(水城), 고구려의 외성(外城)과 같이 강을 이용하고 노출된 지역에

---

35 최완규, 「백제도성과 익산」『마한·백제문화』 34집(2019).

36 아카시 요시히코赤司善彦, 「백제 유민의 일본 이주와 활동」『백제 이후, 백제』(2015).

37 국립중앙박물관, 『유리건판으로 보는 고구려의 도성』(2014).

성을 쌓아 도성을 보호하는 시설로 고대 동아시아 도성 체계와 크게 다르지 않은 전주 도성의 외곽 성일 따름이다. 또한 후백제 전주 도성의 축조에는 백제의 마지막 사비와 익산의 도성 구조, 백제와 왜의 연합군 패배 후 일본에서 방어하기 위해 축성한 다자이후 방어체계, 삼국시대 철옹성이었던 고구려 평양성 도성 구조, 통일신라 전주에 구축된 지정학적 방어체계 그리고 신라말 풍수도참사상에 기반을 둔 지리적 환경의 맥락에서 크게 벗어나지 않는다.

표 3 고대 도시의 도성 체계

고대 도시	궁성(중심지)	배후산성	나성(외성)	해자 및 방어시설
풍납토성 · 몽촌토성	성내 위치			한강
웅진도성	공산성내 위치			금강(북서남)
사비도성	관북리 일대	부소산성	나성	금강(북서남)
익산도성 (가칭)	왕궁리 유적	익산토성– 저토성	금강하구 동안의 야산 산성, 금마 주변 낮은 구릉을 연결하는 외곽성	옥룡천 · 부상천
후쿠오카 다자이후 (大宰府)	세이쵸(政廳)	오노조 (大野城)	미즈끼(水城)	미카사(御笠川)
평양도성	중성내 위치	상성, 청암리토성	외성	대동강(동남)
신라왕경	반월성	명활산성	주위 산성	북천, 남천, 서천
전주도성	천주교구청–자만동–오목대–경기전으로 둘러싸인 공간[38]	동고산성	고토성과 동고산성을 연결하는 묵방산맥 줄기, 승암산– 발산–오목대 줄기	전주천(서남) 남고산성–완산– 서산, 황방산성

---

38 필자의 개인 의견임을 밝혀 둔다.

후백제 전주도성은 피난성이자 유사시 왕성인 동고산성을 배후산성으로 하고 중요한 시설은 조선시대 전주부성에 해당되는 평지 시가를 조망하는 위치인 천주교 교구청과 자만동−오목대 토성과 경기전 동쪽 지역을 경계로 한 지역에 조성되었을 것이며, 노송정 90−2번지 토축물은 이러한 시설의 담장 일부나 공간을 구획하는 시설물로 판단된다. 배후산성−통치시설−방리 구획의 시가지가 일련의 공간으로 연결되는 것은 사비도성이나 평양성에서도 쉽게 찾아볼 수 있다. 광대한 전주시가는 고토성과 묵방산맥의 줄기인 고토성부터 기린봉을 넘어 동고산성−승암산−발산−오목대로 이어지는 공간을 나성으로 하고, 서쪽과 남쪽은 만경상 지류인 전주천을 천혜의 요새로 삼았다. 남고산성과 황방산성은 이러한 전주도성을 외곽에서 지원하고 특히 완산과 서산으로 이어지는 일부 지점은 장대 및 방어시설이 있었을 것이며 이것은 조선시대 전주부성의 서북쪽 숲정이에 위치하였던 장대와 같은 역할을 하였을 것이다. 또한 후백제 전주도성의 도시 계획은 892년 무진주에서부터 구상되었을 것이며 8년 후 정도를 단행하는 시점에 맞추거나 또는 신속하게 고토성과 동고산성의 일부가 축조되었을 것으로 추정된다. 배후산성인 동고산성의 주건물지는 혼란의 시대적 상황을 고려할 때 유사시 피난성의 정전을 위하여 기획되었을 가능성도 있다. 통치시설과 외성인 고토성의 사이에는 이미 방리구획이 이루어진 통일신라 전주의 주치(州治)가 있었고 각종 관청을 비롯하여 '주례(周禮) 고공기(考工記)의 좌묘우사(左廟右社)'의 도성배치를 따르기 위한 시설과 사찰, 담장, 도로 등 도시 기반시설이 추가로 설립되었을 것으로 추정된다.

5. 맺음말

무진주에서 892년 나라를 세우고 900년 전주에 천도를 단행한 견훤은 936년 멸망 때까지 후삼국 중 가장 강력한 나라를 다스렸다. 즉 공식적으로 전주가 우리 역사의 무대에서 왕도로 자리 잡은 시점인 만큼 후백제와 견훤의 역사에 대한 자긍심을 갖을만하다. 그러나 후백제사 연구에 비해 후백제 문물 연구가 아직도 요원한데 이는 후백제의 물질 흔적이란 것이 37년의 짧은 기간으로 인해 통시적인 역사에서는 선으로 나타나기 때문이다. 결국 후백제 역사 정립을 위해선 후백제 유적과 유물에 대한 끊임없는 조사와 연구성과의 축적이 필요하다.

후백제 멸망 후 약 550년 후인 1482년『동국여지승람』에 가장 먼저 등장하는 견훤의 古土城은 공간이 있는 면이 아니라 일자의 선으로 이루어진 전주도성 북서쪽의 외곽 토성일 뿐만 아니라, 여단과 마당재와 기린봉을 잇는 자연 구릉으로 이루어진 천혜의 성벽과 연결되어, 역사시대 줄곧 전주를 아우르는 후백제 견훤 고성으로 인식되었다. 후백제의 전주도성 또한 사비도성이나 일본의 다자이후 세이쵸(大宰府政廳) 방어체계, 평양성 등과 같이 고대 도성체계의 기본틀을 벗어나지 않음을 알 수 있었고, 이를 바탕으로『전주부사』를 수정한 새로운 도성의 플랜을 제시하였다. 현재 고토성 북쪽의 성벽 토축물은 찾을 수 없으나 그 줄기가 확인되고 기린로에 인접한 성벽은 재개발이 예정되어 있어 시급한 조사와 함께 최소한의 원형복원이 필요하다. 이 지역은 다자이후의 미즈끼(水城)과 같이 성의 앞쪽에 해자가 있을 가능성도 있다. 특히 인봉지 인근 궁성 추정지에 대한 조사도 활발히 되고 있으며 부근에서 통일신라 선문계 와편과 도기편이 출토된 점을 볼 때 후백제와 관련된 시설이 있을 가능성을 배재하기 어렵다. 아울러 전주시내 곳곳에서 통일신라 집선문 기와편이 수집되는 곳은 항상 후백제 유적과 연결되어 있을 가능성이 높기 때문에 세밀한 조사가 필요하다.

유철*

잘 아시는 바와 같이 전주시 일원은 900년부터 936년까지 37년간 후백제의 도읍이었습니다. 하지만 왕도(王都)로서의 기간이 그리 길지 않았으며 패망한 왕조로 인식되어 후백제 도읍으로서의 전주에 대한 관심은 많지 않았던 것도 사실입니다. 더욱이 후백제 유적은 도심화 등으로 인해 대부분이 파괴되거나 훼손된 상태여서 남아있는 것도 거의 없을 뿐만 아니라 그 흔적을 찾는 것 또한 어렵다는 점이 후백제에 대한 관심이 부족하게 된 이유 중 하나일 것입니다.

다행히 최근 들어 후백제에 대한 관심이 조금씩 일어나고 있으며 늦은 감은 있지만 2019년 8월 30일에는 후백제학회가 창립되기에 이르렀습니다. 아울러 정밀지표조사와 발굴조사를 통해 드러난 성과는 후백제의 실체 규명에 한걸음 나갈 수 있는 기회로 생각됩니다.

발표자께서는 그간 후백제도성 복원을 위해 많은 노력을 해 오셨으며 특히, 오목대와 풍남동 등 후백제 도성벽의 발굴조사도 담당하였습니다. 전주시 후백제유적 지표조사(2017년)와 후백제 유적 발굴조사(2018~2020년)에 참여한 토론자로서는 몇 가지 궁금한 점이 있어 이에 대한 질의를 통해 부연설명을 부탁하고자 합니다.

첫째, 금번 〈고토성으로 본 후백제 전주도성 일고찰〉이란 주제의 발표는 후백제 도성벽으로 이해되고 있는 1942년에 발간된 『전주부사』 「전주부경역연혁도」의 고성벽지[고토성(古土城)]는 1912년에 제작된 전주지역 지적도,

---

* 전주문화유산연구원장.

1918·1939년에 만들어진 지형도, 1948년에 촬영된 항공사진 등과 비교해 볼 때 일치하지 않으며, 물왕멀·오목대 토성·노송정 등지의 발굴조사를 통해서도 그 흔적을 확인할 수 없으므로『전주부사』에 수록된「전주부경역연혁도」의 고성벽지[고토성(古土城)]중 서쪽 성벽은 잘못된 표기이며 후백제 도성의 서성벽은 전주천을 이용했을 가능성이 높다는 의견을 제시하고 있습니다.

이러한 주장에는 2006년과 2016년 전라감영지의 발굴조사를 통하여 맨 하층에서 건물지, 담장지, 배수로 등의 통일신라시대 유구가 확인되었는 바, 이미 이 시기에 도시화가 이루어졌다는 점에서 기인한 것으로도 보입니다. 토론자 역시 통일신라 때 전라감영지 일대는 도시화가 이루어졌다는 점에서는 같은 생각입니다. 하지만 그렇다 하더라도 후백제의 남쪽과 서쪽 도성벽으로 전주천을 이용했다는 명확한 고고학적 증거는 아직 발견되지 않았습니다. 이에 대한 부연설명과 함께 전주천에 대한 조사 필요성은 없는지 의견을 말씀해 주시면 감사하겠습니다.

둘째, 후백제 도성벽의 복원에 있어 매우 중요한 부분이어서 오목대 토성벽에 대한 발굴조사내용에 대해 의견을 묻고 싶습니다. 발표자께서는 오목대의 동쪽 성벽은 방어하고자 하는 방향이 서쪽이 아닌 동쪽으로 주장하고 계십니다. 하지만 오목대 동쪽 성벽의 성토 양상을 보면 오목대쪽 보다는 자만마을이 자리하고 있는 동쪽이 더 높게 성토되어 있습니다. 토성벽을 축조하는데 있어 판축이나 성토의 높이는 내측보다는 외측이 같거나 낮은 것이 일반적인 축조 형태입니다. 따라서 토론자는 오목대 동쪽 성벽의 방어하고자 하는 방향은 서쪽으로 생각되며 이렇게 볼 때『전주부사』의 서성벽도 오류가 아닌 것으로 생각됩니다. 이에 대한 의견을 듣고 싶습니다.

또한 오목대의 남쪽 성벽에서 확인된 주공그림 4-2의 기능이 토성을 쌓기 위해 성토를 하는데 있어 필요한 목주흔으로 보고 있으나 목주가 확인된 지역은 주변의 암반이 비교적 평편하게 다듬어져 있고 일정 부분 기와층이 존재하고 있어 출입시설인 문지로 볼 수는 없는지 궁금합니다.

셋째, 발표자께서는 후백제 고성벽 중 구여단에서 가타쿠라제사공장까지 이어지는 북쪽 성벽과 오목대토성을 제외한 대부분의 고성벽은 자연 지형을 이용한 성벽의 형태로 명확한 고고학적 증거는 발견되지 않는다고 하였습니다. 토론자 역시 후백제의 고성벽[고토성]은 자연지형을 최대한 이용했다는 점에서는 동의합니다. 하지만 고고학적 조사 방법 중 하나인 지표조사를 통해 고성벽 중 동쪽 성벽과 기린봉에서 천주교구청에 이르는 성벽 등에서 산 능선을 따라 일정한 폭이 계속 이어지며 인위적인 삭토의 흔적이 보일 뿐 만 아니라 주변에서는 기와편과 토기편 등을 수습한 바 있습니다. 발굴조사가 이루어지지 않은 상태에서 단정할 수는 없지만 이러한 자료는 후백제 도성벽을 복원하는데 좋은 자료로 제공될 수 있을 것으로 생각됩니다. 이에 대한 견해를 듣고 싶습니다.

끝으로 후백제 문화유산은 보존과 활용 측면에서 보면 매우 미흡한 상태입니다. 따라서 후백제에 대한 인식의 재고를 위해서는 후백제에 대한 홍보, 후백제나 견훤의 상징물 건립, 후백제에 대한 역사인식 고취, 후백제 유적 발굴·복원 등이 필요하고 또한 지속적으로 이루어져야 한다고 여겨집니다. 이에 대한 발표자의 의견을 구하고 싶습니다.

최흥선

첫 번째 질문에 대한 답변

1. 먼저 북벽(고토성), 동벽(자연성벽)에 비해 서성벽이 확인되지 않았다는 것 자체가 유구가 없을 가능성이 매우 높다는 점입니다. 그 대안으로 전주천을 자연해자로 이용하였을 가능성을 제시했으며 유사사례로 금강의 서남쪽을 자연해자로 이용한 부여 나성이나 대동강 지류의 남쪽을 이용한 고구려 황주성의 경우를 살펴보았습니다. 후백제의 짧은 존속기

간도 이러한 상황을 뒷받침한다고 생각합니다.

2. 전주천의 조사필요성은 일제강점기 사진을 볼 때 다가공원 등은 수심이 깊어 성벽과 비슷한 제방을 고려할 수 있으나 1918년 지도를 보면 여러 갈래의 간천이 시내 내부 깊숙이 들어오고 있어 성벽과 같은 시설물은 찾기가 쉽지 않을 것입니다. 그러나 어떠한 구조물도 생성될 수 있기 때문에 현 천변의 도로는 항상 주의 깊게 살펴보아야 된다고 봅니다.

두 번째 질문에 대한 답변

1. 지형자체가 말안장과 같고 도로방향(↓)이 '凹'부에 해당되는 것은 확실하며 1·2Tr 모두 토성의 기저부가 심한 경사이며 도로 쪽이 분명 낮습니다. 일제강점기 지도와 사진에서도 확인됩니다. 1918년 지도에서는 약 20M의 표고차가 있습니다.(1918년, 1938년지도, 1915년 사진)

2. 토성의 성토 방향 또한 기저부에서는 도로 쪽이 낮습니다. 상단은 반대로 중심부가 높은데 이는 성토 과정에서 성벽을 높이기 위한 현상으로 이성산성 남성 등에서도 관찰됩니다.

3. 기와층의 존재는 성벽 전면에서 확인되는 현상으로 문지에 특정할 수 없으며 목주의 간격이 1m로 균일하여 이와 연관된 문지 구조는 쉽게 추정할 수 없습니다. 또한 성벽의 내측에서는 주공이 전혀 확인되지 않고 지형 자체도 일부 평탄면이 관찰되는 것이지 전반적으로는 경사를 이루고 있습니다. 열지은 목주흔은 많은 토성발굴에서 확인되고 있으며 동쪽의 1·2Tr에서도 유사한 구조였을 것으로 추정되나 이 또한 성벽이 1/2 유실되어 확인이 어렵습니다.

4. 추정 문지는 오히려 오목대 진입로 쪽(현 화장실)이 평판하고 자만동의 제각으로 연결되는 부위에 일부 평탄지가 있어 가능성이 더욱 높습니다.

세 번째 질문에 대한 답변

1. 후백제 복원의 첫 과제는 우선 남아있는 유적에 대한 보존과 복원입니다. 그러한 측면에서 통일신라의 집선문계 기와편이 발견되는 곳은 모두 조사대상지라고 생각합니다.

2. 따라서 구체적으로 관찰되거나 가능성이 있는 유구(성벽)가 있다면 이곳에 대한 선제조사가 필요합니다. 이러한 측면에서 오목대 토성, 풍남동 유적이 조사되었고 성과가 도출되었습니다. 토론자께서 말씀하신 곳이 어느 정도 유구가 잔존한 것으로 판단된다면 우선 시굴이라도 시급이 시행되어야 보존할 수 있다고 생각합니다. 오목대 토성의 경우 1987년 전주-남원도로 확장전 조사가 되었다면 오늘 이 자리에 후백제 도성에 대한 연구가 한층 더 진일보할 수 있었다고 봅니다.

네 번째 질문에 대한 답변

1. 중언하자면 남아 있는 유적에 대한 조사가 우선입니다. 이러한 측면에서 현재 기린로 옆 고토성벽(현 소로)에 대한 조사가 시급히 진행되어야 합니다. 해자가 남아있을 수도 있습니다. 또한 자만동 제각 중심으로 하여 전면적으로 유물이 산포되어 있고 제각 밑에서는 제각과 관련 없는 대형 석재들이 있어 이에 대한 조사도 필요하며 오목대 토성은 토성 전면과 중심지에 대한 연차적인 조사가 필요합니다. 찾기가 매우 어려운 왕궁지도 유력 대상지에 대한 지속적이고도 다각적인 조사가 필요합니다. 무엇보다 발표문에서 밝혔듯이 동고산성은 다년간의 집중 정밀조사와 복원이 이루어져야 합니다.

2. 두 번째로 후백제 유적지 출토유물(기와, 자기, 토기, 명문와 등)에 대한 세

밀한 연구가 수반되어야 합니다. 이제는 어느 정도 자료가 쌓였다고 생각하며 예로, 기와학회에 더불어 '후백제 기와'에 대한 집중 학술연구 등 분야별 전문연구가 이제는 뒷받침되어야 한다고 봅니다. 아울러 유물에 있어서는 왕궁리, 미륵사지, 부소산성 등 장기간 유적이 존속된 지역의 출토유물에 대한 동반 연구도 진행되어야 합니다.

3. 상기의 유적과 유물에 대한 조사가 어느 정도 진척이 될 때 후백제를 다시 밝히고 선양하기 위한 또 다른 프로젝트가 기획될 수 있다고 봅니다.

후백제 산성의 특징

조명일
군산대학교 가야문화연구소 초빙교수

1. 머리말

후백제는 서기 900년 옛 백제의 계승의지를 천명하며 전주에 도읍을 정한 후, 936년 고려의 왕건에 의해 멸망하기까지 존속한 국가이다. 후백제를 세운 견훤이 전주에 도읍하면서 "백제 의자왕의 오랜 울분을 씻겠다."라고 공언한 것은 백제의 계승의지를 강하게 드러내는 한편, 신라에 대한 적대의식을 직접적으로 표명한 것이다. 실제로 견훤은 건국초기부터 신라에 대한 공세를 강행하였으며, 927년에는 신라의 수도 경주를 침공해 경애왕을 살해하기에 이른다. 한편 대신라 공세와 더불어 건국초기부터 당시 태봉(후고구려)의 세력권 안에 있었던 서남해안(나주일원)에 대한 공략을 지속하였다. 또한 918년 왕건이 궁예를 폐하고 고려를 세우자 초기에는 우호적인 관계를 유지했지만, 926년 고려에 볼모로 보냈던 진호가 사망하는 사건을 계기로 적대적인 관계로 전환된다. 이때부터 한반도 남쪽의 패권을 건 후백제와 고려 간의 본격적인 전쟁국면으로 치닫게 되며, 936년 일리천 전투에서 패하면서 후백제는 멸망하게 된다.

이처럼 후백제의 역사는 '전쟁의 역사'라고 해도 과언이 아닐 정도로 건국에서 멸망에 이르기까지 크고 작은 전쟁을 겪으면서 발전한다. 『三國史記』, 『高麗史』 등의 기록에 십 여 차례의 전쟁 관련 기사가 등장하는 것도 이를 뒷받침한다. 이러한 역사적 배경으로 볼 때, 후백제는 초기부터 국방력을 강화하기 위한 노력이 지속되었을 것이며, 국방과 긴밀한 관련성이 있는 산성의 축조도 매우 활발했을 것임이 자명하다.

그러나 현재 후백제의 영역권인 충청·호남권에서 후백제와의 관련성이 직접적으로 언급된 유적은 전주 동고산성을 제외하고는 한 곳도 없다. 이는 그간 산성에 대한 연구가 초축 시기를 밝히는데 초점이 맞춰져 있었고, 전면적인 발굴조사를 통해 종합적인 검토가 이루어진 경우가 드물기 때문이기도 하지만, 그보다 근본적인 문제는 후백제에 대한 관심이 부족했기 때문이라고 할 수 있다.

　전북지역 산성에 대한 조사는 그동안 백제의 천도지 혹은 별도로 언급되고 있는 익산지역과 백제의 중방성으로 비정되고 있는 정읍지역을 중심으로 활발히 이루어졌다. 이 지역에서 조사된 산성들은 대체로 백제시대 초축 된 이후, 통일신라 혹은 나말여초에 개축이 이루어진 것으로 보고되어 있을 뿐, 후백제에 대한 직접적인 관련성은 언급되지 않았다.

　그런데 최근 전북 동부지역에 대한 산성 조사가 활발히 이루어지면서 후백제에 의해 개축된 성벽과 함께 대규모 집수시설 등이 확인됨에 따라 후백제 산성의 특징을 어느 정도 파악할 수 있게 되었다.

2. 전북지역 후백제 산성 현황

1) 전주 동고산성

　전주 동고산성은 전주시 동남쪽을 에워싸고 있는 승암산의 동편에 위치한 석성으로 성벽의 둘레는 1,712m 내외이다. 성벽은 동쪽의 발계봉(해발 307.5m), 남쪽의 승암산(해발 295.6m), 북쪽의 286m 고지로 이어지는 산줄기를 따라 이어져 있으며, 서쪽의 계곡부를 감싼다. 산성의 형태는 삼태기형에 가까우나 북쪽과 남쪽, 동남쪽에 돌출된 익성을 갖춘 특이한 구조이다. 동고산성은 그간 서기 900년 전주에 도읍한 후백제의 왕성 내지는 피난성으로 주목받아 왔으며, 1991년부터 시작된 최근까지 이루어진 8차례의 크고 작은 발굴조사를 통해 후백제와 관련된 유구와 유물이 적지 않게 확인되었다.

사진 1 전주 동고산성 서문지 주변 성벽(左 : 1차 성벽, 右 : 2차 성벽)

(1) 성벽

지금까지 동고산성의 발굴조사를 통해 밝혀진 성벽은 북문지 주변 및 북쪽성벽 일부와 동문지 주변 성벽 일부, 남쪽성벽 일부, 그리고 서쪽성벽 일부 등이다. 동고산성의 성벽은 기본적으로 산경사면에 의지하여 외벽을 쌓고, 그 안쪽은 뒤채움석으로 마무리한 이른바 내탁식으로 축조되었다. 즉 산 경사면을 'L'자형으로 굴착한 다음 외면을 방형, 혹은 장방형으로 일 정하게 다듬은 성돌을 사용하여 쌓아 올렸다. 성벽의 뒤채움은 길쭉하고 납작한 성돌을 사용하여 면석의 뒤쪽에 끼워 넣은 것으로 확인되었다.

그런데 2013년 발굴조사가 이루어진 서문지 주변 성벽에서는 이러한 일 반적인 축성법으로 축조된 성벽(2차 성벽)이 이전에 축성된 또 다른 성벽(1 차 성벽)의 존재가 확인되었다. 1차 성벽으로 명명된 이 성벽은 납작한 판석 형 할석이 사용되었다는 점에서 동고산성에서 일반적으로 확인된 성벽과 는 큰 차이를 보이고 있으며, 성벽의 통과선도 서로 엇갈리게 축조되었다. 또한 1차 성벽의 뒤채움 부분에 흑갈색 사질 점토로 다짐을 한 후, 기초석 으로 놓은 것이 확인되었다. 전체적인 축조 양상과 층위상 1차 성벽이 2차 성벽보다 먼저 축조된 것으로 파악되었는데, 1차 성벽은 신라계 산성에서 주로 확인되는 판석형 석재가 사용되었다는 점과 폐기층 목탄시료의 절대

연대를 기준으로 전주에 완산주가 설치될 즈음(685년)에 축조되어 8세기 중반 무렵까지 사용되다가 폐기된 것으로 보고 있다.[1] 이에 반해 동고산성의 일반적인 축성법을 따르고 있는 2차 성벽은 후백제가 전주에 도읍한 이후, 대대적인 토목공사의 일환으로 새롭게 축조되었을 것으로 보고 있다.[2]

(2) 문지

동고산성의 성문은 모두 4개소가 있었던 것으로 알려져 있다. 이 중 북문지와 동문지, 서문지는 발굴조사를 통해 그 현황이 파악되었는데, 북문지는 어긋문 형식이며, 동문지는 현문식 구조로 서로 차이를 보인다. 서문지는 발굴조사가 이루어지기는 했지만 후대에 성문을 폐쇄하면서 쌓아 놓은 석재로 인해 통로부에 대한 조사를 진행하지 못하였기에 정확한 성문의 형식 및 구조는 밝혀지지 않았다.

동고산성 문지 중 가장 변화가 심한 곳이 북문지로 여기에서 초기청자가 출토되었다. 북문지는 승암산 정상부에서 서북쪽으로 이어지던 성벽이 북쪽으로 꺾어지면서 형성된 내만한 곳에 자리하고 있다. 성벽의 바깥쪽으로는 경사가 급한 계곡부가 형성되어 있는데, 계곡을 약간 비켜선 곳이 성문이 설치되었다. 북문지는 발굴조사를 통해 초축 당시 어긋문 형식으로 밝혀졌으며, 이후 2차례의 대규모 개축이 있었던 것으로 밝혀졌다. 북문지의 초축은 성문의 형식과 출토유물, 목탄시료의 연대측정 결과를 바탕으로 백제에 의해 이루어진 것으로 보고되었다. 이후 2차 문지는 성문의 통로부를 석축한 후, 문시설을 갖춘 것으로 파악되었는데, 통보부를 석축한 석재가 서문지 주변의 1차 성벽의 축조에 이용된 판석형 석재와 동일하다는 점에서 1차 성벽과 같은 시기에 개축된 것으로 파악되었다. 마지막으로 3차 문지는 2차 문지의 통로부 폭을 급격하게 줄인 것으로 드러났는데, 개축된

---

[1] 강원종, 「全州 東固山城의 考古學的 檢討」, 『한국고대사연구』 74(2014).
[2] 전주문화유산연구원, 『전주 동고산성 서문지 발굴조사 보고서』(2015).

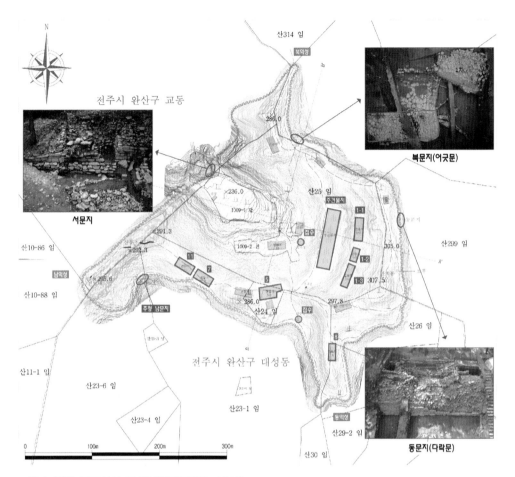

그림 1 전주 동고산성 조사현황도(강원종, 2016)

시기는 정확하지 않지만, 대체로 후백제와 관련된 것으로 보이며, 동고산성이 폐성될 때까지 사용된 것으로 추정된다.[3] 3차 문지가 설치될 당시 퇴적된 층위에서 초기청자가 출토되었다.

---

3 강원종, 「동고산성 성문의 형식변화에 대한 검토」, 『호남고고학보』 54(호남고고학회, 2016).

2) 익산토성(오금산성, 보덕성)

익산토성(사적 제 92호)은 일명 오금산성 또는 보덕성으로 알려진 유적으로, 익산시 금마면 서고도리 오금산(125m)에 위치한다. 산성은 오금산의 두 봉우리와 그 남쪽의 계곡부를 두른 포곡식(?) 산성으로 둘레는 680m 가량 된다.

원광대학교 마한·백제문화연구소에 의해 1980년과 1984년 두 차례 발굴조사가 이루어졌으며,[4] 2016년 산성 내부와 서문지 주변을 대상으로 시·발굴조사가 진행되었다.[5] 익산토성의 성벽의 축조시기에 대해서는 1980년대 조사 당시, 남문지의 서쪽에서 확인된 너비 6m, 높이 2.6m 내외의 판축토루를 백제 때 축조된 초축성벽으로 보았다. 또한 북쪽과 서쪽에서 확인된 석성벽과 남쪽 토루의 외면에 덧댄 석축을 후대에 개축된 성벽으로 보았는데, 정확한 개축시기에 대한 언급은 없다.

그런데 2016~2018년 북쪽과 서쪽 성벽 트렌치 조사를 통해 석축 성벽역시 초축성벽임이 밝혀졌다. 성벽은 자연경사면을 깎아내고 장방형으로 다듬은 석재를 사용하여 축조되었는데, 성벽 기초부에 지대석이나 지정잡석, 기단보축시설은 확인되지 않았다. 특징적인 것은 잔존된 석축 성벽의 높이가 그다지 높지 않다는 것인데, 조사단에서는 본래 높게 쌓았던 성벽이 붕괴되었을 가능성보다는 성벽의 축조 당시부터 외벽의 하단부만 석축으로 쌓고, 그 위쪽은 토루의 형태로 조성되었을 가능성에 무게를 두고 있다. 한편 2018년까지 이어진 발굴조사를 통해 초축성벽의 상층에 통과선을 달리하는 또 다른 성벽이 일부 확인되었는데, 조사단에서는 이를 개축성벽으로 보고 있다.[6]

---

4 圓光大學校 馬韓·百濟文化硏究所, 『益山 五金山城 發掘調査報告書』(1985).
5 圓光大學校 馬韓·百濟文化硏究所, 「익산토성 문화재 학술발굴조사 1차 학술자문회의자료」(2016).
6 익산토성의 성벽 및 서문지 조사가 2018년까지 이어진 관계로, 아직까지 정식보고서가 발

사진 2 익산 오금산성 성벽

익산토성 발굴조사를 통해 출토된 유물은 다량의 기와편과 토기편 등이 있는데, 대체로 백제 말기와 통일신라시대 그리고 고려시대의 유물로 구분된다. 백제 유물 중에는 인장와가 적지 않은데, '우도(牛叨)', 신사(申斯), '신목(申目)', 수부(首府) 등이 있다. 특히 '首府'명 기와는 왕궁리, 미륵사지, 익산 쌍릉 등과 함께 백제의 익산천도를 시사해 주는 매우 중요한 유물로 평가되고 있다. 통일신라시대 토기의 경우, 그 수량은 많지 않지만 대부완과 대호 편이 주종을 이루는데, 대부완의 경우 인화문이 소멸된 형태로 9세기 중후반에 제작된 것으로 판단된다. 또한 기와는 선문계통과 격자문계통이 주종을 이루고 있으며, 어골문 기와가 일부 출토되었다. 이와 함께, 백제 때 익산의 지명인 '金馬渚城'이 각인 된 명문와가 확인되었다. 출토된

간되지 않았다. 이에 본 내용은 2016년 현장자문회의자료와 발굴조사에 참여한 조사원의 증언을 바탕으로 서술하였음으로 밝혀둔다.

유물 중 전형적인 고려청자가 보고되지 않은 점 또한 특징적이다.

이를 종합해 볼 때, 익산토성은 백제 말기에 초축된 이후, 9세기 이후에 증·개축되었다가 고려시대 이전에 폐성된 것으로 추정된다.

3) 익산 미륵산성

미륵산성은 익산시 금마면 신용리에 위치하고 있는데, 미륵사지의 배후에 있는 미륵산(430m)의 최정상부와 그 북쪽을 봉우리(402m)를 있는 능선이 서벽을 이루며, 각 봉우리에서 동쪽으로 뻗어 내린 능선과 그 사이의 계곡부를 감싼 포곡식 산성이다. 산성의 둘레는 1,776m에 이르며, 전체적인 형태는 장방형에 가깝다. 성내 지형은 서고동저형이며, 계곡부를 중심으로 건물대지가 형성되어 있다.

1990~1991년 원광대학교 마한·백제문화연구소에 의해 동문지와 주변 성벽에 대한 발굴조사를 시작으로 2004년과 2006년 남문지와 성 내 건물지 일부에 대한 조사가 이루어졌다.[7]

성벽은 장방형으로 다듬은 석재를 사용하여 내벽과 외벽을 모두 쌓은 협축식으로 밝혀졌으며, 2~3차례의 개축이 있었던 것으로 파악되었다. 산성의 주 출입문인 동문지는 처음에는 개거식으로 축조되었던 것이 2차례의 개축과정을 거쳐 최후에는 옹성으로 변화된 것으로 확인되었다. 남문지는 초축 당시의 형태는 파악되지 않았으나, 개축과정에서 현문식으로 변화되었다.

산성 내 건물지에 대한 조사에서는 모두 5단의 석축이 확인되었는데, 3~5단 석축에서 건물지와 집수정이 조사되었다. 건물지는 대체로 통일신라시대와 고려시대, 그리고 조선시대까지 3기에 걸쳐 조성되었으며, 집수

---

7 圓光大學校 馬韓·百濟文化硏究所, 『益山 彌勒山城 東門址周邊 發掘調査報告書』 (2001).

사진 3 익산 미륵산성 항공사진

정은 고려시대에 축조된 것으로 보고되었다.

유물은 통일신라~조선시대에 이르는 토기편과 기와 등이 출토되었다. 특히 오금산성과 저토성에서 출토된 형태와 동일한 '金馬渚城'명 기와와 함께 '金馬郡凡窯店'명 기와가 출토되어 주목을 끌었다. 보고자는 미륵산성이 위치한 금마면이 金馬渚에서 金馬郡으로 바뀌는 시기가 8세기 초중반경인 점을 들어 이 기와들의 상한이 8세기 초중반경에 제작된 것으로 보고, 이를 토대로 미륵산성의 초축시기를 8세기 중후반경으로 추정하였다. 그러나 미륵산성에서 출토된 통일신라시대 토기들의 경우, 이 시기의 토기로 볼 수 있는 것이 거의 없으며 오금산성, 저토성과 마찬가지로 점열문 단계의 주름무늬 병과 퇴화된 인화문이 시문된 대부완 등이 출토되고 있어 초축 시기에 대한 재검토가 필요할 것으로 생각된다.

사진 4 익산 미륵산성 집수시설

또한 3단 석축에서 조사된 집수정의 경우, 잔존된 집수정의 최상단이 초축 당시의 건물지로 추정되는 선대건물지보다 높게 조성된 점과 고려시대 유물이 주로 출토된 점 등을 들어 고려시대에 조성된 것으로 파악되었다. 그러나 집수정 벽석의 축조기법에 있어 상단부에 대형의 석재가 사용된 것으로 볼 때, 개·보수되었을 가능성도 있다. 이와 비슷한 형태의 집수정이 최근 광양 마로산성, 정읍 고사부리성, 장수 합미산성 등에서 확인되고 있는데, 대체로 통일신라시대 또는 나말여초에 축조된 것으로 보고 있다.

이상의 내용을 종합해 볼 때, 미륵산성의 초축 혹은 개축이 후백제에 의해 이뤄졌을 가능성도 충분히 고려된다. 다만 아직까지 미륵산성에 대한 종합적인 조사가 이루어지지 않았기 때문에 확언할 수는 없으며, 지표상에서 다수의 백제 유물이 확인되는 것으로 지금의 모습은 아니더라도 백제 때 이미 산성이 축조되어 있었을 가능성도 배제할 수는 없다.

4) 정읍 고사부리성

고사부리성은 본래 '고부구읍성'으로 알려진 곳으로 정읍시 고부면 소재지에 우뚝 솟아 있는 성황산(133m)에 위치한다. 성황산 정상부와 서쪽 봉

사진 5 정읍 고사부리성과 고부면 일원

우리를 기점으로 남편대지와 산봉우리 사이의 계곡부를 감싸고 있는 테뫼식(마한봉형) 산성이며, 둘레는 1,055m 내외이다.

　2002년 원광대학교 박물관에 의해 이루어진 민락정지에 대한 발굴조사를 시작으로 2004년부터 2011년까지 모두 5차례의 발굴조사가 이루어졌다.[8] 조사 결과, 고사부리성은 백제 때 초축된 이후, 조선시대까지 꾸준히 사용된 것으로 밝혀졌으며, 2차 발굴조사 당시 북문지에서 '上部上巷'명 인장와가 출토되어 백제의 중방성으로 비정되었다.

　성벽은 기본적으로 내벽과 외벽을 모두 쌓은 협축식이며, 장방형으로 잘 다듬어진 석재로 축조되었다. 외벽은 내벽에 비해 보다 정교하게 다듬

8　金奎正·金大聖 외, 『井邑 古沙夫里城 종합보고서』(전북문화재연구원, 2013).

사진 6 정읍 고사부리성 성벽

사진 7 정읍 고사부리성 집수시설

은 석재를 사용하여 틈새가 거의 없을 정도로 견고하게 축조되었다. 다만 2차 발굴조사 당시 북문지에서 확인된 초축성벽의 성석이 비교적 덜 다듬어진 것으로 확인되었기 때문에 견고한 성벽은 후대에 개축된 것 일수도 있다.[9] 문지는 서문지와 북문지의 경우 어긋문으로 밝혀졌으며, 정문으로 사용된 것으로 추정되는 남문지는 개거식으로 확인되었다.

산성의 내부시설 중 대표적인 것은 장방형의 집수시설이다. 집수시설은 백제시대 처음으로 만들어진 이후, 통일신라시대에 확장 개축된 것으로 파악되었는데, 성벽의 축조에 사용된 것과 동일한 형태의 석재가 사용되었다.

고사부리성에서는 백제~조선시대에 이르는 다양한 유물이 출토되었는데, 백제시대 유물로는 고사부리성이 백제 중방성으로 비정되는데 있어 결정적인 단초를 제공한 '상부상항(上部上巷)'명 인각와와 기마무사가 새겨진 기와가 대표적이며, 통일신라시대 유물은 신라 왕경의 육부 중 하나인 본

---

9 아직 정식보고서가 발간되지는 않았지만, 최근 고사부리성 성벽 조사를 통해 새로운 사실이 밝혀졌는데, 부정형의 할석으로 쌓은 성벽이 먼저 축조된 뒤, 후대에 정연하게 치석된 석재를 외면에 덧댄 형태의 성벽이 확인되었다. 이는 북문지와 비슷한 양상으로 향후 고사부리성의 초축 및 증·개축 시기와 관련하여 면밀한 검토가 필요해 보인다.

피부(本彼部)와 관련성이 깊은 것으로 추정되는 '본피관(本彼官)'명 명문와가 있다.

이와 더불어 주목되는 것은 바로 초기청자이다. 이 청자들은 3차 발굴조사 당시 집수정의 내부에서 10여점이 출토되었는데, 당시에는 단순히 중국제 청자로 인식하였으나 최근 후백제의 도성인 전주와 인접한 진안 도통리에서 초기청자요지가 발견됨에 따라 다양한 각도에서의 재해석이 필요하게 되었다. 고사부리성의 유물 상에 있어 또 하나 주목되는 것은 바로 고려시대 유물이 거의 없다는 점이다. 이는 고려시대에 들어서면서 고사부리성이 성으로서의 기능을 상실했음을 의미하는 것으로, 잔존된 성벽의 최후 개축시기가 고려시대 이전이라는 것을 단적으로 보여준다.

5) 임실 월평리 산성

임실군 성수면 월평리는 삼국시대 이래 영남지역에서 백두대간 치재-운봉고원-마치-임실 월평리-청웅분지-율치-임실 운정리-호남정맥 가는정이-정읍 태인-정읍 고부로 이어지는 내륙교통로와 섬진강 본류를 따라 형성된 남북교통로가 만나는 교통의 요지이자 전략상 요충지였다.

사진 8 임실 월평리 산성 남쪽 성벽

월평리 산성은 임실군 성수면 월평리 성밑 마을의 북쪽에 우뚝 솟아있는 산 정상부와 그 남쪽의 계곡부를 아우르는 포

사진 9 임실 월평리 산성 출토 수막새

곡식 산성이다. 산성의 둘레는 500m 내외로 추정되며, 전체적인 형태는 역사다리꼴형에 가깝다. 산성 내 지형은 북쪽이 높고 남쪽으로 낮은데, 중심부의 민묘구역을 기준으로 동쪽과 서쪽에 넓은 평탄대지가 조성되어 있다. 대부분의 성벽이 무너져 내렸으나, 남쪽 성벽 일부가 남아있어 축조기법을 파악할 수 있다. 성벽은 석재를 사용하여 내벽과 외벽을 비슷한 높이로 쌓아올린 협축식 공법으로 축조되었으나, 구간에 따라 사용된 석재 및 쌓기 방법 등에서 약간이 차이를 보여 개·수축이 있었음을 짐작해 볼 수 있다. 성벽을 대상으로 한 발굴조사가 진행되지 않아 속단할 순 없지만, 산성의 내부에서 수습된 유물의 양상으로 보아 삼국시대 백제에 의해 초축된 후, 통일신라시대에는 사용되지 않다가 후백제가 전주에 도읍한 뒤 개축되어 재사용된 것으로 추정된다.

2015년 군산대학교 박물관에 의해 월평리 산성 내부 평탄대지에 대한 시굴조사가 진행되었다.[10] 조사결과, 건물지와 관련된 석축시설과 초석 등이 확인되었는데, 전면적인 조사가 이루어지지 않아 건물지 등의 정확한 구조와 현황 등을 파악할 수 없다. 다만 조사 당시 출토된 유물을 통해 산성의 축조 및 운영시기를 짐작해 볼 수 있다.

월평리 산성에서 출토된 유물을 보면, 크게 삼국시대와 나말여초기, 즉 후백제시기로 구분된다. 후백제와 관련된 유물은 토기 편과 기와 편 등이 있는데, 토기류의 경우 대부분 파편이기는 하지만 9세기 이후에 출현하는 주름무늬 병과 파도무늬가 시문되어 있는 대호(큰항아리) 편이 대표적이다. 기와류는 대체로 장판의 종선문이 타날 된 것과 어골문 계열이 주종을 이룬다. 이러한 형태의 기와는 후백제 도성의 피난성으로 알려진 전주 동고산성에서 출토된 기와의 속성과 상통하는 것으로서 주목된다.

이 외에도 산성의 조사과정에서 수량이 많지는 않지만 수막새가 출토되었는데, 그 형태는 중심부에 원이 구획되고 그 안에 원형의 돌기가 있으며,

---

10 군산대학교 박물관, 「임실 월평리 산성 시굴조사 약식보고서」(2015).

그 주변으로 사다리꼴의 문양대가 4구획되고 각 구획 안에 중앙부와 동일한 돌기가 마련된 형태이다. 이러한 형태의 와당은 삼국시대는 물론 통일신라, 고려시대의 유적에서는 전혀 확인되지 않은 매우 특이한 것으로서 주목되는데, 후백제와 관련된 토기 및 기와와 함께 출토되는 것으로 보아 후백제 때 제작되었을 가능성이 높다.

6) 장수 침령산성

장수군 장계면 침곡리 사곡마을의 서쪽에는 금남호남정맥의 큰 고갯길인 방아재가 있다. 이 고개는 전주도성 동쪽의 큰 관문으로서 영남지역에서 백두대간의 육십령을 넘어 전주방면으로 이어진 후백제 사행로가 통과했던 곳이다. 방아재를 사이에 두고 남쪽에 침령산성, 북쪽에 침곡리봉수가 분포하고 있다.

침령산성은 둘레 500m 내외의 테뫼식 석성으로 금강상류지역에 분포되어 있는 고대 산성 중 최대 규모이다. 성벽의 일부 구간이 붕괴되었지만, 성벽과 문지, 치 등의 잔존상태가 양호하며, 남성벽의 경우 높이 7m 내외의 성벽이 온전하게 남아있어 성벽의 축조기법을 잘 살필 수 있다. 또한 성 안에는 계단식으로 조성된 대규모의 건물대지와 집수시설 등이 남아있다.

(1) 성벽과 문지

침령산성의 전체적인 형태는 북쪽이 좁고 남쪽이 넓은 사다리꼴과 유사하며, 전 구간의 성벽은 돌로 쌓았다. 성벽은 산정상부인 북쪽을 고지를 기점으로 동쪽과 서쪽의 능선을 따라 이어지다가 남쪽의 계곡부를 아우른다.

성벽의 축조기법은 기본적으로 외측 성벽을 산 경사면에 의지하여 쌓는 내탁식 공법이 적용되었으나, 성석과 쌓기 방법에 있어 부분적인 차이가 있다. 즉 가장 온전하게 남아있는 남쪽 성벽의 경우에는 세장한 사각추 형

사진 10 침령산성 남쪽 성벽

태로 정연하게 다듬어진 석재로 정연하게 줄쌓기 된 반면에 북쪽 성벽의 일부구간은 다듬지 않은 석재가 사용되었다. 또한 성벽의 서남쪽과 서북쪽에 시설된 치의 경우에는 장방형으로 매끄럽게 다듬어진 석재를 사용하여 들여쌓기 되었는데, 성벽이 축조된 이후에 덧붙여 쌓은 것으로 파악되었다.

이렇듯 성벽의 축조기법 및 재료에 있어 차이를 보이는 것은 침령산성이 여러 차례의 개·수축되었음을 보여주는 것이다. 성벽에 대한 정밀발굴조사가 진행되지 않은 현 시점에서 정확한 개·수축시기를 알 수는 없지만, 지표상에서 수습된 유물과 성벽의 축조기법 등을 종합해 볼 때, 삼국시대 초축된 이후, 개·수축을 거쳐 후백제 때까지 사용되었을 가능성이 높다. 그렇다고 한다면, 현재 잔존되어 있는 정연한 성벽(남성벽, 치)은 후백제에 의해 쌓여진 최후 성벽으로 보아도 무방할 것으로 판단된다. 이 성벽의 축조기법과 축조에 사용된 석재가 후백제 도성의 피난성으로 알려진 전주 동고산성의 성벽과 흡사하다 점도 이를 증명한다. 침령산성에는 본래 2개소의 문지가 있었던 것으로 알려져 있으나, 현재 북문지만이 비교적 온전하게 남아있다. 북문지는 성벽의 일정 높이에 문이 시설되는 이른바 '현문식' 구조로서, 성문의 외측에 마련된 사다리 또는 계단을 통해 출입하는 것이 특징이다. 이러한 형태의 성문 구조는 신라계 산성의 큰 특징으로 알려져 있는데, 최근 광양 마로산성과 같이 후백제와 긴밀하게 연관된 산성에서도 점차 확인되고 있다.

(2) 집수시설

2015~2016년 군산대학교 박물관에 의해 침령산성의 북쪽 고지에 있는

사진 11 장수 침령산성 집수시설(左: 1호, 右: 2호)

집수시설(1호 집수시설)에 대한 발굴조사가 진행되었다.[11] 집수시설의 평면 형태는 원형이며, 규모는 굴광면을 기준으로 직경 13m 내외이다. 호안석 축은 정연하게 다듬어진 석재를 사용하여 계단식으로 축조되었다. 집수시 설의 바닥면에는 판석을 전체적으로 깔았으며, 호안석축과 굴광면의 사이 에는 점성이 강한 점토를 채웠다. 한편 호안석축의 외곽에 직경 40cm 내 외의 주공열이 일정한 간격으로 확인되었는데, 이는 지붕시설과 관련되었 을 것으로 추정되었다. 집수시설의 내부에서는 삼국~나말여초기의 유물 이 출토되었는데, 삼국시대 기와 일부를 제외하고는 대부분이 나말여초기 의 유물이다. 특히 철제 도르래와 다량의 목재가 출토되어 주목을 끄는데, 도르래의 경우 현재까지 우리나라에서 확인된 예가 없어 정확하지는 않지 만, 물을 기르기 위한 시설 또는 수문시설과 관련되었을 가능성이 클 것으 로 판단된다.

2018년 산성 내 평탄대지에 대한 시굴조사가 이루어졌는데, 이 과정에 서 산성 내 지형이 가장 낮은 동남쪽 평탄대지에서 2기(2호·3호)의 집수시 설이 추가로 확인되었다. 이에 2019년 상단부에 위치한 2호 집수시설에 대

---

11 군산대학교 박물관, 『장수 침령산성 Ⅱ −침령산성 2~3차 발굴조사(집수시설)−』(2019).

한 발굴조사 진행되었다. 발굴조사 결과 2호 집수시설은 평면형태가 원형이며, 계단형의 호안석축을 갖춘 것으로 확인되었으며, 호안석축의 외측에 차수시설 또는 무넘이시설(집수시설 내부로 유입되는 퇴적물 최소화하고 수량을 조절하여 훼손을 방지하기 위한 시설)로 추정되는 석축을 두른 것으로 파악되었다. 2호 집수시설의 규모는 호안석축 최상단부 기준 직경 9.1m, 깊이 4.5m이며, 집수시설을 조성하기 위한 최초 굴광면을 기준으로 직경 12.4m에 달한다.

집수시설의 호안석축은 5단 가량이 남아있는데, 하층부터 1·2단은 다듬지 않은 할석과 덜 다듬어진 석재[12]를 혼용하여 쌓았고, 3~5단은 장방형 또는 세장방형으로 잘 다듬어진 석재로 수평 줄 쌓기 되었다. 이러한 양상으로 보아 2호 집수시설은 한 차례의 대규모 증·개축이 이루어졌던 것으로 보이는데, 이는 출토유물을 통해서도 확인된다. 즉 1~2단과 관련된 최하층의 경우에는 삼국~통일신라시대의 유물만이 출토된 반면에, 상층부에는 삼국~나말여초 시기의 유물이 혼재되어 있는 양상이다. 이를 종합해 볼 때, 2호 집수시설은 늦어도 통일신라시대에 최초로 조성된 후, 나말여초(후백제)기에 대규모 증개축이 이루어진 것으로 추정해 볼 수 있다[13].

7) 장수 합미산성

장수 합미산성은 금남호남정맥의 고봉인 팔공산(해발 1147.6m) 정상부에서 남쪽으로 뻗어 내린 산 능선의 중턱에 자리하고 있다. 산성의 남쪽에는 후백제의 내륙교통로가 통과하는 자고개가 있다. 장수군에서 자고개를 넘으면 임실군 오수면·성수면에 이르는데, 여기에서 섬진강 물줄기를 따라

---

12 장방형 또는 방형으로 정연하게 다듬어진 형태는 아니지만, 외면을 치석한 석재를 의미한다.
13 침령산성 2호 집수시설 하층에 선행하는 집수시설을 1차, 상층의 증·개축된 집수시설을 2차로 명명하고자 한다.

북쪽으로 나아가면, 전주도성에 곧장 닿을 수 있다. 합미산성은 자고개를 감시·방어하기 위해 축조된 것으로, 팔공산에서 뻗어 내린 가지능선의 정상부와 남쪽의 계곡부를 감싸고 있는 테뫼식 석축산성이다.

(1) 성벽의 축조기법

합미산성의 전체적인 형태는 마름모꼴과 유사하며, 성벽은 북쪽 2개의 봉우리를 기점으로 동쪽과 서쪽의 능선을 따라 이어지다가 남쪽의 계곡부를 감싼다. 성벽의 서북쪽 모서리와 동쪽 모서리, 서쪽 성벽의 중앙부에 치가 시설되어 있으며, 북쪽과 남쪽에 성문지가 남아있지만 붕괴되어 정확한 구조와 형태는 알 수 없다.

합미산성의 성벽은 상당 부분 붕괴가 이루어졌으나, 북쪽구간과 동남쪽 구간이 비교적 잘 남아있어 축조기법을 파악할 수 있다. 특히 동남쪽 성벽은 대략 100m의 구간이 거의 온전하게 남아있는데, 잔존높이가 10m에 육박한다. 성벽의 축조에는 정연하게 다듬어진 석재가 사용되었는데, 그 모양이 옥수수 알갱이와 흡사하다. 이러한 석재는 사람의 송곳니와 닮았다 하여 견치석(犬齒石)이라 불리는데, 후백제 도성의 피난성인 전주 동고산성, 장수 침령산성, 김제 상두산성 등의 개축된 성벽에서 주로 확인되고 있다. 동남쪽 성벽은 견치석으로 외면을 쌓고 그 안쪽에 길이가 긴 쐐기돌 끼워 넣는 견고한 방식으로 축조되었다. 또한 성벽의 중단부까지는 들여쌓다가 그 위쪽으로는 다시 약간씩 내어쌓아 성벽의 외면이 오목한 형태인데, 유사시 적들이 쉽게 성벽을 오르지 못하게 한 것이다. 이 밖에도 산성 내부의 물이 잘 빠지도록 성벽의 중단부에 수구(水口)를 시설했는데, 수구의 바닥석을 성벽보다 15cm가량 내밀어 물이 성벽을 따라 흐르지 않도록 하였다.

(2) 집수시설

1호 집수시설은 자연암반층 위에 할석을 사용하여 축조되었는데, 바닥면에 점성이 강한 점토를 깐 다음, 벽석을 쌓아가며 뒤쪽에 누수방지를 위

사진 12 장수 합미산성 집수시설(上左: 1호, 上右: 2호, 下左: 3호, 下右: 3호·4호 중복관계)

한 점토를 채워 넣은 것으로 파악되었다. 집수시설의 평면 형태는 방형이며, 규모는 한 변의 규모가 1.5m 내외로 소형이다. 잔존된 벽석이 2단 가량뿐이기 때문에 정확한 구조는 파악할 수 없다. 유물은 집수시설의 내부에서 다수의 원판형 토제품과 기와편 등이 출토되었는데, 유물의 속성 상모두 삼국시대로 편년된다.

2호 집수시설은 1호 집수시설보다 낮은 곳에 위치하는데, 소형 집수시설과 마찬가지로 자연암반층 위에 축조되었다. 축조방법은 바닥면에 점토를 깐 다음, 장방형으로 치석된 할석을 쌓아가면서, 벽석의 뒤쪽에 누수방지를 위해 점성이 강한 점토를 채운 것으로 파악되었다. 벽석은 최하단에서 5단 가량을 쌓은 후, 뒤로 약간 물려 쌓아 단면이 계단형을 이룬다. 집수시설의 평면 형태는 한 변이 3m 내외인 정방형이며, 잔존깊이는 1.5m 내외이다. 유물은 삼국~나말여초기로 편년되는 토기편과 기와편 등이 다량으로 출토되었는데, 삼국시대 유물은 상층의 퇴적토에서 출토되고 있어, 폐기되는 과정에서 유입되었을 가능성이 크다.

3호 집수시설은 2016년 발굴조사 과정에서 확인되었다. 집수시설의 평면형태는 한 변의 길이가 5m 내외인 방형이며, 호안석축은 다듬어진 석재를 사용하여 축조되었다. 하단부에서 목재 결구시설이 일부 확인되었지만, 잔존상태가 좋지 못해 정확한 구조는 파악할 수 없다. 한편 발굴조사 과정에서 3호 집수시설의 하층에서 또 다른 집수시설의 존재(4호)가 확인되었는데, 전면적인 조사가 이루어지지 않아 정확하지는 않지만, 평면형태가 원형이며, 호안석축의 단면이 사선형인 것으로 확인되었다. 호안석축은 다듬지 않은 할석을 사용하여 허튼층 쌓기 방식으로 축조되었고, 내부에서는 삼국시대 유물만이 출토되었다.

3. 후백제 산성의 특징

1) 성벽의 축조기법

후백제 피난성으로 알려진 동고산성은 그동안 7차례의 발굴조사를 통해 성벽의 개·수축 과정이 비교적 상세히 파악되었다.[14] 처음 축조된 성벽은 일반적으로 신라계 산성에서 주로 확인되고 있는 편암계 판석으로 축조되었는데, 성벽의 폐기층에서 수습된 목탄과 출토유물 등을 근거로 전주에 완산주가 설치되는 7세기 후반 무렵부터 8세기 후반까지 사용되었음이 밝혀졌다. 반면에 이 성벽보다 후대에 개축된 성벽은 장방형으로 정교하게

---

14 전주문화유산연구원, 「전주 동고산성 7차 추가 발굴(정밀)조사 약식보고서」(2014).

가공된 화강암을 사용하여 수평 줄 쌓기 방식으로 축조되었는데, 후백제에 의해 대규모 수축이 이루어진 것으로 보고 있다.[15]

　　최근 발굴조사가 이루어진 장수 침령산성과 합미산성에서도 후백제 성벽이 확인되었다. 전북 장수군은 후백제 도성이었던 전주에서 영남지역으로 진출하기 위해서는 반드시 거쳐야 했던 전략적 요충지였다. 장수군의 서쪽을 에워 쌓고 있는 금남호남정맥은 백두대간 못지않게 산세가 험준하여 전주도성의 동쪽을 든든하게 지켜주었다. 장수 침령산성은 금남호남정맥의 큰 고갯길인 방아재의 남쪽에 위치한다. 그간 5차례의 발굴조사를 통해 삼국시대 초축된 이후, 신라를 거쳐 후백제까지 운영된 것으로 밝혀졌다. 침령산성의 동남쪽 성벽은 50m 가량이 잘 보존되어 있어, 성벽의 축조기법을 비교적 상세히 파악할 수 있다. 잔존 성벽은 한차례 개축되었는데, 신라에 의해 축조된 선대 성벽의 경우, 동고산성 선대 성벽과 마찬가지로 편암계통의 판석을 사용하여 축조되었다. 반면에 후백제에 의해 개축된 성벽은 장방형으로 정연하게 다듬은 화강암과 선대 성벽에서 사용된 성돌을 혼용하여 새롭게 쌓아 올린 것으로 파악되었다.[16]

　　금남호남정맥의 고봉인 팔공산(해발 1147.6m)에서 남쪽으로 뻗어 내린 산 능선의 중턱에 합미산성이 있다. 산성의 남쪽에는 후백제 사행로가 통과했던 자고개가 위치한다. 장수군에서 자고개를 넘으면 임실군 오수면·성수면에 이르는데, 여기에서 섬진강 물줄기를 따라 북쪽으로 나아가면, 전주도성에 곧장 닿을 수 있다. 합미산성은 자고개를 감시·방어하기 위해 축조된 것으로 보이는데, 4차례의 발굴조사 결과, 삼국시대부터 후백제 때까지 운영된 것으로 밝혀졌다. 특히 2020년 남쪽 잔존성벽에 대한 정밀발굴조사를 통해 후백제 성벽의 축조기법이 파악되었다.[17] 성벽은 기본적으

---

15 전주문화유산연구원, 『전주 동고산성 서문지 발굴조사 보고서』(2015).
16 군산대학교 박물관, 『장수 침령산성 Ⅱ -침령산성 2~3차 발굴조사(집수시설)-』(2019).
17 군산대학교 박물관, 『장수 합미산성 4차 발굴조사 약식보고서』(2020).

로 내외벽을 모두 쌓은 협축식으로 밝혀졌으며, 외벽은 장방형 또는 세장방형으로 정연하게 치석된 석재가 사용되었고, 내벽은 외벽보다 덜 다듬어진 석재로 축조되었다. 외벽의 기저부는 자연암반층을 다듬고 그 위에 곧바로 성벽을 쌓아 올렸는데, 통일신라시대 성벽의 특징으로 알려진 지대석은 확인되지 않았다. 성벽 외측에는 흙과 잡석을 다져 보강된 것으로 파악되었다. 또한 성벽의 중상단

사진 13 침령산성 성벽 개축 양상

부에는 수구를 시설하였는데, 수구의 바닥석을 성벽보다 15cm 가량 내밀어 물이 성벽을 따라 흐르지 않도록 한 것이 특징적이다.

백제 중방성으로 알려진 정읍 고사부리성에서도 후백제에 의해 개축된 것으로 보이는 성벽이 확인되었다. 고사부리성이 위치한 정읍 고부 일원은 백제의 중방의 치소라는 역사성을 지니고 있으며, 지정학적으로 후백제의 도성인 전주에서 바닷길을 통해 중국으로 곧장 나아갈 수 있는 대중국 교류의 관문에 해당된다. 이와 더불어 후삼국시대 호남지역에서 유일하게 고려 왕건의 영향력 아래 놓여 있었던 나주세력을 견제할 수 있는 군사적 요충지이기도 하다. 이러한 중요성으로 인해 후백제는 고사부리성에 대한 대대적인 증·개축이 이루어졌을 것으로 짐작된다. 2007년 고사부리성 북문지 일대를 발굴조사하는 과정에서 성벽의 증개축이 양상이 파악되었다.[18] 선대 성벽은 부정형 할석으로 축조된 반면에 후백제에 의해 개축된 것으로 추정되는 후대 성벽은 장방형으로 정연하게 다듬어진 석재를 사용하여 틈

---

18 전북문화재연구원, 『정읍 고사부리성 –종합보고서(1~5차 발굴조사)–』(2013).

새가 거의 없을 정도로 견고하게 축조되었다. 또한 일부 구간에서는 선대 성벽 외면에 후대성벽을 덧붙여 쌓은 양상이 파악되기도 한다.

2) 집수시설

산성은 기본적으로 적의 공격을 방어하는 군사시설이지만 행정을 담당하는 치소의 역할도 했다. 따라서 상시 많은 수의 사람들이 상주하는데 필요한 시설물들을 갖춰야 했는데, 이 중 가장 중요한 시설이 바로 수원을 확보하기 위한 집수시설이다. 삼국시대 축조된 집수시설은 대체로 평면형태가 원형이고, 호안석축의 단면이 사선형 또는 직선형을 이룬다. 이에 반해 후백제 때 축조된 집수시설은 평면형태가 원형, 방형, 장방형으로 다양하지만, 호안석축의 단면형태가 대부분 계단식이라는 공통점이 있다. 방형 또는 장방형의 집수시설은 장수 합미산성,[19] 정읍 고사부리성,[20] 익산 미륵산성[21] 등에서 확인되었으며, 후백제 견훤왕의 초기 거점지로 알려진 광양 마로산성에서도 발견된 바 있다. 이러한 형태의 집수시설은 규모면에서 약간의 차이는 있지만 축조방법이나 재료는 거의 유사하다. 즉 장방형으로 정연하게 치석된 할석을 사용하여 벽석을 쌓아 올렸다. 호안석축의 벽석은 하단부에서 위로 올라올수록 뒤쪽으로 약간씩 물려 쌓았으며, 벽석의 어느 정도 높이에서 크게 단을 마련하였다. 집수시설의 내부에서 대체로 9세기 ~10세기 초반으로 편년되는 토기류와 기와들이 집중적으로 출토되고 있다는 점도 모든 유적에서 동일하게 관찰된다. 따라서 이러한 방형계 집수시설의 존재는 후백제 산성의 큰 특징 중 하나라고 해도 무방할 것으로 판단된다.

---

19 군산대학교 박물관, 『장수 합미산성 Ⅱ -합미산성 2~3차 발굴조사-』(2019).
20 전북문화재연구원, 『정읍 고사부리성 -종합보고서(1~5차 발굴조사)-』(2013).
21 圓光大學校 馬韓·百濟文化硏究所, 『益山 彌勒山城 東門址周邊 發掘調査報告書』(2001).

익산 미륵산성   장수 합미산성

정읍 고사부리성   장수 침령산성

사진 14 전북지역 산성 내 후백제 집수시설

    한편 장수 침령산성에서는 평면형태가 원형이며, 호안석축을 계단식을 축조한 초대형 집수시설 3기가 확인되었고, 이 중 2기에 대한 발굴조사가 이루어졌다. 집수시설의 규모는 직경이 10m 내외이며, 호안석축은 장방형 또는 세장방형으로 다듬어진 석재로 축조되었다. 집수시설의 바닥은 암반 위에 점토를 깐 경우와 점토 위에 초본류를 깐 경우, 그리고 점토 위에 박석을 시설한 경우가 있다. 이러한 구조의 집수시설은 기존에 광양 마로산성,[22] 남해 대

---

22 순천대학교 박물관, 『광양 마로산성 Ⅱ』(2009).

국산성,[23] 부산 배산성지,[24] 거제 둔덕기성,[25] 청주 부모산성[26] 등에서 확인된 바 있는데, 대체로 통일신라시대 대표적인 형식으로 이해되었다. 그런데 장수 침령산성의 경우, 축조재료와 구조적 속성 등이 다른 지역 집수시설과 차이를 보인다. 즉 침령산성 북쪽 고지에 위치한 1호 집수시설의 호안석축은 장방형 또는 세장방형으로 정연하게 다듬은 석재를 사용하여 수평 줄 쌓기 방식으로 축조되었다. 또한 각 단의 높이가 비교적 일정하며, 하단에는 장방형 석재를 쌓고, 최상단에 두께가 얇은 판석을 올려 하중을 분산시키도록 한 것도 특징적이다. 출토유물 역시 통일신라시대 대표적인 토기로 인식되고 있는 인화문 토기가 단 한 점도 출토되지 않았으며, 9세기 이후의 대표 유물인 사각편병과 단경호 등의 출토 비율이 매우 높은 편이다. 특히 내부에서 가장 많이 출토된 단경호의 경우, 익산 미륵사지에서 출토된 '大中十二年(858년)' 銘 대호와 공반된 단경호[27]와 매우 유사하다. 이러한 형태의 단경호는 미륵사지 뿐 아니라, 보령 성주사지,[28] 영암 구림리 요지,[29] 장도 청해진 유적[30] 등에서도 출토되었는데, 하나같이 9세기 중반 이후의 대표적인 토기형식으로 분류되고 있다. 이러한 양상으로 보아 침령산성 1호 집수시설은 통일신라 보다는 후백제의 의해 축조·운영되었을 가능성이 크다.

3) 후백제 산성에서 출토된 특징적인 유물

장수 합미산성과 임실 월평리 산성에는 기존에 보고된 바 없는 특이한

23 최이미·안성현, 「남해 대국산성 건물지 및 집수지 발굴조사」, 한국성곽학보 15(2009).
24 부산박물관, 『배산성지 I 』(2019).
25 동아세아문화재연구원, 『거제 폐왕성 집수지』(2009).
26 충북대학교 박물관, 『청주 부모산성 II』(2016).
27 國立夫餘文化財研究所, 『彌勒寺 遺跡發掘調査報告書 II』(1996).
28 충남대학교 박물관·보령시, 『聖住寺』(1998).
29 羅善華, 「靈岩 鳩林里 陶(土)器窯址」, 도예연구 12호(이화여자대학교 도예연구소, 1990).
30 국립문화재연구소, 『장도 청해진 유적 발굴조사 보고서 II』(2001).

사진 15 임실 월평리 산성 수막새

임피 출토 '屎山官草'명 기와

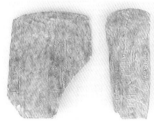

광양 마로산성 '馬老官'명 기와

익산 미륵산성 '金馬著城'명 기와

사진 16 백제지명+官자명 평기와

문양의 와당이 출토되어 큰 주목을 받았다. 임실 월평리 산성에서 출토된 와당은 중심부에 원이 구획되고 그 안에 원형의 돌기가 있으며, 그 주변으로 사다리꼴의 문양대가 4구획되고 각 구획 안에 중앙부와 동일한 돌기가 마련된 특이한 형태이다. 이러한 형태의 와당은 삼국시대는 물론 통일신라, 고려시대의 유적에서는 전혀 확인되지 않은 매우 특이한 것으로서 주목되는데, 9세기~10세기경 토기 및 평기와와 함께 출토되었다. 이처럼 특이한 형태의 와당은 문양의 정형성이 없이 지역별로 다양하게 나타나고 있으며, 와당이 출토되는 유적에서는 한 결 같이 고려시대의 전형적인 유물이 발견되지 않는다는 특징이 있다. 또한 와당의 문양에 있어 통일신라시대 가장 성행했던 중판연화문양식은 확인되지 않고 있다. 이는 비단 전북 지역의 월평리 산성에서 뿐 만 아니라, 후백제 견훤의 최측근이었던 박영규의 근거지로 보고 있는[31] 광양 마로산성에서도 확인되고 있다.[32] 이와 같은 와당이 출토되고 있는 산성들은 모두가 후백제와 연관성이 깊을 것으로 추정되고 있는 곳이며, 공반된 유물들이 대체로 9~10세기경으로 편년되고 있기 때문에 후백제에 의해 제작되었을 가능성이 높다고 할 수 있다. 다만 이러한 와당이 특정시기에 제작, 사용된 이유에서 대해서는 향후 제작기법과 타 지역과의 비교, 분석을 통해 다각적인 검토가 이루어져야 할 것으로 판단된다.

후백제 산성에서 또 하나 주목되는 유물이 바로 백제지명이 새겨진 명문와이다. 호남지역에서는 익산의 오금산성과 저토성의 '金馬渚城'명 기와를 비롯하여 미륵사지에서 출토된 '金馬渚官'명 기와, 군산 임피읍성 부근에서 출토된 '屎山官草'명 기와, 광양 마로산성의 '馬老官'명 기와 등이 확인되었으며, 그 밖의 지역에서도 충남 홍성 석성산성에 출토된 '沙尸良'명 기와, 예산 봉수산성의 '任存'명 기와 등이 확인되고 있다. 그런데 이러한 명문와들은 백제의 고지명이 새겨져 있음에 불구하고, 그 제작기법을 볼 때 백제가 아닌 나말여초기 기와의 속성과 부합되고 있어 매우 주목된다. 즉 장판타날판이 사용되었으며, 와도질의 방향이 내측에서 외측을 긋거나, 한쪽은 내측→외측, 다른 한쪽은 외측→내측으로 긋는 형태가 확인되고 있다. 또한 기와의 문양이 대체로 선문이나 어골문 계열이다. 이러한 기와의 제작기법은 9~10세기 경에 제작된 평기와에서 주로 보여 지는 것이다.[33]

그렇다면 백제가 이미 멸명한 이후에 이처럼 백제의 고지명이 기와에

---

31 이동희, 「전남지역 후백제유적과 역사적 성격」, 『韓國上古史學報』 87(2015).

32 崔仁善, 「광양 마로산성 출토 막새기와에 대한 고찰」, 『문화사학』 33(2010).

33 차인국, 「전북지역 통일신라~고려시대 평기와 연구」, 『야외고고학』 20(2014).

새겨지는 이유는 무엇일까? 이에 대해서는 그간 통일신라 말기 지방호족의 정체성을 반영한 결과로 나타난다거나,[34] 혹은 신라 혜공왕 때의 관호복고의 결과로 이해되고 있었다.[35] 그러나 백제지명이 새겨진 기와가 출토되고 있는 지역을 잘 살펴보면, 모두가 백제의 고토로서 후백제의 견훤과 밀접한 관련성이 엿보이는 곳이다. 즉 마로산성이 자리하고 있는 전남 동부지역은 견훤의 핵심적인 측근인 김총, 박영규의 근거지임과 동시에 견훤이 신라의 중앙군에 입대한 후, 파견된 서남해의 방수처로서 비정되고 있는 곳이다.[36] 또한 충남 홍성지역은 운주전투가 있었던 곳으로, 후백제 금강 이북의 핵심 거점지였다.[37] 미륵사지가 있는 익산 금마지역은 922년 견훤의 미륵사 개탑이 있었던 곳으로 이 일대에는 후백제와 관련된 불교유적이 상당수 확인되고 있다.[38]

이처럼 백제지명이 새겨진 기와는 그 출토지를 고려해 볼 때, 후백제의 의해 제작, 공급되었을 가능성이 높을 것으로 추정된다. 더불어 지명 뒤에 관청을 의미하는 '官' 자가 더해진 기와가 적지 않은 것으로 보아 백제의 계승의지를 적극적으로 표방하기 위해 짧게나마 백제의 지명이 사용되었을 가능성도 고려해 볼 수 있지 않을까 한다.

마지막으로 후백제와 관련하여 주목해야 될 유물이 초기청자이다.

전북지역에서 초기청자가 출토된 유적을 살펴보면, 전주 동고산성, 정읍 고사부리성, 익산 미륵산성, 익산 저토성, 익산 미륵사지, 남원 실상사 등이 있는데, 이 유적들은 모두 후백제와 밀접한 관련성이 있는 곳이다. 즉 전주 동고산성은 후백제의 피난성으로 보고 있으며, 정읍 고사부리성은 후

34 車順喆, 「官子銘 銘文瓦의 使用處 檢討」, 『慶州文化研究』 5(2002).
35 서정석, 「洪城 石城山城에 대한 고찰」, 『百濟文化』 39집(2008).
36 문안식, 『후백제 전쟁사 연구』(혜안, 2008).
37 문안식(2008), 위의 책.
38 진정환, 「후백제 불교유적의 특징과 정비 방안」, 『후백제유적의 정비방안 학술세미나 발표자료』(국립전주박물관, 2014).

전주 동고산성   익산 미륵사지

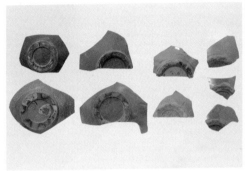

정읍 고사부리성   진안 도통리 초기청자요지

사진 17 후백제 유적 출토 초기청자

백제 국제교역의 창구로서 주목되고 있는 곳이다. 또한 익산 미륵사지는 견훤에 의한 개탑이 행해진 곳이며, 남원 실상사는 견훤의 사상적 기반이 된 곳으로 알려져 있다.

 종래에는 이 유적들에서 출토된 초기청자를 모두 중국 월주요 계통의 중국제 청자로 인식하고 그 수입의 주체를 통일신라로 보아 왔다. 그러나 최근 전주의 동쪽에 인접한 진안군 성수면 도통리에서 초기청자요지가 발견되면서 초기청자의 제작이 후백제에 의해 이루어졌을 가능성이 제시되었다. 아직까지 진안 도통리 초기청자요지에 대한 발굴조사가 진행되고 있으며, 여기에서 출토된 청자에 대한 세밀한 분석이 이루어지 않았기 때문에 섣불리 판단할 수는 없지만 초기청자가 출토되고 있는 유적의 역사성과 지리적 측면을 고려해 볼 때, 후백제에 의한 초기청자의 제작, 공급 가능성도 충분이 고려될 수 있을 것으로 생각된다.

4. 맺음말

이상으로 전북지역에서 발굴조사가 이루어진 산성들의 재검토를 통해 후백제 산성을 특징을 간략히 제시해 보았다. 전북지역은 후백제시대의 도읍이라는 큰 역사성이 있음에도 불구하고 그간 후백제의 유적과 유물을 찾고자하는 노력이 거의 없었다 해도 과언이 아니다. 더욱이 본 발표에서 다루고 있는 산성의 경우 그간 상당수의 유적이 조사되었음에도 이에 대한 면밀한 검토가 이루어지지 못한 채, 단순히 백제시대 초축, 통일신라시대 개축된 것으로 인식되고 있었던 실정이었다. 그러나 위에서 살펴본 바와 같이 전북지역의 산성들은 대체로 나말여초기, 즉 후백제시대에 개축되었을 가능성이 높다. 다만 아직까지 전면적인 발굴조사가 이루어진 산성이 거의 없기 때문에 후백제의 전형적인 특징을 찾기에는 다소 어려운 측면이 많다. 그럼에도 위에서 제시한 후백제 산성의 특징들, 즉 장방형으로 정연하게 다듬은 석재의 사용, 방형계 집수시설의 존재, 특이한 형태의 와당 및 백제지명 명문와의 존재, 초기청자의 발견 등은 향후 후백제 산성을 찾고자 하는데 있어 하나의 중요한 근거가 될 수 있을 것으로 생각된다.

김왕국*

  조명일 선생님의 원고는 전북지역에서 확인된 성곽들을 살펴보면서 축
성기법, 집수시설, 출토유물의 검토를 통해 후백제 산성의 고고학적 특징
을 도출하고자 하였다. 주요 특징을 구체적으로 살펴보면 장방형으로 정교
하게 가공된 성돌, 장대석을 이용한 지대석의 시설, 들여쌓기, 品자형 쌓
기 등을 대표적인 후백제의 축성기법으로 정의하였다. 또한 평면은 방형에
호안석축은 계단식으로 조성하고 장방형으로 정연하게 조정된 돌을 이용
한 집수시설도 후백제 산성의 특징 중 하나로 언급하고 있다. 마지막으로
통일신라시대에는 보이지 않던 이질적인 문양의 와당, 백제의 고지명이 새
겨진 명문기와, 마지막으로 초기청자가 출토되는 산성들을 후백제와 깊은
연관이 있을 것으로 보고 있다.

  후백제는 그 존속시기가 다른 왕조에 비해 짧고 삼한통일의 패권 경쟁에
서 패배한 정권이었기 때문에 관련된 물질자료의 흔적이 매우 소략한 편이
다. 성곽유적은 다른 고고학적 유적들에 비해 운영 주체를 달리하며 장기간
에 걸쳐 활용되는 특징이 있다. 최근 발굴조사 성과에 힘입어 단편적이나마
성곽에 축적되어 있던 후백제 물질문화의 특징을 추출하고자 시도한 것에
의미를 둘 수 있을 것이다. 논고에서 언급한 유적들은 분명 후백제와 관련
이 있으며 후백제 역사의 한축을 담당했을 것임에는 틀림이 없다. 다만 토
론자 또한 이번 특별전을 준비하면서 후백제 물질문화를 어떻게 정의할 것
이며, 그 특징은 무엇인가에 대해 많은 고민이 있었다. 그러한 고민들의 연
장선상에서 논고와 관련하여 몇 가지 궁금한 점을 여쭤보고자 한다.

───────────────

* 국립전주박물관 학예연구사.

1. 발표자께서는 후백제 산성의 축성기술의 특징을 전술한 바와 같이 치밀하게 가공된 성돌과 장방형의 지대석, 들여쌓기 등으로 정의하였다. 먼저 이러한 축성기술의 후백제 고유의 것으로 볼 수 있는가에 대한 문제이다. 삼국시대의 성곽보다 고려-조선시대의 성벽들이 더욱 견고하고 정교하게 축성되는 것처럼 시간이 흐르며 축성관련 기법들은 발전했을 것으로 충분히 짐작할 수 있다. 따라서 축성기술의 발전 과정에서 나타나는 특징일 가능성은 없는지 궁금하다. 심광주 선생님의 경우 발표자가 언급한 침령산성은 협축식(추정) 성벽, 원형 층단식 집수지, 화강암 가공성돌, 퇴물림 쌓기 등은 전형적인 신라의 축성법이라 설명하고 있다. 이러한 축성기법들이 호남지역뿐만 아니라 동시기의 영남이나 경기·강원지역의 성곽들과는 차이가 있는지 있다면 어떠한 면이 다른지 질문을 드리고 싶다.

2. 동고산성은 전주를 도읍으로 정한 후백제의 배후산성으로 추정되는 대표적인 후백제 유적으로 1991년부터 시작해 최근까지 꾸준하게 조사가 진행되고 있다. 성벽은 총 2차례에 걸쳐 축조되었는데, 1차 성벽은 판암계 판석과 폐기층 목탄시료의 절대연대 측정치를 근거로 완산주가 설치될 즈음(685년)으로 편년되고 있으며, 2차 성벽은 후백제가 전주에 도읍한 이후 대대적인 토목공사로 새롭게 쌓은 것으로 보는 것이 중론 중 하나라고 할 수 있다. 또한 80m에 이르는 대형의 건물지와 함께 이곳에서 출토된 '全州城'이 새겨진 와당들은 동고산성과 후백제 정권을 연결시키는 특징적인 자료로 여겨지고 있다. 발표자께서는 논고에서 검토하신 성벽들의 특징들의 원형을 동고산성에서 찾고 있는 것으로 이해된다. 대표적인 유물 중 하나인 '전주성'이 새겨진 와당의 문양은 각각의 꽃잎이 마치 하트(♡) 모양을 이루고 있는데, 이것은 8세기 경주에서 유행했던 중판형 와당들의 문양과 매우 유사하다. 한편 경덕왕은 16년(757)에 효율적인 지방통치를 위해 주·군·현 등 지방의 명칭과 시스템을 대폭

정비하였고, 그때의 지명은 지금까지 이어질 정도로 당시의 개혁은 대대적이고 파격적이었을 것으로 짐작된다. 그렇다면 동고산성의 2차 성벽 축성과 대형 건물의 건설, '전주성'이 새겨진 와당의 제작을 경덕왕의 지방행정체계 정비와 연결될 가능성에 대해서는 어떻게 생각하시는지 궁금하다.

3. 논고에서 언급된 후백제 산성에서는 백제 고지명이 새겨진 기와가 출토되는 특징을 갖고 있다. 백제 고지명이 새겨진 기와에 대해서는 혜공왕대의 관호복고의 결과로 이해하거나 나말여초기 호족들이 자신들의 정체성을 드러내기 위한 정치적 전략중 하나로 해석되고 있다. 이러한 명문기와들은 호남 및 충청지역 이외에도 서울 호암산성(仍大內官), 인천 계양산성(主夫十) 등지에서도 출토되고 있다. 따라서 삼국시대 국가들의 지명이 새겨진 기와들을 사용한 것이 후백제만의 특징이라기보다는 당시의 시대상 중 하나였을 가능성은 없는지 여쭤보고 싶다.

4. 근래에 진안 도통리 초기청자가마 유적이 조사되면서 당시 최고의 신기술이자 사치품인 청자가 후백제 정권에 의해 도입되었을 가능성이 있으며, 특히 후백제의 영역에서 출토되는 초기청자들 또한 이 일대에서 공급했을 것이라는 견해가 큰 반향을 일으켰다. 토론자 또한 초기청자 가마가 진안, 용인 등 고려 중앙이 아닌 지역에 조성되었다는 것으로 볼 때 기술 도입의 주체를 반드시 중앙과 직결시킬 수 있는가에 대한 의문을 품고 있다. 다만 진안 도통리 유적의 운영기간을 정확하게 예상할 수는 없겠으나 보고서를 살펴보면 폐기되어 있는 유물들의 양으로 미루어 상당기간 동안 가마가 운영이 되었고, 그 제작량 또한 적지 않았던 것으로 추정할 수 있다. 그러나 후백제와 관련된 유적으로 추정되는 성곽들에서는 10여 점 내외의 초기청자들만이 발견되는 것이 사실이다. 이러한 제작지와 소비지에서의 발견되는 수량의 차이는 어떻게 바라볼 수

있는 것인가 궁금하다.

마지막으로 발표자께서는 전북지역에서 후백제의 고고학적 연구의 최일선에서 활동하신다고 할 수 있을 만큼 후백제 관련 유적의 발굴조사와 함께 연구 사업을 꾸준히 담당해오셨다. 사실 조명일 선생님의 수고가 아니었다면 아직까지도 땅 속에서 잠들어 있을 후백제의 유적과 유물들이 적지 않았을 것이다. 지면을 빌어 전북지역의 역사와 문화를 위한 선생님의 노고와 열정에 감사를 드린다.

조명일

첫 번째 질문은 장방형 가공 성돌의 사용, 퇴물림쌓기 등을 후백제 고유의 축성술로 볼 수 있는가 하는 문제입니다. 토론자의 지적처럼 전술한 성벽의 축성법은 이르면 백제말기, 늦어도 통일신라 산성에서 주로 보이는 특징으로 알려져 있습니다. 그렇기 때문에 필자도 이를 후백제만의 고유한 성벽 축성술이라고는 생각하지 않습니다. 후백제는 그 존속기간이 그다지 길지 않기 때문에 새로운 산성을 축성하기는 어려웠을 것이고, 이전 시기에 사용되던 산성을 일부 고쳐 재사용되었을 것으로 여겨집니다. 본문에 제시한 산성들 역시, 그 출토유물을 고려해 볼 때 백제 또는 신라에 의해 처음 축성된 뒤 후백제 때까지 사용된 곳으로 파악되고 있습니다. 그렇기에 최후에 개축된 성벽은 후백제와의 관련성이 높다고 판단됩니다. 성벽의 개축은 새로운 석재를 채취하여 사용되기도 하지만, 기존에 무너진 성돌을 재사용하는 경우가 많으므로 성돌의 형태와 쌓기 방법만을 가지고 축성 주체를 파악하기는 쉽지 않습니다. 다만 본문에 제시한 산성들의 최후 성벽에서 나타나고 있는 공통적 요소인 장방형 석재의 사용, 퇴물림쌓기 등은 향후 후백제 산성의 축성법을 이해하는 하나의 기준이 될 수 있을 것이라 여겨집니다.

두 번째 질문은 동고산성에서 출토된 '全州城'명 암막새를 후백제와 연관시킬 수 있을지에 대한 것입니다. 아직까지 후백제의 고유한 물질문화 양상이 파악되지 않았기 때문에, 토론자가 말씀하신 것처럼 이를 후백제의 유물이라 단정지을 수는 없습니다. 다만, 정치·사회적으로 매우 혼란했던 시기에 짧게 존속했던 후백제의 물질문화는 과도기적 양상을 보일 가능성이 크다고 생각됩니다. 그렇기에 독창적인 요소와 함께, 통일신라시대 물질문화가 그대로 전승되기도 하였을 것입니다. 이는 토기와 평기와의 양상에서도 드러나고 있습니다. 동고산성에서 출토된 '全州城'명 암막새도 이러한 맥락에서 이해가 가능할 것으로 생각됩니다.

세 번째로, 백제 고지명이 새겨진 기와의 존재가 후백제만이 특징으로만 볼 수 있는지에 대한 질문입니다. 토론자께서 제시하신 서울 호암산성의 '仍大內'명 기와와 인천 계양산성의 '主夫十'명 기와는 백제 지명이 아닌 고구려 지명을 표기한 것으로 알려져 있고, 제작 시기는 대체로 9세기 이후로 보고 있습니다. 이러한 자료를 볼 때, 후삼국시대 호족들의 정체성 반영의 결과로 이해하는 것도 무리가 없습니다. 다만 백제 권역에서 확인되는 기와의 경우, 지명 뒤에 관청을 의미하는 '官'자가 새겨진 경우가 적지 않습니다. 따라서 혼란했던 후삼국시대에 지방 호족의 정체성 반영으로 이해함과 동시에, 후백제에 의한 백제 지명의 사용도 고려해 보아야 하지 않을까 합니다. 후백제를 세운 견훤은 잘 알려져 있다시피, 상주 가은현 출신으로 본래 신라인입니다. 그런 그가 백제의 민심을 얻기 위해서는 어떤 제도적 장치가 필요했을 것이라 여겨지는데, 그 중 하나가 경덕왕 때 고쳐졌던 신라의 지명을 버리고, 옛 백제 지명을 다시 사용하는 것이 아니었을까 합니다.

마지막으로 후백제 초기청자 생산지로 추정되고 있는 진안 도통리 중평 초기청자요지의 운영기간과 생산량에 비해, 산성에서 출토된 초기청장의 수량이 매우 적은 이유가 무엇인지에 관한 것입니다. 청자는 당시의 최고의 사치품으로서 제작단계에서 유통까지 국가 중앙의 통제를 받았으며, 그 소비처 역시 왕궁과 사찰 등 상류층에 한정되어 있었을 것입니다. 초기청자의 소비는 기본적으로 茶문화와 관련이 깊기 때문에, 군사 시설인 산성에서의 소비량 자체가 많지 않았을 것으로 여겨집니다. 또한 지금까지 후백제 산성들에 대한 조사는 집수시설과 성벽 등에 국한되어 왔고, 상대적으로 건물지 등의 생활유적에 대한 조사가 미비했다는 점도 초기청자가 많이 발견되지 않는 하나의 이유가 아닐까 합니다.

불교미술품으로 본 후백제 문화의 특성*

진정환

국립제주박물관 학예연구실장

---

* 이 논고는 국립전주박물관 개관 30주년 특별전 Ⅱ 『견훤, 새로운 시대를 열다』 도록에 수
  록한 필자의 논고 「후백제 문화의 특성과 배경」을 수정·보완한 것이다.

1. 머리말

後百濟는 甄萱이 892년에 건국하여 936년에 멸망한 국가이다. 그 영역은 나주 일대를 제외한 전라지역과 충청지역을 아우르고 있었다. 고려에 멸망되기 불과 몇 년 전까지만 해도 후삼국 중 가장 강대한 군사력을 자랑하였다. 또한 '正開'라는 독자적인 연호의 사용과 함께 吳越·後唐·契丹·日本 등과 적극적인 외교관계를 펼치기도 하였다.

지금까지 이러한 후백제에 관한 연구는 文獻史를 중심으로 이루어졌다. 반면, 문화사적 연구는 "나말여초기"라는 애매한 용어에 갇혀 특성에 대한 면밀한 검토나 독자성에 관한 연구 없이 통일신라 문화의 아류 혹은 토속적인 것으로만 인식했다. 물론 통일신라의 모순을 극복하기 위한 시기라는 점, 백제와 시기적 단절 등으로 통일신라 문화가 절대적 비중을 차지한다. 그렇다 하더라도 2010년 이전까지는 후백제 문화의 특성 정립을 위한 시도도 없었다. 후백제에 관한 문화사적 연구는 10여 년 전부터 필자가 후백제 불교미술품의 특징과 성격, 후대 영향, 대외교섭 등을 조명한 이래,[1] 후백제의 산성·사지·청자요지 등의 조사와 연구가 이어지고 있다.[2] 2019년에

---

1 陳政煥, 「後百濟 佛敎美術의 特徵과 性格」, 『東岳美術史學』 11(東岳美術史學會, 2010. 6), 157-188쪽; 陳政煥, 「後百濟 佛敎彫刻의 對外交涉」, 『百濟研究』 61(忠南大學校 百濟研究所, 2015. 2), 147-175쪽; 陳政煥, 「後百濟 佛敎美術과 그 影響」, 『전북사학』 47(전북사학회, 2015. 10), 35-76쪽; 진정환, 「후백제 불교미술품과 고고자료의 검토」, 『호남고고학보』 61(호남고고학회, 2019. 2), 108-130쪽; 진정환, 「후백제와 태봉 불교석조미술품의 특징과 영향」, 『東岳美術史學』 27(東岳美術史學會, 2020. 6), 125-152쪽.
2 곽장근, 「진안 도통리 초기청자 요지와 후백제」, 『진안 도통리 청자』(국립전주박물관, 2014); 곽장근, 「진안 고원 초기청자의 등장 배경 연구」, 『전북사학』 42(전북사학회, 2014); 차인국, 「전북지역 통일신라~고려시대 평기와 연구」, 『야외고고학』 20(한국매장문화재협회, 2014), 40-72쪽; 군산대학교 박물관, 『장수군 산성 발굴조사 학술용역 약보고서』(장수군·군산대학교박물관, 2016. 12); 이동희, 「전남지역 후백제유적과 역사적 성격」, 『韓國上古史學報』 87(韓國上古史學會, 2015); 전용호, 「익산 왕궁리유적의 사찰 운영에 대한 재검토-왕궁탑

는 후백제학회가 창립되기도 하였다.[3]

이 논고에서는 필자가 지금까지 해왔던 연구를 바탕으로 후백제의 문화유산 그 가운데에서도 불교미술품과 관련 유적이 어떤 것들이 있고 그 특징은 무엇인지를 살펴볼 것이다. 이를 위해서 기존 필자의 연구를 중심으로 재구성하였음을 미리 밝힌다. 이렇게 도출된 후백제 불교미술품과 관련 유적의 양상과 특징을 중심으로 후백제 문화 또는 문화유산의 성격이 무엇인지, 그리고 각각의 성격이 어떠한 배경 아래 성립되었는지를 밝혀보겠다.

2. 후백제 불교미술품의 양상과 특징

1) 권역별 양상

(1) 후백제 왕도, 전주지역

후백제의 왕도였던 전주(현 행정구역상 완주 포함)지역에 조성된 후백제의 불교미술품 가운데 대표적인 것은 鳳林寺址 불교석조미술품이다. 봉림사지는 완주군 고산면 읍내리에서 대둔산 쪽으로 2.4km 정도 떨어진 인봉산에 있는데, 이 봉림사지에는 삼존석불, 오층석탑, 석등 등이 있었다고 전한

하부 유구를 중심으로-」, 『歷史學硏究』 60(호남사학회, 2015. 11); 정상기, 「진안 도통리 청자 가마의 자연환경과 교역」, 『진안 도통리 증평 청자가마터-조사성과와 과제-』(진안군·군산대학교박물관, 2016); 군산대학교 박물관, 『진안 도통리 증평 청자요지 4차 발굴조사 약식보고서』(진안군·군산대학교 박물관, 2017. 11); 군산대학교 박물관, 『장수 합미·침령산성 Ⅰ』(군산대학교 박물관·장수군, 2017); 군산대학교 박물관, 『장수 합미산성 Ⅱ』(군산대학교 박물관·장수군, 2019); 군산대학교 박물관, 『장수 침령산성 Ⅱ』(군산대학교 박물관·장수군, 2019); 차인국, 「완주 봉림사지 기와의 변천과 후백제」, 『호남고고학보』 64(호남고고학회, 2020. 2), 52-75쪽.

3 2019년 8월 창립한 후백제학회는 2020년 〈장수 침령산성 성격과 가치〉(2020. 6. 27), 〈남원 실상사의 위상과 편운화상탑의 특징〉(2020. 7. 23) 등 두 차례 후백제 관련 유적을 조명하는 학술대회를 개최한 바 있다.

사진 1 완주 봉림사지 석조삼존불

다. 봉림사지 석탑과 석등은 일제강점기 군산의 시마타니[島谷]농장으로 옮겨졌고, 석조삼존불은 1960년대에 전북대학교 박물관으로 옮겨졌다.

봉림사지 석조삼존불**사진 1**은 대좌와 광배를 모두 갖추고 있는 본존불과 좌·우협시보살로 이루어져 있다. 본존불은 전체적으로 아담하면서도 균형이 잘 잡혀있어 통일신라 후기 석불의 영향을 받았음을 알 수 있다. 다만, 본존불의 왼쪽 어깨를 덮은 옷자락과 가슴에 띠매듭이 복합적으로 나타는 偏袒右肩式 着衣法은 통일신라 후기 불상에서 살펴볼 수 없어 특히 주목된다.[4]

봉림사지 본존불에서 볼 수 있는 편단우견식 착의법이나 왼쪽 어깨를 덮은 옷자락은 통일신라 후반 불상에서 일반적으로 살펴볼 수 있지만, 편

---

4 崔聖銀, 「鳳林寺址 石造三尊佛像에 대한 考察−後三國時代 彫刻의 一例−」, 『佛教美術研究』1(東國大學校 佛教美術文化財研究所, 1994).

단우견식 착의법, 왼쪽 어깨 위를 덮은 삼각형의 옷자락, 복부의 띠매듭이 복합적으로 나타나는 것은 완주일대 이외에 안동 玉山寺址 마애약사불좌상에서 유일하게 확인된다. 이는 곧 봉림사지 본존불이 안동 옥산사지 마애불의 영향을 직접적으로 받았다는 것을 의미한다.

봉림사지 본존불의 사례에서처럼 후백제 왕도인 전주에 조성된 불상이 안동지역의 특정 불상과 동일하다는 것은 곧 옥산사 불상을 조성한 장인이 봉림사지 본존불 조성에 참여하였다는 것을 의미한다. 즉 안동지역에서 후백제와 고려 사이에 빈번한 전투가 있었고 전투 후에는 안동 일대의 지역민을 포로로 삼아 전주로 데리고 갔었으며, 특히 경주 침공 시 포로로 百工을 끌고 온 것으로 볼 때, 앞서의 추론은 매우 타당하다고 할 수 있다.

한편, 대아리 석불좌상과 음수동 석조약사불좌상은 안동 옥산사지 마애불과 같은 약사불이자 오른쪽 어깨 위에 얇은 옷자락을 덮은 변형편단우견식 착의법을 보인다. 이는 곧 안동에서 온 장인들이 봉림사지 본존불 불사 참여에만 그치지 않고 하나의 유파를 형성하였음을 의미한다.

그런데 신라 내지의 장인이 직접 참여하여 통일신라 불상 양식이 농후한 본존불과 달리, 광배와 대좌는 다른 양상을 보인다. 광배는 9세기 통일신라 불상 광배와 동일한 형태와 구성을 보이기는 하지만 백제 불상인 익산 蓮洞里 석불좌상 광배의 화불과 유사한 古式의 화불을 조각하였다. 대좌 역시 통일신라시대 팔각대좌와 달리 상대석과 하대석의 방형과 중대석의 팔각형이 조합된 독특한 구성 방식을 보이며, 뒷면은 조각하지 않은 점 등 전혀 새로운 조형감각을 보인다. 이는 곧 이 불상의 조성에 신라 출신 장인들만 참여하지는 않았다는 것을 의미한다.

한편, 광배에서 볼 수 있는 통일신라 형식과 고식 즉 삼국시대 백제 형식이 결합된 양상을 협시보살상에서도 확인할 수 있다. 협시보살상은 9세기 후반 불상의 특징인 短軀形에 평면적이면서도 부드러운 모델링을 보이지만, 부여 軍守里寺址 출토 금동보살입상과 같은 6세기 후반 백제 보살상의 천의와 같은 X자 천의를 걸치고 있다. 견훤이 백제를 계승하고자 했던

사진 2 완주 봉림사지 오층석탑   사진 3 완주 봉림사지 석등

만큼 이러한 공통점은 우연한 것이 아니라 백제를 연상시키기 위한 의도성이 다분하다.

봉림사지 오층석탑**사진 2**은 상층기단의 탱주가 조각되어 있지 않은데, 예천 東本洞 삼층석탑, 김천 靑巖寺 修道庵 동삼층석탑 등 10세기 초에 조성된 석탑의 특징 가운데 하나이다. 이뿐만 아니라 얇은 옥개석, 3단의 옥개받침, 넓은 처마 하단, 둥근 우동마루 역시 10세기 이후 석탑에서 일반화된 것이므로, 봉림사지 석탑은 봉림사지 본존불과 동시기에 조성된 것으로 볼 수 있다.

봉림사지 석등**사진 3**은 竿柱石과 火舍石이 팔각을 띠는 통일신라 석등과 달리 방형을 띠는 과도기적 양상을 보인다. 이는 앞서 살펴본 봉림사지 본존불 대좌에서도 확인할 수 있어, 같은 조형 의식이 반영된 것이라고 할 수 있다. 아울러 석등 화사석에 조각된 사천왕상이 900년을 전후한 시기에 조성된 것으로 여겨지는 청도 雲門寺 사천왕상과 비례나 양감이 유사한 양상을 보여, 이 석등 역시 다른 봉림사 불교미술품과 같은 시기에 조성된 것으로 보인다. 한편, 봉림사지 석등 간주석에는 다른 석등에서는 찾아볼 수 없는 雲龍文이 조각되어 있는데, 이는 후백제 왕실의 권위를 드러내기 위한 상징이었던 것으로 여겨진다.

(2) 후백제 건국의 토대, 익산지역

견훤은 900년 완산주에 이르렀을 때 "마한이 먼저 일어나고 …… 백제는 금마산에 개국하여 6백여 년이 되었다"라고 할 정도로 후백제 건국의 정신적 토대를 익산에 두고 있었다. 그러했던 만큼, 익산지역에서는 다양한 불사와 함께 기존 불적에 대한 정비가 활발했을 것으로 추정된다. 이러한 맥락에서 백제 때의 사찰과 왕궁인 彌勒寺, 帝釋寺, 王宮里遺蹟 등을 주목할 필요가 있다.

미륵사에서 이루어졌던 후백제의 불사 내지 불교의식의 일면은「葛陽寺惠居國師碑」에서 찾아볼 수 있다.[5] 비문에 따르면, 922년 여름에 '미륵사 개탑'이 있었음을 알 수 있는데, 이를 기념하기 위한 選佛場이 열릴 만큼 후백제 내에서 매우 중요한 의미를 지녔던 것으로 보인다.

이러한 '개탑'의 성격을 '의식'이나 '보수' 혹은 새로운 탑의 조성으로 보거나 목탑에 실제로 사리를 봉안하였다는 견해 등 다양한 해석이 있다.[6] 그러나 719년 목탑이 벼락을 맞은 이후 中院伽藍이 가장 먼저 폐기되었을 것으로 추정되고 있고, 미륵사지 서석탑의 경우에도 639년 봉안한 그대로의

---

5 김혜원,「葛陽寺惠居國師碑」,『譯註 羅末麗初金石文(上)』(혜안, 1996), 338–347쪽.

6 趙仁成,「彌勒信仰과 新羅社會」,『震檀學報』82(震檀學會, 1996), 46쪽; 許興植,「葛陽寺惠居國師碑」,『高麗佛敎史研究』(一潮閣, 1990), 586쪽; 崔聖銀,「羅末麗初 小形金銅佛立像 研究-王宮里 五層石塔 출토 金銅佛立像을 中心으로-」,『美術資料』58(國立中央博物館, 1997), 4쪽; 李道學,「後百濟의 全州 遷都와 彌勒寺 開塔」,『韓國史研究』165(韓國史研究會, 2014), 19–24쪽.

사리장엄구와 사리봉영기가 2009
년 1월 14일에 발견된 바 있어, 석탑
의 심초석을 건들 정도의 전면적인
해체·보수나 새로운 목탑의 조영은
없었을 것으로 보인다. 다만, 옥개
받침의 단수가 차이가 나고 일부 평
옥개석에서 모듈이 나타나지 않는
것을 보아 창건 이후 일부 개축이
있었던 것만은 사실로 보인다. 이
로 미루어 볼 때, '미륵사 개탑'은 일
부 허물어진 석탑재의 개축과 함께
이루어진 불교의식이었을 가능성이
크다.

사진 4 익산 왕궁리 오층석탑

　한편, 미륵사지 사역 북편에서는
나말여초로 추정되는 기와가 출토되었는데, 이와 유사한 기와가 제석사지
에서도 확인되는 것을 볼 때, 후백제가 백제의 古刹에서 대규모는 아닐지
라도 불교미술품 조성을 포함하여 꾸준히 불사가 이루어졌을 것으로 추정
된다. 특히 미륵사지 출토 금동보살 손은 봉림사지 협시보살상의 손과 유
사한 것으로 보아, 후백제의 불교미술품일 가능성이 매우 크다.

　왕궁리 오층석탑**사진 4**은 백제의 옛 왕궁터에 조성된 석탑이라는 점에서
주목할 필요가 있다. 지금까지 이 석탑의 조성시기에 대해 석탑의 입지 및
사리장엄구와 연관시켜 백제, 통일신라, 고려 초 등 다양한 견해가 제기되
었다. 그러나 석탑이 백제와 통일신라 건물을 파괴하고 조성한 것이고 고
려시대 이후의 유물도 보이지 않기 때문에 백제 또는 고려시대 조성되었다
는 주장은 신빙성이 없다.[7]

---

7 전용호, 「益山 王宮里遺蹟－宮城에서 寺刹로의 變化相에 對한 研究－」, 『三國~朝鮮, 發

그렇다면, 왕궁리 오층석탑은 통일신라시대~후삼국기에 조성된 것으로 추정해볼 수 있다. 구체적인 석탑의 조성시기 검토를 위해 주목할 부분은 높은 단층기단과 평박한 옥개받침이다. 평박하고 전각의 반전이 있고 우동 마루가 부각된 옥개석은 백제석탑인 정림사지 오층석탑과 유사하다. 반면 기단부의 구성과 결구 수법은 9세기 후반 문경·상주일대를 중심으로 조성된 석탑에서 주로 볼 수 있는 架構式 단층기단과 동일하다. 즉 왕궁리 오층석탑은 가구식 단층기단이 등장한 9세기 후반~후삼국기에 조성되었다고 할 수 있다. 좀 더 구체적인 조성시기를 알려주는 단서는 기단부 심초석에서 나온 금동불입상이다. 이 금동불입상은 통일신라 불상양식의 바탕 위에 당말오대 불상양식의 영향을 받은 9세기 말~10세기 초의 불상 가운데 하나이다. 이러한 점들을 모두 고려하면, 왕궁리 오층석탑은 후삼국기 후백제에 의해 조성되었다고 보는 것이 타당하다.

그런데 왕궁리 오층석탑 조성 시 문경·상주일대 석탑의 기술을 바탕으로 하면서도 백제 석탑을 연상시키는 평박한 옥개를 차용한 이유는 장대한 석탑의 하중을 효율적으로 분산하고자 한 구조적 측면에 앞서, 봉림사지 불교미술품처럼 백제 계승 의지를 대내외에 알리기 위해 의도적으로 백제 불교미술품의 요소를 차용한 것으로 판단된다.

(3) 신라의 접경, 지리산권역

지리산권역에 속하는 남원지역은 후백제가 지속적으로 공략한 신라의 서남부(경남 서부지역) 즉 大耶城과 康州 등지로 가는 길목이자, 實相寺와 華嚴寺 등 禪敎 양종의 대표적인 사찰이 있는 곳이다.

후백제로서 신라를 견제하기 위한 중요한 거점이었던 지리산권역에서 후백제와 직접적인 관련이 있는 불교미술품은 실상사 片雲和尚塔사진 5이다. 편운화상탑은 3단의 기단부, 탑신과 옥개석으로 이루어진 탑신부, 상

掘調査와 成果 韓國의 都城』(국립경주문화재연구소, 2010), 226-280쪽.

륜부로 구성되어 있는데, 각 부재의 형태가 원형이며, 탑신은 아래가 좁고 위가 넓은 바리(鉢) 또는 향완과 유사한 형태를 보인다. 이뿐만 아니라, 지대석부터 중대석까지를 한 장의 돌로 만들 만큼 작아지고 형식화되었다. 상대석에 해당하는 석재는 아마도 있었을 것이나 현재는 종적을 찾아볼 수 없다. 이처럼 유례를 찾아볼 수 없는 원형평면이라는 점에서 편운화상탑 도상의 원류를 외국, 타 불교미술품에서 찾으려는 시도가 있지만,[8] 기단부·탑신부·옥개부로 이루어진 구성 방식과 하대석과 중

사진 5 남원 실상사 편운화상탑

대석의 세부 수법 등을 볼 때, 八角圓堂形 승탑의 원류인 실상사 證覺大師凝寥塔의 조형적 전통을 계승하고 있다. 이처럼 편운화상탑의 기단부–탑신부–옥개부의 구성 방식 및 기단의 수법이 기본적으로 스승인 홍척의 승탑(증각대사응료탑)과 유사한데, 이는 편운이 홍척의 법을 이었음을 과시하려고 했던 것으로 보인다. 다만, 편운화상탑의 형태가 통일신라 말~고려 초 승탑의 전형인 팔각원당형과는 전혀 다른 원형인 점은 또 다른 미감, 즉 후백제의 미감이 반영되었기 때문으로 판단된다.

한편, 편운화상탑의 탑신에는 「創祖洪陟弟子·安峯創祖片雲和尙浮圖 正開十年庚午歲建」이라는 명문이 새겨져 있다. 명문을 통해, 승탑의 주인공은 홍척의 제자이자 안봉사를 창건한 편운화상이라는 것과 「정개」 10년 경오년(910년)에 조성되었음을 알 수 있다.

---

8 주경미, 「吳越國과 韓半島의 佛敎文化 交流 新論」, 『역사와 경계』 106(부산경남사학회, 2018. 3), 227–231쪽; 嚴基杓, 「實相寺 片雲和尙 浮屠의 銘文과 樣式에 대한 고찰」, 『전북사학』 49(전북사학회, 2016. 10), 38–47쪽.

그런데 실상사의 2대 조사인 秀澈의 승탑과 탑비가 그의 스승인 홍척의 탑과 탑비 옆에 조성된 것을 고려한다면, 정상적인 상황이었다면 이미 한 일파를 이룬 편운의 승탑이 실상사에 조성되지 못하였을 것이다. 그럼에도 불구하고, 910년 무렵 편운화상의 승탑이 실상사에 조성될 수 있었던 것은 후삼국기라는 특수한 상황이었기 때문에 가능했던 것으로 보인다.

893년 수철의 승탑과 탑비가 905년 조성된 점을 보면,[9] 900~910년 사이 실상사 내 세력 간 이해가 상충했을 것으로 보인다. 입적 전까지 밀양 瑩原寺에 머물렀던 수철이 경문왕, 헌강왕, 진성여왕 등과 매우 친밀한 관계를 맺었던 것으로 보아 실상사 내 친신라세력이 후백제 건국 이후에도 여전히 세력을 장악하고 있었던 것으로 보인다. 이 점을 고려한다면, 실상사 중심 사역에서 떨어진 곳에 위치하고 있고, 석장 대신 금속장이 참여할 정도로 열악한 여건에서 조성되었으며, 秀澈和尙塔에 비해 현격히 작고 변형된 형태를 보이는 편운화상탑은 후백제 연호가 새겨져 있기는 하지만 후백제 왕실의 후원 아래 조성된 것이라기보다는 실상사 내 주도권 확보가 필요했던 세력이 후백제 정권의 지원과 정통성 확보를 위해 홍척의 또 다른 제자인 편운을 전면에 내세웠던 것으로 보인다.

반면, 같은 지리산권역인 화엄사에도 후백제의 불교미술품으로 꼽을 만한 것이 있는데, 바로 화엄사 동오층석탑이 그것이다. 이 탑은 같은 경내에 있는 서오층석탑과는 다른 양상을 보이는 반면, 익산 왕궁리 오층석탑과 동일한 가구식 단층기단을 보이고 세부 수법에서는 봉림사지 오층석탑과 동일하다. 이처럼 후백제 왕실 발원 석탑과 같은 양상을 띠는 이유는 화엄사가 견훤의 福田이었던 觀惠와 관계가 있는 사찰이었기 때문으로 보인다.

통일신라 말~고려 초 지리산권역에 조성된 불상 가운데, 후백제와 관련이 있는 상은 남원 新溪里 석불좌상**사진 6**이다. 신계리 상은 왼쪽 어깨를

---

9 申龍澈,「密陽 瑩原寺址 僧塔 硏究」,『불교미술사학』2(불교미술사학회, 2004), 91-103쪽.

사진 6 남원 신계리 석불좌상   사진 7 남원 개령암지 마애불좌상

완전히 덮은 넓은 옷자락, 다리 위 斜線으로 새겨진 옷주름, 무릎 사이의
완만한 U자형 옷주름 등이 특징인데, 9세기 후반에 조성된 八公山 마애약
사불좌상과 10세기 초에 조성된 봉림사지 본존불과 유사한 면모를 보인다.

　남원지역에는 신계리 상 이외에도 팔공산 마애불과 같은 계통의 불상이
있는데, 開嶺庵址 마애불좌상(대형 불상 중 우측 불상, 이하 개령암지 마애불좌
상)사진 7과 虎基里 마애약사불좌상이 바로 그것들이다. 개령암지 마애불
좌상은 얼굴 표현, 착의법, 수인, 꺾인 오른손 등의 형식은 물론 장대한 형
태미와 밋밋한 양감 등에서 신계리 상과 유사한 면모를 보인다. 다만, 개령
암지 마애불좌상의 완벽하지 않은 비례와 어색한 세부 표현 등은 단순 모
방에 따른 왜곡 현상으로 보인다. 이러한 경향은 호기리 마애불에서도 살
펴볼 수 있다. 또한 이 불상들은 전주나 익산일대에 조성된 후백제 왕실과
관련된 불교미술품은 물론 신계리 상과도 다른 양상을 보이고 있어, 그 조
성 주체가 완전히 다른 계층 즉 民이 중심이 된 향도결사일 가능성이 높아
보인다.

한편, 개령암지 마애불좌상 옆에는 「毗盧遮那仏、▨世田小(?)」와 「天寶
十▨ 師士田▨▨」으로 추정되는 명문이 새겨져 있는데,[10] 마애불좌상과 신
계리 석불과의 친연성을 고려할 때 「천보」는 후백제와 긴밀하게 교류하였
던 오월의 연호로 볼 수 있으므로, 이 마애불좌상은 917년 무렵에 조성된
것으로 보인다. 916년 후백제의 대야성 침공이 실패한 직후인 917년 병참
기지였던 운봉일대에 조성된 이 마애불좌상은 후백제에 편입되기 원했던
토착세력이 주도하여 조성되었을 것으로 판단된다. 이들은 후백제와 친밀
했던 오월의 연호인 「천보」를 새김으로써 후백제와의 친밀성을 강조하려고
했던 것으로 보인다.

(4) 견훤의 자립지, 서남해일대

견훤은 서남해의 방수군으로 출발하여 비장에 올랐으며, 신라의 혼란을
틈타 무진주를 장악하고 왕으로 자처한 인물이다. 여기서 서남해는 신라
의 서남해 즉 전남지역을 일컫는다. 전남지역 가운데에서도 후백제 불교미
술품이 조성되었을 가능성이 높은 곳은 견훤이 자립의 기반을 닦은 곳이자
초기 견훤정권의 주축세력인 朴英規, 金惣의 출신지인 순천·광양일대이
다. 이와 더불어 무진주의 치소가 있던 광주일대와 견훤이 지속적으로 점
령하고자 했던 나주일대도 후백제의 불사가 있었을 가능성이 높은 지역이
할 수 있다.

이 지역 불상 가운데 보성 柳新里 마애불좌상**사진 8**은 남원 신계리 석불
과 마찬가지로 어깨가 넓어 건장하며 얼굴은 방형이고 팽만한 모습을 띤
다. 그뿐만 아니라 광배의 형식과 좌우 어깨를 덮은 옷자락은 신계리 석불
의 영향이 보이는 마천면 마애불과 거의 같다. 이러한 점들을 볼 때, 보성
유신리 마애불 역시 신계리 석불의 영향으로 조성되었을 것으로 보인다.

---

10 黃鎬均, 「智異山 鄭嶺峙 磨崖佛像群의 造成背景」, 『불교문화연구』 4(남도불교문화연구회,
  1994. 12), 77쪽.

사진 8 보성 유신리 마애불좌상

사진 9 나주 철천리 석불입상

유신리 마애불을 조성할 때, 신계리 석불을 모방한 이유는 두 지역이 교통로나 수로를 통해 문화의 전파가 쉬웠기 때문이기도 하지만, 견훤의 사위인 박영규와 후백제의 引駕別監을 지낸 순천·여수일대의 세력이 신라 지역으로 진출하기 위한 배후지가 남원이었기 때문으로 보인다.

한편, 나주일대는 903년 이래 오랫동안 태봉과 고려의 영향 아래 있었던 지역이었다. 그러나 929년 무렵에는 후백제가 나주 일대를 재탈환한다. 이러한 정황을 반영하는 것이 바로 나주 鐵川里 석불입상사진 9이다. 이 불상을 912년 궁예의 德津浦海戰 친정 이후 조성된 태봉의 불상으로 보는 견해도 있지만,[11] 비례, 양감, 손과 발의 상대적 크기, 옷주름, 조각 기법 등이

---

11 정성권, 「나주 철천리 석불입상의 조성시기와 배경」, 『新羅史學報』 31(新羅史學會, 2014. 8), 225-268쪽.

태봉 불상으로 추정한 것과는 다르다. 오히려 통일신라 8세기~9세기 초의 금동불입상과 유사한 5등신의 신체 비례를 보이고 있고, 얼굴과 신체의 양감이 풍부할 뿐만 아니라, 금동불의 전형적인 특징인 작은 손발과 볼록하게 조각한 옷주름까지 재현하고 있어 주목된다. 이렇게 신라 금동불 형식 및 양식과 동일한 석불을 조성할 수 있었던 배경에는 927년 견훤이 경주를 침공하였을 때, 포로로 잡아온 뛰어난 장인들이 이 불상 조성에 참여했기 때문으로 보인다. 이렇게 후백제 왕실의 장인을 파견하여 이 불상을 조상한 이유는 이 불상이 나주의 邑基를 향해 북향하고 있다는 점으로 볼 때, 오랫동안 후백제에 반기를 들었던 나주지역의 호족들에게 자신의 권위를 드러내기 위한 것으로 보인다.

2) 특징

지금까지 살펴본 후백제의 불교미술품을 후원 주체에 따라 구분하면, 크게 왕실, 호족, 향도결사가 발원한 것으로 구분해볼 수 있다표 1.

표 1 후원 계층별 불교미술품의 특징

발원주체	왕실	호족	향도결사
목적	• 불교의식 거행 • 방어·교통로상의 비보 • 정치적 상징	• 세력의 과시	• 기복적 성격
특징	• 통일신라 양식 계승 • 일부 백제 요소 차용 • 장식성의 억제	• 통일신라 양식 계승 • 건장한 형태미 • 모방(일부 변형)	• 모방 및 변형
대표 불교미술품	• 완주 봉림사지 석불 • 나주 철천리 석불 • 익산 왕궁리 오층석탑	• 남원 신계리 석불 • 보성 유신리 마애불	• 남원 호기리 마애불

왕실 발원 불교미술품은 봉림사지 불교미술품, 왕궁리 오층석탑, 화엄사 오층석탑, 나주 철천리 석불입상 등을 꼽을 수 있다. 호족과 관련이 있는 것은 남원 신계리 석불좌상과 보성 유신리 마애불좌상이고, 향도결사가 조성한 것은 남원 호기리 마애불과 남원 개령암지 마애불좌상 등을 들 수 있다. 그런데 후원 주체에 따라 약간씩 다른 특성을 보인다.

후백제 왕실이 발원 내지 후원한 불교미술품은 나주 철천리 석불입상의 예에서 알 수 있듯, 전주·익산지역 등 후백제의 중앙에서만 조성된 것은 아니었다. 또한, 목적에 따라 분류할 때, 종교적 목적 이외에 남고사 금동불입상, 봉림사지 불교미술품에서 알 수 있듯 방어 또는 교통의 거점을 裨補하기 위한 것, 백제 왕궁터에 세운 왕궁리 오층석탑과 고려군을 나주에서 물리치고 조성한 나주 철천리 석불입상처럼 정치적 목적으로 조성한 것 등 다양했다.[12]

이처럼 종류, 조성 지역, 목적이 달랐음에도 불구하고 후백제 왕실이 발원 혹은 후원한 불교미술품은 몇 가지의 공통적인 특징을 보인다.

그 가운데 대표적인 특징은 후백제 왕실 발원 불교미술품이 통일신라의 불교미술 양식에 기반한 점이다. 그 중에서도 경북 북부지역, 즉 문경·상주 일대의 불교미술품과 친연성이 깊다. 이는 봉림사지 본존불에서 안동의 한 석불에서 보이는 특정 형식인 왼쪽 어깨 위를 덮은 삼각형 옷자락과 편단우견임에도 가슴을 가로지르는 두꺼운 띠와 매듭이 보이는 것에서 알 수 있다. 이뿐만 아니라, 왕궁리와 화엄사의 석탑이 문경·상주 일대 석탑에서 주로 보이는 단층기단과 같은 형식인 점 역시 이를 뒷받침 한다. 아마도 그 이유는 견훤이 문경 가은현 출신이라는 점과 신라 문화를 동경하였던 것과 관련이 깊은 것으로 보인다.[13] 그런데 견훤이 경주를 침공하고 신라의 뛰어

---

12 陳政煥, 앞의 논문(2010. 6), 158-165쪽; 陳政煥, 앞의 논문(2015. 10), 53쪽.

13 申虎澈, 「甄萱의 出身과 社會的 進出」, 『東亞研究』 17(西江大學校 東亞研究所, 1989), 83-102쪽.

난 장인을 포로로 잡아 전주로 데려온 후에는 신라 중앙의 불교미술 양식과 기술이 불교미술품 조성의 바탕이 된다.

그뿐만 아니라, 후백제 왕실 발원 불교미술품 가운에서는 백제 불교미술품을 연상시키는 것들도 있다. 그 대표적인 것이 미륵사지 석탑의 옥개석을 재현한 왕궁리 오층석탑이다. 이 석탑은 기단부를 경북 북부지역에서 유행했던 가구식 단층기단을 차용하였으나, 탑에서 큰 비중을 차지하는 탑신부를 미륵사지 석탑과 유사하게 만들어 백제 불교미술품이라고 해도 과언이 아닐 정도이다. 그러나 봉림사지 석불에서는 협시보살상과 광배의 일부에 백제의 그것들을 연상시키는 수준에 그치고 있다. 이러한 특징의 등장과 관련하여 뒤에서 자세히 다룰 예정이라 간략히 말하자면, 견훤이 후백제 건국의 정당성을 뒷받침하기 위해서 '백제의 계승'을 내세웠던 것과 관계가 깊다.

아울러, 후백제 왕실 발원 불교미술은 장식적 요소를 최대한 억제하였다. 이는 장식성이 두드러진 후삼국기 태봉이나 고려의 불교미술품과도 가장 차이가 나는 후백제 불교미술품만의 특징이다. 이러한 특징은 봉림사지 석불의 대좌, 왕궁리 오층석탑, 편운화상탑 등 지역과 종류를 구별하지 않고 나타나며, 다른 계층이 발원한 불교미술품 가령, 남원 신계리 석불좌상이나 호기리 마애불좌상 등에서도 일관되게 확인할 수 있다.

후백제의 호족은 앞서 살펴본 왕실 발원 불교미술품과 공통점도 있지만 약간 다른 양상도 보인다. 당시 후백제의 호족 역시 신라의 지배층 출신으로서 신라문화에 익숙했던 계층이었을 것으로 보인다.[14] 이는 남원 신계리 석불좌상, 보성 유신리 마애불, 함양 마천면 마애불입상 등이 팔공산 마애약사불좌상 같은 계통의 통일신라 불상을 모본으로 한 것에서도 확인할 수

---

14 蔡守煥, 「羅末麗初 豪族의 出身性分에 대한 考察」, 『大學院 論文集』 2(圓光大學校 大學院, 1988), 47-71쪽; 申虎澈, 「豪族勢力의 成長과 後三國의 鼎立-後三國建國勢力과 在地豪族勢力과의 관계를 중심으로」, 『韓國古代史研究』 7(韓國古代史學會, 1994. 4), 145-153쪽; 李基白, 『韓國史新論』(一潮閣, 1999), 139쪽.

있다. 아울러 후백제 지배계층으로 편입되었던 만큼 후백제 왕실 발원 불교미술품에서 살펴볼 수 있는 것과 같이 백제적 요소를 차용했을 가능성도 있으나, 호족세력의 불교미술품에서는 그러한 것들을 살펴볼 수 없다. 이는 歸附·來投·婚姻 등을 통해 견훤과 결탁했던 호족세력들까지 후백제의 건국이념인 '백제 부흥'이 완전히 뿌리내리기에는 어려웠을 것으로 보인다.[15]

한편, 신계리·유신리·마천면 상은 모본이 되었던 팔공산 마애불에 비해 건장한 형태와 강인한 인상을 보이는데, 봉림사지 삼존불, 대아리 석불좌상 등 전주 일대의 불상과도 다른 양상이다. 이는 자신의 세력을 과시하기 위한 호족의 의지가 반영되었기 때문으로 보인다.

그리고 후삼국기 民 주도의 향도결사가 발원한 불사로 분류할 수 있는 것은 단언할 수 없으나 호기리 마애불과 개령암지 마애불에서 그 가능성을 엿볼 수 있다. 특히, 개령암지 마애불좌상은 후백제와 긴밀한 관계를 유지하고 있던 오월 연호인 天寶가 새겨져 있으나, 조각 수법으로 보아 왕실 혹은 호족과 관련되어 있다고 볼 수 없을 정도이다.[16] 이 두 상은 모두 호족이 후원한 불교미술품과 모방을 기본으로 하였지만, 향도결사의 불교미술품은 비숙련 장인들이 조성함에 따라 신체 비례와 양감이 어색해지는 등 변형을 보인다.[17]

---

15 申虎澈, 『後百濟甄萱政權研究』(一潮閣, 1996), 78-86쪽.

16 진정환, 「운봉고원과 후백제-불교미술품으로 살펴본 운봉세력의 동향-」, 학술대회 발표 논문집 『백두대간 운봉고원 역사적 가치와 의미』(남원시·군산대학교 가야문화연구소, 2019. 12. 20.), 122-126쪽.

17 陳政煥, 「羅末麗初 南原地域 佛像造成 大衆化에 對한 試論-虎基里 磨崖佛 造成과 關聯하여-」, 『東岳美術史學』7(東岳美術史學會, 2006), 201쪽.

3. 후백제 불교 관련 유적·유물의 특징

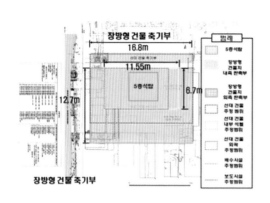

그림 1 익산 왕궁리 오층석탑 주변 유구 배치도

지금까지 살펴본 후백제 불교미술품 관련 유적 가운데, 발굴조사가 이루어진 곳은 왕궁리 오층석탑이 남아 있는 왕궁리유적과 봉림사지 단 두 곳뿐이다.

왕궁리 오층석탑 주변 조사그림 1은 1989년부터 2006년까지 실시되었다. 왕궁리 오층석탑 하부에는 석탑 하부구조를 포함하여 총 4개의 유구가 중첩되어 있다. 이 가운데 가장 아래의 유구(이하 '선대 유구')는 장방형 건물지 북서쪽 모서리에서만 확인되었는데,[18] 선대 유구 안쪽에 면을 맞춰 동서로 11.55m, 남북으로 5.56m의 석렬이 확인되었다. 이 유구는 건물지 1의 기단과 거의 접하고 있어 건물일 가능성이 낮고, 석재 안쪽으로 면을 맞춰 석재를 다시 쌓은 것으로 보아 우물 또는 집수시설일 것으로 여겨진다.[19]

1990년대 초반 확인된 건물지 3은 선대 유구보다 위쪽에 위치하는 것으로 파악되었다. 건물지 3의 규모를 조사 보고서에 따라 각각 다르게 기술하고 있는데, 장방형 건물지 북동쪽 모서리에서 130cm 떨어진 지점에서 판석 1매가 발견됨에 따라, 부석층의 규모가 동서 12.3m, 남북 12.8m

---

18 國立扶餘文化財硏究所,『왕궁리 발굴중간보고Ⅱ』(國立扶餘文化財硏究所, 1997);『王宮里 發掘中間報告Ⅲ』(2001);『益山 王宮里 發掘中間報告Ⅳ』(2002);『王宮里 Ⅴ』(2006);『王宮里 Ⅵ』(2008);『王宮里Ⅶ』(2010);『王宮里Ⅷ』(2012),『王宮里Ⅸ』(2013).

19 전용호, 앞의 논문(2015. 11), 64-66쪽.

로 파악되며, 축기부의 한 변의 길이는 14~15m일 것으로 추정된다.[20] 한편, 건물지 3의 축조방식(기반토 굴광 후 할석을 끼우는 방식)과 기단부와 축기부의 규모가 미륵사지 서탑과 거의 유사한 점으로 보아,[21] 건물지 3은 미륵사지 서탑이 조성된 639년 무렵 조성된 것으로 추정된다. 다만, 왕궁리 오층석탑에 비해 축기부의 규모가 너무 커 왕궁리 오층석탑과는 무관한 건물지일 것으로 보이며, 정방형인 점, 규모, 축조방식 등으로 보아 탑지로 보인다.[22]

건물지 3 위에 축조된 건물지는 오층석탑 주변에 대한 2004~2007년 보완조사에서 동서 16.85m, 남북 12.7m의 장방형 건물지임이 밝혀졌다.[23] 이 건물지는 내·외측을 구분하여 판축한 축기부로 확인되었는데, 11.55× 6.7m 규모의 내부 판축부는 외부 판축부의 북변에 접하여 조성되었다. 이 건물지의 조성시기는 내부 판축부가 적갈색 점토와 황갈색 사질토를 교호로 판축한 전형적인 백제 양식이지만, 외부 판축부는 적갈색 사질점토, 회백색 마사토, 황색 마사토 등으로 전형성을 벗어나고 있어 백제 멸망 이후 통일신라 축조양식이 확립되기 이전인 7세기 말로 보인다.[24]

왕궁리 오층석탑 하부 구조는 기단 내부 팔각형 초석을 받치고 있는 방형 초반석 아래로 50~60cm를 판 양상을 확인하였으며, 초반석에서 일정 거리 떨어져 한쪽으로 면을 맞춘 석렬이 방형으로 돌려져 있었다.[25] 특히 석탑 내부 적심부와 기단부에서는 석탑보다 앞선 시기의 것으로 추정되는 석재와 백제~통일신라시대 와당편이 발견되었다. 이로써 통일신라 와당이 제작된 시기보다 늦은 시기에 조성되었다는 것을 확인할 수 있다. 다만,

---

20 전용호, 앞의 논문(2015. 11), 68쪽.

21 국립문화재연구소, 앞의 보고서(2012).

22 전용호, 앞의 논문(2015. 11), 69쪽.

23 國立扶餘文化財硏究所, 앞의 보고서(2008).

24 전용호, 앞의 논문(2015. 11), 74쪽.

25 전용호, 앞의 논문(2015. 11), 69쪽.

사진 10 완주 봉림사지 가람배치 모식도

백제계 요소가 결합된 통일신라 석탑의 사례가 없다는 점과 고려시대 유물이 확인되지 않은 점으로 볼 때, 후삼국기일 가능성이 가장 크다는 것을 확인할 수 있다. 아울러 왕궁리 오층석탑과 같은 시기에 운영된 시설은 건물 하부에 공방 관련 잔해물 폐기장이 확인되었고, 적심석에 축대에 사용된 사구석이 다량 포함된 건물지 9(기존 강당지)로 파악된다.[26] 특히 이 강당지에서는 「大官官寺」명 기와가 가장 많이 출토되었다.

완주 봉림사지 발굴조사**사진 10**에서는 대규모의 회랑형 건물지를 비롯한 다수의 건물지, 석등 기단부로 추정되는 부석시설 등이 확인되었다.[27] 특히 회랑형 건물지는 'ㄴ'자 형태로 확인되었는데, 단축 15m, 장축 33m 범위 안에서 방형 적심시설도 확인되었다. 출토유물은 나말여초부터 조선시대에 이르는 기와편, 청자편, 분청사기편, 토기편들이 있다. 기와의 문양은 후백제 유적으로 여겨지는 전주 동고산성에서 주로 보이는 선문을 비롯하여 격자문, 어골문, 집선문, 복합문 등으로 다양하나 막새류는 전혀 출토되지 않았고, 청자류는 12세기의 것이 주류를 이루지만 10세기 전반에 만들어진 선해무리굽청자완과 중국식해무리굽완 등도 확인되었다.

여기에 덧붙여 후백제시기 불교유적에서 발굴된 명문와와 청자에 대해서 살펴보겠다**표 2**. 앞서 살펴본 왕궁리사지에서 주목할 명문와는 「天戊 大

---

26 전용호, 앞의 논문(2015. 11), 77쪽.

27 全北大學校博物館, 『完州鳳林寺址』, 全北大學校博物館 · 완주군(2015); 전북대학교박물관, 『완주 봉림사지 발굴조사 약식보고서』, 전북대학교박물관(2016. 7); 전북대학교박물관, 『완주 봉림사지 발굴조사(3차) 약식보고서』, 전북대학교박물관(2017. 12).

作国」명 기와와 후백제기 운영 건물지에서 가장 많이 수습된「大官官寺」명 기와다.

「天戊 大作国」명 기와는 동측 궁장, 남측 궁장, 고려시대 건물지 등에서 총 86점이 출토되었다.[28] 논란이 있을 수 있지만, '天戊'를 연호라고 한다면, 이와 가장 유사한 것으로 '天成'이 있다. 이 '天成'은 후당 明宗 때 (926~929년)의 연호이다. 그런데 명종이 즉위하기 바로 한 해 전인 925년에 후백제가 후당으로부터 책봉을 받았으며, 후당의 복고적 불상양식이 후백제에 영향을 끼쳤을 가능성도 있어, 「天戊 大作国」명 기와의 '天戊'는 '天成'일 확률이 높아 보인다.

이와 더불어 왕궁리사지 명문와 중 주목할 것은 왕궁리 오층석탑과 같은 시기에 운영되었던 강당지에서 가장 많이 확인된 「大官官寺」명 기와다. '大官官寺'에 대해 원래의 명칭인 '大官寺'를 다시 찾아 관청의 의미를 추가한 '大官官寺'로 불렸을 것으로 추정하는 견해가 있다.[29] 그러나 필자의 견해는 이와 다르다. 「大官官寺」명 기와에는 '대관관사'라는 글자가 '田'자형 구획 내에 우측 상단→우측 하단→좌측 상단→좌측 하단 순으로 한 글자씩을 새겨져 있는데, 이를 연이어 '大官官寺'로 볼 수도 있겠으나, 좌우를 구분하여 2자씩 읽는다면 '大官', '官寺'로 읽을 수도 있을 것이다.

'大官'명 기와는 견훤이 전주 천도 전까지 국도로 삼았던 곳으로 추정되는 武珍古城에도 확인되었으며, 이곳에서는 '官'·'城'·'國城'명 기와도 확인되었다. 900년 새로 도읍으로 삼은 전주의 동고산성에서는 비록 '대관'명은 확인되지 않았지만, '官'·'天'·'王'·'全州城'명 기와가 발굴되었다. 한편, 익산지역은 견훤이 전주로 천도하면서 밝혔듯이 백제의 건국지로 인식하고 있을 정도로 중요시 했던 곳이었던 만큼, '大官'이라 불릴 정도의 위계를 갖는 곳이었다.

---

28 國立扶餘文化財研究所, 앞의 보고서(2001, 2012, 2013).
29 전용호, 앞의 논문(2015. 11), 78쪽.

이처럼 후백제 왕도에 버금갔던 무진고성과 왕궁리유적(익산)에서 나온 「大官」명 기와의 '大官'은 후백제의 중요 거점이자 후백제 왕실의 직할지를 의미하는 용어였을 가능성이 매우 크다. 만약 그렇다면, 왕궁리사지는 후백제 왕실의 직할지인 '大官'에 속한 '官寺'로 볼 수 있기에, 여기에 조성된 오층석탑 역시 후백제 왕실이 발원한 것이라고 볼 수 있을 것이다.

표 2 후백제 유적 출토 명문와

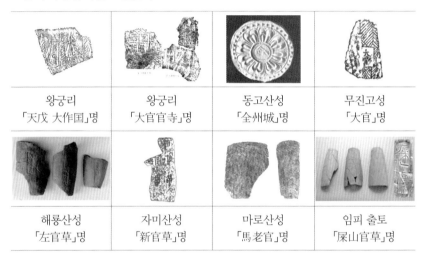

왕궁리 「天戊 大作国」명	왕궁리 「大官官寺」명	동고산성 「全州城」명	무진고성 「大官」명
해룡산성 「左官草」명	자미산성 「新官草」명	마로산성 「馬老官」명	임피 출토 「屎山官草」명

한편, 순천 해룡산성에서는 「左官草」명 기와가 발굴되었다. 널리 알려진 것처럼 해룡산성은 견훤의 사위인 박영규의 거점이자 서남해 방수처의 비장이었던 견훤의 최초 자립지일 것으로 추정되는 곳이다. 그러했던 만큼 후백제의 좌측에 있는 중요 거점이라는 의미로 '左官'이라 지칭했을 가능성이 있다.

또한, 나주 자미산성에서는 백제지명인 「半乃夫」명 기와와 「新官草」명 기와가 함께 출토되었는데, 이는 자미산성의 판도가 후백제→태봉·고려 →후백제로 바뀌는 양상을 보여주는 증거로 판단된다. 「半乃夫」명 기와는 912년 궁예의 친정 이후 자미산성이 태봉(고려)의 판도에 들어가기 이전에 제작된 것으로 보인다. 반면, 「新官草」명 기와는 930년 견훤이 재탈환 이후 인근에 나주 철천리 석불입상을 조성하면서, 새로 되찾은 주요 거점이라는 의미로 '新官'이라 지칭하면서 제작되었을 가능성이 매우 크다.

물론 「官」자명 명문와는 경주를 포함하여 통일신라 전역에서 확인된 바 있다.[30] 후백제가 통일신라의 제도를 계승했던 만큼, 후백제시기 '관'자명 기와가 사용되는 것은 너무도 당연한데, 지방 통치 체계의 위계를 나타내는 것과 함께, 백제를 계승한 후백제의 정체성을 드러내는 데도 이 '관'자명 기와가 활용되었던 것으로 보인다.

이를 여실히 보여주는 것이 「백제지명+官+(草)」이 새겨진 명문와이다. 익산 미륵사지의 「金馬渚官」명 기와, 익산 오금산성과 저토성의 「金馬渚城」명 기와, 군산 임피읍성 부근 출토 「屎山官草」명 기와, 광양 마로산성의 「馬老官」명 기와, 순천 봉황산성 「沙平官」명 기와, 충남 홍성 석성산성 출토 「沙尸良」명 기와, 예산 봉수산성의 「任存」명 기와 등이 대표적인 사례이다. 이러한 기와들은 장판타날판을 사용하여 선문과 어골문 계열의 문양을 새긴 전형적인 후삼국기 기와로 볼 수 있는 것들이다.[31] 혜공왕대 관호복고의 결과로 이해하는 주장도 있기는 하지만,[32] 백제의 건국지로 인식한 익산의 산성, 922년 '미륵사 개탑'이 있었던 미륵사지, 후백제 국제교류 거점이었던 임피지역, 견훤의 자립지였던 광양의 산성, 금강 이북 후백제의 중요 거점이었던 홍성지역 등 후백제와 밀접한 관계를 보이는 것으로 보아 일괄적인 지명 변경이 이루어졌을 가능성이 매우 크다. 이는 불교미술품에서 백제 계승의식을 대내외에 표방하기 위해 백제적 요소들을 차용한 것과 같은 맥락에서 등장한 것으로 보인다.

---

30 車順喆, 「官子銘 銘文瓦의 使用處 檢討」, 『慶州文化研究』 5(慶州大學校 慶州文化研究所, 2002), 90-130쪽.

31 차인국, 앞의 논문(한국매장문화재협회, 2014), 40-72쪽.

32 서정석, 「洪城 石城山城에 대한 고찰」, 『백제문화』 39(공주대학교 백제문화연구소, 2008), 53-80쪽.

사진 11 진안 도통리 청자가마 퇴적구 층위

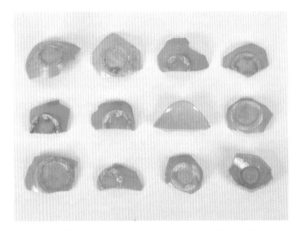

사진 12 진안 도통리 청자가마 출토 각종 해무리굽완

앞서 살펴본 후백제 불교미술품 관련 유적에서 공통으로 확인되는 것이 청자다. 이와 관련하여, 후백제 영역이면서 초기 청자를 생산한 도통리 청자가마를 주목할 필요가 있다사진 11·12. 한반도에서 청자의 발생 시기에 대해서는 크게 9세기 설과 10세기 설로 나눌 수 있고, 구체적으로 9세기 전반, 9세기 중반, 9세기 후반, 9세기 말~10세기 초, 10세기 초, 10세기 전반, 10세기 후반 등 다양한 견해가 제기되고 있다.[33] 이렇게 다양한 주장이 나오게 된 배경은 한반도에서 가장 이른 시기 생산된 해무리굽완의 형식이 무엇이며, 중국의 기술 전래가 어느 단계인가에 따라 연구자마다 견해가 다르기 때문이다.[34] 그러나 한반도에서의 청자 발생과 관련하여 최근의 고고학적 자료는 10세기를 가리킨다.[35]

10세기 발생설 가운데 하나는 中國 浙江 臨安 馬氏王后 康陵(939년) 출토 화형완의 墊圈이 중부지역 전축요에서 사용된 점과 949년 하한의 定宗

---

33 이종민, 「나말여초 청자요업의 개시 여건과 고고학적 산물의 검토-塼築窯와 出土品을 중심으로」, 『한국중세고고학』 1(한국중세고고학회, 2017. 6), 57쪽, 표 1.

34 李喜寬, 「韓國 初期靑瓷硏究의 現況과 問題點」, 『지방사와 지방문화』 14-2(역사문화학회, 2011), 7-51쪽.

35 이종민, 앞의 논문(2017. 6), 59쪽.

安陵 출토 청자와 유사한 것들이 시흥 방산동 요지에서 확인되는 것으로 보아 939~949년 사이에 시작된 것으로 보는 견해이고,[36] 또 다른 하나는 오월과 후백제의 교류 관계에 주목하여 10세기 초에 제작되기 시작하였다고 보는 견해이다.[37]

한편, 초기청자의 대표적인 기형인 해무리굽완은 용인 서리 가마[38]는 물론, 최근에 발굴된 벽돌가마인 진안 도통리 가마[39]에서도 맨 하층부터 내저곡면식 선해무리굽완(玉環底)−내저원각식 중국식해무리굽완(玉壁底)−내저원각식 한국식해무리굽완(玉環底) 순으로 퇴적되었음을 확인할 수 있어, 두 가마가 동일한 발전 단계를 거쳤음을 확인할 수 있다.

그런데 앞서 후백제 유적으로 밝힌 왕궁리사지는 물론 산성과 사지 등에서도 해무리굽청자가 있어 주목할 필요가 있다. 지금까지 이러한 청자들은 중국제로 파악해 왔다. 그러나 최근 벽돌가마의 구조가 완벽하게 확인된 진안 도통리 가마를 후백제 정권 차원에서 10세기 초에 운영된 것으로 본다면, 후백제의 여러 유적에서 나온 해무리굽완 역시 이 가마에서 공급되었을 것으로 추정할 수 있을 것이다.

진안 도통리 가마(2호 가마)는 벽돌벽체 내부에 진흙벽체가 조성된 것으로 보아, 처음에는 벽돌가마로 축조되었다가 대대적인 개축을 통해 진흙가마로 변모한 것으로 파악된다.[40] 진흙가마는 전체 길이가 43m의 단실 등요로 경사도가 약 12°이다. 벽돌가마의 벽체는 진흙가마로 개축하는 과정에서 대부분 무너졌음에도 불구하고, 진흙벽체 외측면에 일정한 열을 이루는 모습이 확인되었다. 퇴적구는 총 4개의 층이 확인되었는데, 1층에서는 다

36 李喜寬, 앞의 논문(2003), 5−48쪽; 이종민, 앞의 논문(2017. 6), 74−80쪽.
37 곽장근, 앞의 논문(2014), 72−85쪽; 정상기, 앞의 논문(2016), 43−72쪽.
38 湖巖美術館, 『龍仁西里高麗白磁窯 發掘調査報告書 Ⅱ』(湖巖美術館, 2003).
39 군산대학교 박물관, 『진안 도통리 중평 청자요지 4차 발굴조사 약식보고서』(진안군·군산대학교 박물관, 2017. 11).
40 군산대학교 박물관, 앞의 보고서(2017. 11).

표 3 후백제 유적 출토 청자완

유적명	사진	청자완 유형			비고
		선해무리굽	중국식 해무리굽	한국식 해무리굽	
전주 동고산성		○	○		
정읍 고사부리성		○	○		
익산 왕궁리사지		○	○		
완주 봉림사지		○	○		
남원 실상사		○	○		
익산 미륵사지			○	○	

량의 벽돌, 다양한 형태의 갑발, 선해무리굽완이, 2층은 극소수의 벽돌, 다양한 형태의 갑발, 소량의 중국식해무리굽완과 한국식해무리굽완이 확인되었다사진 12. 3층은 소량의 원통형 갑발만 보이며, 4층은 완전히 폐기된 이후 퇴적된 것들로 파악되었다. 1층은 벽돌가마 폐기층으로 보이며 갑발과 선해무리굽완은 벽돌가마와 관련이 있는 것으로 보인다. 2층은 진흙가마 폐기층으로 추정된다.

이로 미루어본다면, 벽돌가마 단계에서 제작된 선해무리굽완은 후백제 시기의 것으로, 진흙가마 단계에서 제작된 중국식해무리굽완과 한국식해무리굽완은 고려의 후삼국 통일 이후로 보는 것이 타당해 보인다.

이러한 추론이 맞는다면, 청자의 출토 수량이 극히 일부라는 점에서 한계가 있지만 선해무리굽완이 확인된 전주 동고산성, 정읍 고사부리성, 익산 왕궁리사지, 완주 봉림사지, 남원 실상사 등은 후백제의 거점으로 활용되었을 가능성을 한층 더 높여준다표 3.

4. 후백제 문화의 성격과 그 배경

후백제 불교미술품과 관련 유적을 바탕으로 후백제 문화유산의 특징을 한 문장으로 표현하면, '통일신라 문화를 기반으로 하나 일부에서는 백제 복고형식과 중국 외래양식을 수용하였다'라고 할 수 있다. 이번 장에서는 이러한 특성이 만들어진 배경을 살펴보겠다.

첫 번째, 후백제의 기저 문화는 통일신라를 기반으로 한다. 후백제가 통일신라 역사와 문화의 기반 위에 건국되었던 만큼 매우 당연하다고 할 수 있으나, 후백제의 기저 문화는 신라 중앙의 문화뿐만 아니라 9세기 이후 발전한 경북 북부지역과 옛 백제지역의 통일신라 문화가 융합된 것이 기반이 되었다.

이러한 특징을 보이는 데에는 견훤의 出身과 對新羅觀이 연관이 있을 것으로 판단된다.[41] 견훤의 출신지에 대해 光州로 보는 견해도 있지만,[42] 앞서 언급한 후백제 불교미술품의 특징을 고려하면 견훤은 聞慶 출신으로 여겨진다. 주지하다시피 견훤은 尙州 加恩縣 출신으로 沙弗城 장군을 자칭한 阿慈介의 아들이다.[43] 아자개가 호족으로 성장한 시기는 眞聖女王 3년(889) 이후이나, 그전에 이미 탄탄한 세력 기반을 구축하고 있었을 것으로 여겨지며 曦陽山門 등 문경 일대의 불교계와도 밀접한 관계를 맺었을 것으로 추정된다.[44] 만약 그렇다면, 견훤은 경주를 거쳐 서남해의 방수군으로 떠나기에 앞서 이미 봉암사를 비롯한 상주 일대의 불교미술을 경험했다고 볼 수 있다.[45] 한편, 모종의 이유로 아자개가 고려에 歸附한 이후 견훤은 경북 북부지역을 주요 공격대상으로 삼는데, 이 또한 경북 북부지역에 대한 강한 緣故意識 때문이었을 것으로 보인다. 경북 북부지역 특히 문경·상주 일대에 대한 견훤의 강한 연고의식은 경북 북부지역의 불교미술이 10세기 초 후백제 중앙에서 재현될 수 있었던 밑바탕이 되었을 것으로 판단된다. 아울러, 남원지역의 호족과 향도결사가 참여한 불상을 살펴볼 때, 통일신라시대 구백제지역 즉 전주와 무주를 주요 활동 무대로 활약하던 장인집단이 계속해서 불사에 참여하였음을 알 수 있다.

---

41 申虎澈, 앞의 논문(1989), 83–102쪽.

42 邊東明, 「甄萱의 出身地 再論」, 『震檀學報』 90(震檀學會, 2000), 29–55쪽.

43 『三國史記』 卷50 列傳10 甄萱. "甄萱尙州加恩縣人也 本姓李 後以甄爲氏 父阿慈介 以農自活 後起家爲將軍"
『三國遺事』 卷3 紀異第二 後百濟 甄萱. "三國史本傳云 甄萱尙州加恩縣人也 咸通八年 丁亥生 本性李 後以甄爲氏 父阿慈个 以農自活 光啓中據沙弗城(今尙州) 自稱將軍"

44 문경지역의 호족과 희양산문이 결탁했을 것이라 추정은 智證大師와 가은현 장군 熙弼 등이 연계하여 희양산문을 개창한 것에서도 알 수 있다. 崔致遠 撰, 崔英成 譯解, 『譯解 四山碑銘』(亞細亞文化社, 1987), 263–285쪽.

45 견훤이 후백제 건국 이후에도 曦陽山門과 지속적인 관계를 맺고 있었다는 것은 희양산문의 兢讓이 중국에서 귀국할 때 견훤의 도움을 받았다는 것에서도 유추할 수 있다. 金杜珍, 「王建의 僧侶結合과 그 意圖」, 『韓國學論叢』 4(國民大學校 韓國學硏究所, 1982), 133–134쪽; 신호철, 「高麗初 後百濟系 人物들의 활동」, 『한국중세사연구』 22(한국중세사학회, 2007). 4, 89쪽.

한편, 927년 경주를 침공하여 신라 경애왕을 죽이고 그 자리에 경순왕을 세운 뒤로 견훤은 신라 중앙의 문화를 적극적으로 받아들였다. 이는 앞서 살펴본 통일신라 전성기 금동불을 연상시키는 나주 철천리 석불입상에서 확인할 수 있다.

두 번째, 후백제의 문화유산에서는 백제의 역사와 문화를 재현하려는 복고주의 경향이 보인다. 일견 후백제가 백제의 부흥을 꾀했던 만큼 백제적 요소가 좀 더 강한 불교미술품을 조성했을 것으로 보는 것이 타당해 보인다. 그러나 통일신라시대를 거치면서 백제 불교미술의 전통이 단절되었을 뿐만 아니라, 견훤의 경북 북부지역에 대한 연고의식과 통일신라 문화에 대해 동경하였기 백제의 불교미술품을 완벽히 재현하지는 못하였다. 그러함에도 미륵사지 석탑이나 연동리 석불, 백제 금동보살상 등 백제시기 불교미술품의 두드러지는 특징을 불교미술품에 적용함으로써, 백제를 계승하려 한 후백제의 정체성을 불교미술을 통해서도 대내외에 과시하려고 했다.

신라 고지 출신인 견훤은 892년 무진주에서 자립하면서, '全武公等州軍事'와 '漢南郡公'이라는 관작을 스스로 부여하여 백제 계승과 백제 고지 수복을 목표로 한 것처럼 보인다.[46] 한편으로는 '新羅西面都統'이라 자처하면서 신라 국왕의 신하임을 표방하였다. 그러함에도 불구하고 자립 당시 백제 계승과 백제 고지 수복을 염두에 두고 있었을 것이다. 그러나 이러한 정략적 선택은 무진주의 주민들을 설득하지는 못하였던 것으로 보인다.

견훤은 무주에서 자립한 지 불과 8년 만인 900년 전주로 천도를 단행한다. 그 배경에 나주 세력의 이반에 따라 첫 번째 수도였던 무주(광주)의 배후지역이 취약해졌기 때문일 수도 있고,[47] 전주에 집중되어 있던 신라의 군

---

46 『三國史記』卷50, 列傳10, 甄萱. "遂襲武珍州 自王 猶不敢公然稱王 自署爲新羅西面都統指揮兵馬制置·持節·都督全武公等州軍事·行全州刺史兼御史中丞上柱國漢南郡開國公食邑二千戶"

47 申虎澈, 앞의 책(一潮閣, 1993), 51쪽.

사적 기반을 이용하려 했을 수도 있다.[48] 또 영산강유역 주민들의 백제 귀속의식의 취약성으로 전주와 광주의 인심의 체감도가 차이가 났기 때문으로 보는 견해가 있다.[49] 또한, 충청지역과 한수 이남에 웅거하던 호족들을 굴복시킬 수 없었던, 실질적으로 국력의 한계가 있었을 것이다.[50] 그런데, 견훤의 천도 배경에 이러한 현실적인 이유만 있었던 것일까. 이와 관련하여 주목할 것은 견훤이 완산주에서 하였다는 말이다.[51]

견훤의 전주 선언에서 '의자왕의 숙분을 풀겠다'라고 함으로써 백제에 대한 회고의식이 팽배했던 전주지역민들의 인심을 얻고자 하였을 뿐만 아니라, '백제에 앞서 마한이 있었고, 그 건국지가 금마산이다.'라는 의도적 왜곡 발언과 함께 전주로의 천도를 단행한다. 이로써 견훤은 마한에 대한 회고의식 때문에 백제귀소의식이 엷었던 영산강 유역민들까지도 포섭하고 충청지역부터 한수 이남까지 통합하기 위한 발판을 마련하고자 했던 것으로 보인다. 즉, 견훤은 '馬韓-百濟 一體意識'을 바탕으로 국가를 형성하고 후삼국 통일의 원동력으로 삼고자 한 것이라고 할 수 있다.[52] 천

이러한 주장에 대해, 김주성은 나주세력이 903년에서야 왕건세력과 결탁하기 때문에 사건 전개상 앞뒤가 맞지 않는다는 점을 지적한 바 있다. 김주성, 「견훤의 전주 천도와 왕궁 위치」, 『후백제 왕도 전주』(전주시·전주역사박물관, 2013), 44-46쪽.

48 김수태, 「전주 천도기 견훤 정권의 변화」, 『한국고대사연구』, 15(한국고대사학회, 1999), 271-272쪽.
한편에서는 무주와 전주의 군사적 기반이 크게 다르지 않았다는 지적도 있다. 이문기, 「견훤 정권의 군사적 기반」, 『후백제와 견훤』(서경문화사, 2000), 117쪽.

49 李道學, 「弓裔와 甄萱의 比較檢討」, 제3회 태봉학술제 『弓裔와 泰封의 역사적 재조명』(철원군, 2003), 20쪽; 李道學, 앞의 논문(2014. 6), 14쪽.

50 李道學, 앞의 논문(2014. 6), 17-18쪽.

51 『三國史記』卷50, 列傳10, 甄萱. "萱西巡至完山州 州民迎勞 萱喜得人心 謂左右曰 吾原三國之始 馬韓先起 後赫世敎興 故辰·卞從之而興 於是 百濟開國金馬山 六百餘季摠章中唐高宗 以新羅之請 遣將軍蘇定方 以舩兵十三萬越海 新羅金庾信卷土 歷黃山至泗沘 與唐兵合攻 百濟滅之 今予敢不立都於完山 以雪義慈宿憤乎 遂自稱後百濟王 設官分職"

52 900 전주 선언부터 901년 대야성 침공까지의 언행의 의미는 필자가 이미 밝힌 바 있으며, 여기에서는 그것을 바탕으로 요약·정리하였다. 陳政煥, 「後百濟王 甄萱의 900~901년 言行의 意味」, 『전북사학』 57(전북사학회, 2019. 2), 115-147쪽.

도 이후 견훤의 첫 번째 대외 활동인 대야성 침공과 연이은 군사 행동[53]은 후백제 건국의 정당성을 확보하고 내적 통합을 이룩하기 위해 표방한 '마한-백제 일체의식'을 실현하기 위한 고도로 계산된 정치적 행동이었던 것으로 판단된다.

920년이 되어서야 후백제는 드디어 대야성을 함락한다.[54] 여기에 이어 922년에 이루어진 '미륵사 개탑' 역시 백제 계승을 드러내는 국가적 행사였다.[55] 이렇게 백제 계승을 내세우고 이를 실현하기 위해 부단히 노력하는 과정에서 성립된 '백제귀소의식'을 기반으로 익산 왕궁리 오층석탑과 완주 봉림사지에서 익산지역의 백제 석탑과 불상을 재현 혹은 모방하려 한 불교 미술품이 조성될 수 있었을 것이다. 다만, 이것이 전면적으로 등장하지 않은 이유는 앞서 언급한 견훤의 경북 북부지역에 대한 연고의식이나 통일신라 문화에 대한 동경도 있었기 때문이지만, 통일신라시대를 거치면서 백제 불교미술의 전통이 단절되었기 때문으로 여겨진다. 또한, 불교미술품 조성을 경북 북부지역 혹은 경주 출신 장인들이 주도하였기 때문에 그 미감이나 기술이 계승되었다고 하더라도, 그것을 드러낼 수 없었을 것으로 추정된다.

한편, 927년 이후 견훤이 신라 중앙의 문화를 적극적으로 수용하였다는 점을 밝혔다. 927년 견훤의 경주 침공은 '신라서면도통' 즉 신라의 지방관을 자처하며 자립했던 견훤이 신라의 국왕을 죽이고 그 대체자를 세울 정

---

53 『三國史記』卷12, 新羅本紀12, 孝恭王 5年. "秋八月 後百濟王甄萱攻大耶城 不下 移軍 錦城之南 奪椋泑邊部落而歸"

54 920년대 후백제의 성장과 쇠퇴에 대해 필자는 최근('20. 10. 30.) 전국학예연구회 학술대회 〈후백제왕 견훤의 생애와 활약〉에서 「920년대 후백제의 성장과 좌절」이라는 제목의 논고를 발표한 바 있다.
여기서 필자는 920년 대야성이 후백제 정체성을 확인한 것이라고 한다면, 922년 미륵사 개탑은 정체성을 확립한 것으로 보았다. 아울러 후백제 역사에 있어 정점을 찍은 927년 경주 침공은 오히려 후백제 정체성의 붕괴로 이어졌음을 밝혔다.

55 陳政煥, 앞의 논문(2015), 42쪽.

도로 성장했음을 의미한다. 또 하나 후삼국기의 覇者로서 더는 백제의 부흥이나 마한-백제일체의식 같은 후백제 지역과 지역민 중심의 문화정책에서 탈피하여 후삼국 전체를 아우를 수 있는 새로운 기준, 즉 신라 중앙의 문화를 전면에 내세우고자 했을 것이다. 이를 위해 경주 침공 후 전주로 돌아올 때 뛰어난 장인을 포로로 잡아 온 것으로 생각된다. 이것이 실물로 나타나는 것이 바로 나주 철천리 석불입상이라고 할 수 있다. 이러한 후백제 내부의 기류 변화는 조금 늦은 시기의 일이기는 하지만, 龔直이 고려에 귀부할 때 "지금 이 나라를 보니 사치스럽고 도가 없다"라고 했던 말[56]에서 유추해볼 수 있다. 『고려사』 기록 원문에서 주목되는 표현은 지금이라는 의미의 "今"과 "奢侈" 그리고 "無道"이다. 지금이라는 의미는 예전과 달라졌다는 것을 의미하며 무도는 당초 건국의 이념이 퇴색되었음을, 사치는 후백제 문화와 다른 문화 즉 신라 중앙의 문화가 주류가 되었음을 의미하는 것으로 이해된다. 이러한 정세 변화와 후백제 왕실 즉 견훤의 인식 변화에 따라 백제문화를 재현하려는 행동은 수면 아래로 잠기게 되었을 것으로 판단된다.

세 번째, 후백제의 문화유산은 중국 문화를 적극적으로 수용하여 곧바로 후백제화 하였다. 후백제가 중국 오월과 후당과의 교류에 적극적이었다는 것을 개령암지 마애불좌상과 왕궁리사지 명문와에서 이미 확인한 바 있다. 불상에서도 중국 오대십국의 불상양식의 영향이 확인된다. 또한, 도통리 청자는 중국 오월의 직접적인 지원과 월주요 기술자의 이주에 의해 완성되었으며, 곧바로 후백제 생활문화에 영향을 끼쳤다.

이 가운데에서도 오월과의 관계가 두드러진다. 후백제와 오월의 관계는 후백제 초기 주도 세력이 해상력이라는 점과 관련이 있다. 특히, 자립시기부터 견훤과 함께했던 昇州將軍 朴英規와 引駕別監 金惣 등은 모두 해

---

56 『高麗史』 卷92, 列傳5, 龔直. "(龔)直嘗朝百濟 見其無道 謂直達曰 今見此國 奢侈無道 吾雖密邇 不願復來"

상세력이었다.[57] 이들은 장보고 이후 활발해진 해상무역의 주역이다. 견훤의 자립 이전부터 순천·광양·여수 등 전남 동부지역을 기반으로 활동하던 박영규와 김총 등의 해상세력은 견훤이 방수군의 비장 파견된 이후 견훤의 세력 아래 들어간 것으로 판단된다. 한편, 『삼국사기』에 따르면,[58] 견훤은 900년 후백제 건국 후 錢鏐로부터 책봉을 받는다. 그뿐만 아니라 그 이전에 이미 책봉 받은 바 있다고 언급하고 있다. 그런데 전류는 887년 杭州刺史, 893년 鎭海節度使, 896년 鎭海·鎭東 兩軍節度使가 되었고, 902년에서야 越王, 904년에 吳王, 後梁 건국 이후인 908년 吳越王에 봉해졌다. 이는 900년 견훤이 진해·진동 양군절도사였던 전류에게 사신을 보낸 것은 전류가 오월왕이 되기 전부터 이미 해양을 매개로 관계를 맺고 있었던 것으로 보인다. 이러한 관계는 진주 의암 일대에서 오월이 926~931년 사이 사용한 '寶正'이 새겨진 명문와가 수습된 것을 볼 때,[59] 후당에 사신을 보내고 책봉 받은 925년 이후에도 여전히 오월과 밀접한 관계를 맺고 있었다. 바다를 매개로 한 양국 간의 끈끈한 관계 속에서 오월의 문화를 적극적으로 수용할 수 있었던 것으로 판단된다.

여기에 덧붙여 이야기하면, 후백제 문화유산은 전반적으로 장식성이 배제된 단순화의 경향을 보인다. 이는 주변 문화로서 한계라고 볼 수도 있으나 같은 시기 장식성이 두드러졌던 태봉이나 고려와 비교할 때, 검박함과 실리를 강조하였던 후백제 견훤 정권의 태도나 인식이 문화 전반에 영향을

---

57 鄭淸柱, 「新羅末·高麗初 順天地域의 豪族」, 『전남사학』 18(全南史學會, 2002. 6), 25-51 쪽; 邊東明, 「高麗時期 順天의 山神·城隍神」, 『歷史學報』 174(歷史學會, 2002. 6), 33-68쪽; 邊東明, 「海龍山城과 順天」, 『全南史學』 19(全南史學會, 2002. 12), 99-118쪽; 문안식, 「견훤의 후백제 건국과 전남지역 호족세력의 추이」, 『경주사학』 22(경주사학회, 2003. 12), 115-134쪽; 변동명, 「金惣의 城隍神 推仰과 麗水·順天」, 『전남사학』 22(전남 사학회, 2004. 6), 159-188쪽; 이도학, 「後百濟와 高麗의 吳越國 交流 硏究와 爭點」, 『韓國古代史探究』 22(韓國古代史探究學會, 2016. 4), 267-291쪽.

58 『三國史記』卷50, 列傳10, 甄萱. "遣使朝吳越 吳越王報聘 仍加檢校大保 餘如故"

59 國立晉州博物館, 『晉州城 矗石樓 外廓 試掘調査 報告書』(國立晉州博物館·晉州市, 2002), 63-65쪽.

끼쳤던 것으로 보인다. 이러한 경향 역시도 앞서 살펴보았듯이 927년을 기점으로 사그라졌을 것으로 보인다.

5. 맺음말

지금까지 후백제의 불교미술품과 관련 유적을 중심으로 후백제의 문화적 특성을 밝혀보았다. 물론 후백제의 존속기간이 짧고 후백제의 것으로 특정할만한 것이 많지 않아, 어떤 부분은 견강부회하는 측면도 없잖아 있다고 여길 수 있다. 그렇다고 하여, 엄연히 한 국가이자 한 시대를 주도했던 후백제를 계속해서 '나말여초'라는 모호한 시대 관념에 몰아넣어 문화적 독자성을 부정하는 것 또한 온당치 않다고 생각한다.

이 논고 역시 그러한 문제의식에서 출발하였다. 비록 불교미술품과 불교 관련 유적에 국한되어 있지만, 후백제의 문화는 당연하게도 통일신라 문화를 기반으로 하였는데, 그 가운데에서도 견훤의 출신지인 경북 북부 지역의 문화가 주류를 이루었다. 여기에서 멈추지 않고 백제 계승을 기치로 후백제를 건국했던 만큼 백제 멸망 이후 단절되었던 백제문화를 재생하려 애썼다. 그러나 250년이 넘는 시간의 한계는 명백했다. 그뿐만 아니라 견훤이 신라 고지 출신이라는 점도 작용했다. 특히 927년 경주를 침공 이후에는 백제 회복의 기치는 꺾이고 신라 중앙의 문화를 적극적으로 수용하였다. 한편, 견훤은 자립 이전부터 관계를 맺고 있던 중국 항저우 일대의 실력자인 전류와 적극적인 교류를 통해, 중국의 문화 수용에도 적극적이었다. 또한, 927년을 기점으로 변모하기는 하지만, 장식성을 억제하고 실리를 추구하는 흐름을 만들기도 했다. 이러한 후백제의 문화적 특성은 후삼국기를 이루고 있던 태봉과 고려의 문화와 비교하였을 때, 차별성을 보인다.

결론적으로 후백제는 후백제 고유의 문화를 만들기 위해 노력하였으나, 후백제의 성장과 함께 추구하였던 목표는 수정되었다고 할 수 있다. 그래서 나라마다 독특한 문화를 발전시킨 고대의 국가, 즉 고구려·백제· 신라·가야나 화려한 귀족문화를 꽃피운 고려, 성리학적 세계관을 바탕으로 선비문화가 융성한 조선처럼 두드러진 특성을 보이지 않는다. 매우 짧은 기간이었을 뿐만 아니라, 그 안에서도 많은 부침이 있었기 때문이다. 그러함에도 불구하고, 통일신라는 물론이고 같은 시기 경쟁하였던 태봉·고려와 차별화되는 후백제만의 문화를 구축하였음을 확인하였다. 이로써 그동안 과도기의 혼란으로 생긴 사생아 취급받았던 후백제를 독자적인 문화를 형성한 어엿한 국가로 대접할 수 있는 단초가 마련되었다. 그리고 '나말여초'로 뭉뚱그려 이야기되었던 '후삼국시기'를 어엿한 하나의 발전 단계로 인정할 수 있는 근거가 될 것이다. 이럴 때 비로소 한국사를 올바로 쓸 수 있을 것이다.

토론문 ───

정성권*

　진정환 선생님의「불교미술품으로 본 후백제 문화의 특성」논고는 현재까지 후백제 문화의 연구 성과를 집약한 글이라 할 수 있다. 이 글의 장점은 선생님의 주 전공인 미술사 분야뿐만 아니라 고고학 분야까지 망라하여 최신의 연구 성과를 잘 정리하고 있다는 점이다. 그동안 후백제 시기는 나말여초라는 애매한 시대구분으로 인해 그 실체가 명확히 밝혀지지 못하였다. 다행히 근래 들어 후삼국시대 후백제와 태봉의 실체를 밝히기 위한 학계와 지자체의 노력이 지속되고 있는 점은 고무적이라 할 수 있다. 특히 후백제 미술의 실체는 그동안 진정환 선생님의 꾸준한 노력 덕분으로 그 정체성과 중요성이 구체적으로 드러나고 있다. 선생님의 노고에 경의를 표한다.

　본 발표문은 후백제 미술사와 고고학의 주요 성과를 입체적으로 구성하고 있다. 후백제 문화의 특성에 대한 선생님의 논지에 대해서는 전적으로 동의한다. 다만 본문의 내용 중 후백제 작품으로 선정한 일부 작품에 대한 궁금증이 있어 이에 대해 질의함으로써 토론자의 소임을 다하고자 한다.

　본 발표문에서는 후백제의 대표 불교미술품으로 아래의 표와 같이 석불과 석탑을 제시하였다. 완주 봉림사지 석불의 경우 이미 최성은 선생님에 의해 후백제 불교미술품으로 소개된 바 있다. 진정환 선생님은 불상과 더불어 봉림사에서 출토된 석탑과 석등 역시 후백제 작품임을 논증한 바 있다. 봉림사지는 이후 발굴조사를 통하여 후백제 시기 조성되었을 가능

─────────────
＊ 단국대학교 사학과 교수.

성이 높다는 점이 확인됨으로 인해 봉림사지 출토 석조미술품은 후백제의 대표적인 불교미술작품으로 인정되고 있다. 남원 개령암지 마애불의 경우 진정환 선생님은 마애불 옆 명문「天寶十▨」을 천보10년(917)으로 파악할 수 있는 것으로 밝힌 바 있어 개령암지 마애불 역시 후백제 시기 조성된 불상으로 볼 수 있다. 즉, 현재까지 발굴조사나 명문을 통해 확실한 후백제 불상으로 볼 수 있는 사례는 봉림사지 석불과 개령암지 마애불이 대표적이다. 이 불상 이외에 논의된 다른 불상의 조성시기에 대해서 질문 드리고자 한다.

발원주체	왕실	호족	향도결사
대표 불교미술품	• 완주 봉림사지 석불 • 나주 철천리 석불 • 익산 왕궁리 오층석탑	• 남원 신계리 석불 • 보성 유신리 마애불	• 남원 호기리 마애불 • 남원 개령암지 마애불

1. 첫 번째 질문은 남원 호기리 마애불에 대한 질문이다. 선생님은 남원 호기리 마애불의 조성시기를 후백제 시대로 파악하고 있다. 호기리 마애불의 경우 마모가 심하여 옷주름이나 상호를 정확히 확인할 수 없다. 대좌 중대석의 경우 양 측면에만 우주가 확인되고 있어 중대석이 방형의 모습으로 표현된 것 같다. 전체적으로 심한 마모로 인해 불상의 수인과 외형 이외에 구체적인 특징을 파악하기 어렵다. 통일신라 불상 대좌 중대석의 경우는 팔각형이 전통적인 모습이다. 그런데 호기리 마애불 대좌는 통일신라 전통의 영향에서 벗어난 형태로 보인다. 또한 후백제 불상으로 볼 수 있는 개령암지 마애불과도 형식과 양식적 측면 모두 유사한 점보다 차이점이 많아 보인다. 이는 조성시기의 차이가 있지 않나 여겨진다. 개인적으로 호기리 마애불의 편년은 10세기 초 제작으로 조성시기를 구체화 시킬 수 있는 근거가 부족하기에 조성시기를 고려전기로 편년 하는 것이 무난하다고 생각된다. 호기리 마애불을 후백제 시기 조

성된 불상으로 볼 수 있는 이유를 설명해 주시면 좋겠다.

2. 두 번째 질문은 보성 유신리 마애불과 나주 철천리 석불입상에 대한 질문이다. 선생님은 발표문에서 보성 유신리 마애불을 후백제 시기 제작된 것으로 보았으며 남원 신계리 마애불의 영향을 받은 불상으로 추정하고 있다. 그러나 기존 연구는 유신리 마애불의 조성시기를 9세기 후반으로 추정하였으며(정영호, 박성상) 이경화 선생님의 경우 단독논문을 통해 9세기 중엽으로 추정하였다. 이 논문의 경우 유신리 마애불이 안압지 출토 금동삼존판불을 모본으로 하였을 가능성을 주장하였다. 특히 안압지 판불 본존불의 두광에는 25개의 꽃이 있는데 유신리 마애불 두광의 돌기 역시 25개라는 구체적인 비교까지 하고 있어 나름대로 통일신라 조성설의 근거를 구체적으로 제시하고 있다.

본 발표문에서는 신계리 마애불을 후백제 조성된 불상으로 보았으며 유신리 마애불의 경우 신계리 마애불의 영향을 받아 제작된 후백제 시기의 불상으로 파악하였다. 토론자 개인적인 입장에서는 남원 신계리 마애불 옷주름의 선각이 유신리 보다 단순하고 상호의 표현에서 세속적인 모습이 간취된다는 점에서 신계리 마애불이 유신리 마애불의 영향을 받은 것이 아닌가 생각된다. 즉 유신리 마애불의 경우 기존의 연구 성과와 마찬가지로 9세기 후반으로 보아도 무리가 없다고 생각된다.

다만 최성은 선생님의 경우 유신리 마애불을 화엄사 서오층석탑 출토 불상틀과 비교하면서 유신리 마애불의 조성시기를 나말여초로 보고 있다. 이러한 이유로 유신리 마애불은 발표자의 주장대로 후백제시기 조성되었을 가능성도 충분히 있다. 그러나 발표문에서는 기존 연구 성과의 주장을 넘어 유신리 마애불이 나말여초가 아닌, 후백제 시기에 조성된 불상임을 말해주는 구체적인 논거가 더 필요하지 않나 생각된다.

유신리 마애불과 더불어 나주 철천리 석불입상의 후백제 조성설 역시 구체적인 논거가 제시되어야 할 필요성이 있다고 생각된다. 본 토론자는 나주 철천리 석불입상을 안성 기솔리 석불입상과 비교하는 별도의 논고를 발표하여 철천리 석불입상이 태봉 궁예 정권의 후원 하에 조성된 불상으로 주장한 바 있다. 진정환 선생님은 본 논고에서 나주 철천리 석불입상을 후백제에 의해 건립된 불상으로 파악하고 있다.

본 토론자는 나주 철천리 석불입상의 후백제 조성설이 타당성 있는 근거가 있다면 토론자가 주장하고 있는 태봉국 조성설을 언제든지 폐기하고 정정할 용의가 있다. 그런데 나주 철천리 석불입상의 후백제 조성설의 근거는 철천리 석불입상이 금동불을 모방한 석불이며, 북향하여 나주를 바라보고 있다는 점이 주된 내용이기에 후백제 조성설을 말하기 위해서는 좀 더 구체적인 근거가 필요하다 생각한다. 왜냐하면 금동불을 모방한 석불입상은 8~9세기 경상일대는 물론 경기도 남부에서도 확인되고 있기에 후백제 조성설의 논거가 되기 어렵다고 생각된다.

또한 불상이 바라보고 있는 향을 통하여 후백제 조성설을 주장하기에는 다소 무리가 있지 않나 생각된다. 불상이 북향하여 나주의 邑基를 바라보기 위해서는 현재의 자리가 아니라 불상 앞에 있는 야산의 정상부에 세워 놓는 것이 나주 읍기를 바라보기 더 좋기 때문이다. 현재의 자리는 북향을 하고 있으나 바로 앞에 있는 야산의 봉오리에 의해 시야가 막혀 있는 지세이기 때문이다. 이밖에 나주 철천리 석불입상이 927년 견훤이 경주를 침공하였을 때, 포로로 잡아온 뛰어난 장인들이 철천리 석불입상의 조성에 참여했다는 주장 역시 재고의 여지가 있다고 생각한다. 왜냐하면 철천리 석불입상의 수인은 왼손과 오른손의 방향이 일반적인 通印의 수인과 반대방향으로 하고 있어 보편적인 모습이 아니다. 또한 금동불에서 찾아보기 어려운 돌출 돌기가 입술 중앙을 거쳐 아래 입술 밑 부분까지 돋드라지게 만들어져 있어 우수한 신라 금동불이나 석불입상 등에서 찾아보기 어려운 모습이 확인되고 있기 때문이다.

두 번째 질문을 정리하면, 발표문에서 후백제 조성설을 제기한 보성 유신리 마애여래입상과 나주 철천리 석불입상의 경우 두 불상 모두 나말여초기의 양식적 특징이 나타나기에 후백제 시기 조성되었을 가능성이 충분하다. 다만 가능성을 넘어 후백제 조성설의 주장이 탄력을 받기 위해서는 좀 더 구체적인 근거와 설명이 필요하다고 생각한다. 이에 두 불상의 후백제 조성설을 보충할 수 있는 내용을 좀 더 설명해 주시기를 요청 드린다.

3. 본 발표문에서는 후백제 불교미술의 특징으로 장식적 요소를 최대한 억제하고 있다는 점을 지적하고 있다. 이는 장식성이 두드러진 후삼국기 태봉이나 고려의 불교미술품과도 가장 차이가 나는 후백제 불교미술품만의 특징이라 논하였다. 그러나 봉림사지 삼존불상 본존불의 가슴 띠매듭이 있는 편단우견 착용 방식과 협시보살상의 X자형 천의자락, 봉림사지 석등 간주석의 용문양 등을 보면 통일신라의 불상이나 석등보다 장식적이고 화려하며 경쾌한 느낌마저 있다고 생각한다. 또한 왕궁리 오층석탑의 경우 그 규모와 조성 수법을 보았을 때 백제 문화를 계승한 후백제의 당당함을 느낄 수 있다.

개인적으로 후백제 문화의 특성은 당당함, 화려함(장식성), 국제성 등으로 요약할 수 있다고 생각한다. 특히 태봉과 비교되는 후백제의 특징으로는 발표자께서도 지적하였듯이 국제성이 강조되어야 하지 않나 생각한다. 당시 5대 10국 시기 중국의 불교미술 역시 보협인탑의 경우만 보더라도 다양성과 화려함이 앞 시대보다 진전되는 시기였다. 이러한 국제적 분위기를 고려한다면 중국과의 교류가 활발하였던 후백제의 불교미술은 당시의 국제적 조류가 반영된 화려함, 장식성 등이 강조되지 않았을까 생각된다. 이에 대한 발표자분의 의견을 듣고 싶다.

정성권 교수께서 꼼꼼하게 필자의 논문을 검토하고 요약하여 주셨을 뿐만 아니라, 필자의 논지를 좀 더 발전시킬 수 있는 질의까지 해주신 점에 대해 감사의 인사를 올린다.

정성권 교수와 필자는 모두 후삼국기 불교미술을 연구하면서도 정교수는 태봉을 중심으로 필자는 후백제를 중심으로 해석하려고 해왔다. 이 때문에 필자는 의도치 않게 많은 부분에서 정교수의 논지와는 대척점에 서 있기도 하다. 그러나 이 모든 것이 후백제와 태봉, 후삼국기, 더 나아가 한국 불교미술과 한국사를 복원하기 위해서는 꼭 거쳐야 하는 절차라고 생각한다.

정교수는 세 가지 질의를 하셨다. 이를 다시 정리하자면, '첫째. 호기리 마애불이 후백제 시기에 조성되었다고 추정한 근거는 무엇인가. 둘째, 보성 유신리 마애불과 나주 철천리 석불입상이 후백제에 조성되었다는 확실한 근거는 무엇인가, 셋째, 후백제 불교미술의 특성으로 필자의 견해와 달리 화려함을 들 수 있을 것 같은데, 이것이 중국 오월의 영향을 받은 것은 아닐까.' 정도로 요약해볼 수 있을 것 같다.

첫 번째 질문, 호기리 마애불과 관련하여, 필자는 2007년 이미 호기리 마애불의 양식적 특징과 함께 나말여초기 불상 대중화 과정을 살펴본 바 있다.[1] 주지하다시피 남원지역은 소경이 있던 곳이다. 그런 만큼 통일신라 시기부터 많은 불사가 있었던 곳이며 그 전통이 오랫동안 이어졌다. 실제로도 전북지역에서는 남원지역에 가장 많은 불상이 남아 있어 이를 증명한다. 남원지역의 수많은 불상 가운데 대복사 상은 통일신라 시대 소경의 지

---

1 陳政煥, 「羅末麗初 南原地域 佛像造成 大衆化에 對한 試論-虎基里 磨崖佛 造成과 關聯하여-」, 『東岳美術史學』7(東岳美術史學會, 2006), 189-204쪽.

배계층 즉 신라 왕실과 밀접한 자들이 조성한 것으로 보았다. 대복사 상을 모방하면서도 규모가 커지면서도 세부 표현에서 불합리한 양상을 보이며 마을가 가까운 곳에 조성된 신촌리 상은 호족과 관련된 상으로 보았다. 호기리 상은 이러한 신촌리 상의 형태, 착의법, 대좌 구성 등을 답습하고 있다. 그러면서도 신촌리 상과 달리 대좌 세부 표현의 생략, 어색한 비례와 양감 등을 보인다. 9세기 말 불상 조성의 전국적 확산 배경에는 호족의 성장도 있었지만, 불상 조성의 발원자와 장인 계층의 확대가 있었는데, 처음 불상을 조성하기 시작한 장인은 당연히 인근의 것을 모방하였으며, 실력 차이 혹은 도상의 몰이해로 변형이 이루어졌다.[2] 호기리 마애불뿐만 아니라 개령암지 마애불도 그러한 경향을 보인다. 이는 당시 시대적 경향이었다. 호기리 상과 개령암지 상은 각각 남원과 운봉지역에 조성된 것이므로, 발원자와 장인이 달랐을 것이기 때문에 두 상이 같을 것이라는 전제 자체가 잘못이다. 한편으로 호기리 상을 고려전기에 조성된 것으로 볼 수도 있겠으나, 고려전기 남원지역 불상이 다시 장대성과 함께 대좌와 광배 등의 세부 표현이 정교해지는 양상을 보인다. 이러한 점들을 종합해본다면, 호기리 마애불은 후삼국기 후백제에 조성되었을 것으로 판단된다.

두 번째 질문과 관련하여, 보성 유신리 마애불과 나주 철천리 석불입상을 후백제 시기에 조성하였다고 볼 수 있는 명문 자료나 고고학적 발굴성과는 아직 있지 않다. 다만, 보성 유신리 마애불은 남원 신계리 마애불과 형식적·양식적 친연성이 강하여 후백제 시기의 것으로 추론하였다. 특히 후삼국기 보성지역은 논문에 언급하였던 섬진강 수계를 통한 전파의 용이성, 후백제 초기 주요 세력인 박영규·김총의 기반과 가까운 곳이라는 점 이외에도 견훤이 서남해 비장으로 있던 방수처 일대로 여겨지며, 892년 무진주에 입성하고 自王할 당시 견훤에 복속한 무주 동부 군현이었다. 그만

---

2 陳政煥, 「新羅 下代~高麗 前期 佛教石造美術 發願者와 匠人의 變化」, 『新羅史學報』 32(新羅史學會, 2014. 12), 341−388쪽.

큼 후백제의 문화를 받아들일 수 있는 여건이 충분했다. 이러한 점들로 필자는 보성 유신리 마애불이 후백제 시기에 조성되었을 가능성이 클 것으로 판단한다.

나주 철천리 석불입상에 대해 정성권 교수는 安城 基率里 石佛立像과의 유사성을 들어 912년 궁예의 德津浦 海戰 親征 이후 조성된 태봉의 불상으로 보는 견해도 있다.[3] 그러나 이 두 상은 通肩式 大衣를 착용하고 옷주름이 U자형인 점은 같지만, 비례·양감·조각방식 등에서는 차이를 보인다. 그 차이점을 살펴보면 첫째, 철천리 상의 비례가 소위 5등신인 것에 비해, 기솔리 상은 4등신이다. 둘째, 철천리 상은 얼굴이나 신체 모두 양감이 풍부하지만, 기솔리 상은 팽만한 얼굴과 달리 신체의 양감은 거의 드러나 있지 않다. 셋째, 철천리 상은 손과 발이 작은 편이지만, 기솔리 상은 손과 발이 매우 큰 편이다. 넷째, 옷주름을 조각하는 방식도 상이한데, 철천리 상은 옷주름을 볼록하게 조각한 것과 달리, 기솔리 상은 아래쪽을 깊게 조각한 層刻이다. 즉, 나주 철천리 상이 태봉과는 무관한 상이라는 것이다. 필자는 금동불과의 유사성을 근거로 나주 철천리 상이 930년 전후 후백제에 의해 조성되었다는 견해를 제기하였다. 물론 정교수의 지적처럼 금동불의 영향을 받은 석불은 8~9세기 신라 전역에 나타난다. 그러나 그것들은 시대 양식에 따른 비례와 양감을 보여주는 것일 뿐 금동불을 그대로 재현했다고 할 수 없는 것들이다. 정교수가 제시한 수인이 반대 방향이라는 것은 금동불에서도 석불에서도 종종 나타나는 것이므로 필자의 주장을 반대할만한 근거가 되지 않는다. 아울러 아랫입술 밑 부분을 깊게 조각한 것이 우수한 금동불에서 찾아보기 어렵다고 하였는데, 이것이야말로 경주 일대의 불상에서 찾아볼 수 있는 것이다. 입술 밑을 두텁게 아랫입술을 도드라지게 하는 것은 고도의 주조기술이 필요한 것으로서 오히려 뛰어난 장인들

---

3 정성권, 「나주 철천리 석불입상의 조성시기와 배경」, 『新羅史學報』 31(新羅史學會, 2014. 8), 225-268쪽.

이 관여하여 만든 징표라고 할 수 있다. 그리고 북향 문제와 관련하여 실제로 보이는 곳에 있어야 할 필요가 있는지 반문하고 싶다. 북쪽을 본다는 것은 관념의 문제라고 생각한다. 아울러, 산정에 불상을 만드는 것은 제작 여건이 갖추어지지 않아 불가능했을 것으로 판단된다. 필자가 논문에서 밝혔듯이 금동불의 불합리한 부분, 금동불에만 나타나는 형식이 보이는 나주 철천리 석불입상은 금동불 제작에 능숙했던 장인이 직접 참여한 것으로 보아야 하며, 이는 경주에서 뛰어난 장인을 포로로 잡은 927년 이후에나 가능했으며, 구체적으로 나주 일대가 견훤의 세력 판도 아래 들어온 929년부터 935년 사이가 될 것으로 판단된다.

　세 번째, 정교수는 봉림사지 본존불의 편단우견 착용 방식과 보살상의 X자형 천의 자락, 봉림사 석등 용무늬를 근거로 후백제 불교미술의 성격이 화려함 혹은 장식성이라고 보았다. 그러나 편단우견 착용 방식은 불상의 착의법 가운데 하나일 뿐이다. 편단우견식 불상이기 때문에 화려하다고 할 수 없다. X자형 천의 자락 역시 백제 보살상의 착의법을 재현한 것에 지나지 않는다. 오히려 봉림사지 보살상에는 삼국시대 보살상에 비해서도 매우 단순한 장신구만 표현되어 있다. 석등의 용문 역시 용이 새겨져 있다고 해서 이를 화려하다고 보는 것을 필자는 동의할 수 없다. 용문이야말로 후백제 불교미술이 장식성을 얼마나 절제하고 있는지를 극명하게 보여준다. 같은 시기 다른 석조미술품에는 주요 모티프인 용 이외에 구름을 가득 채웠다. 그러나 봉림사지 석등은 용만 두드러지게 표현되어 있다. 달리 말하면, 화려함이나 장식성은 어떤 형식을 썼는가와 무관하고 표현방식이 어떠한가로 판단하여야 할 것이다. 이렇게 본다면, 보이지 않는 면을 조각하지 않거나 핵심적인 무늬만 부각한 후백제 왕실 발원 불교미술품은 장식성을 최대한 억제한 것이라고 보는 것이 타당하다. 이러한 특성이 나타난 데에는 실리를 추구하였던 후백제 왕실의 성격과 무관해 보이지 않는다는 것이 필자의 견해이다. 덧붙여 독자의 오해를 없애기 위해 정교수가 제시한 보협인탑은 吳越 왕 錢弘俶(재위 948~978년)이 제작한 것인데, 이때는 후백제가 멸망한 지 한참 지난 이후임을 밝힌다.

　정교수의 애정이 담긴 지적에 대해 필자의 견해를 밝히기는 했으나, 정교수가 지적한 부분은 여전히 후백제 불교미술의 특성을 밝히고 후백제 문화와 후백제사를 복원하기 위해서는 풀어야 할 숙제 가운데 하나이다. 정교수가 제시한 문제를 앞으로도 풀기 위해 노력할 것을 다짐하면서 정성권 교수의 토론문에 대한 답변을 마치고자 한다.

역사문화권 특별법*과 후백제 문화권 정립

조법종

우석대학교 역사교육과 교수

---

* 2020. 6. 9. 제정된 법률 제17412호 '역사문화권 정비 등에 관한 특별법' 약칭 표현

1. 역사문화권 사업

1) 역사문화권 정비 등에 관한 특별법

2020년 6월 9일 공포된 '역사문화권 정비 등에 관한 특별법'은 한국 고대 역사문화권을 체계적으로 정비하기 위한 특별법으로 고대 문화권 정비, 지원 체계화를 통해 역사유적지구 육성에 초점이 맞추어진 법으로 2021년 6월 10일 시행을 앞두고 있다.

관련 법의 제정이유를 보면 다음과 같다.

◉ 법률 제17412호 역사문화권 정비 등에 관한 특별법[1]

[시행 2021. 6. 10.] [법률 제17412호, 2020. 6. 9. , 제정]

◇ 제정이유

최근 백제 역사유적지구의 세계유산 등재, 남북한 간 교류를 통한 역사문화의 동질성 회복 여건이 조성되고 있으며, 문화재를 둘러싼 주변 환경 전반에 대한 보존을 강조하는 방향으로 사회적 인식이 변화하면서 역사문화유산의 경제성에 대한 관심이 높아지고 있음.

또한 문헌기록과 유적·유물을 통해 시대별 독자적인 역사와 문화가 입증된 고구려문화권, 백제문화권, 신라문화권, 가야문화권 등의 역사와 문화유산을 연구·조사 및 발굴·정비하여 가치를 재조명하고, 이를 토대로 역사문화권을 중심으로 한 관광자원화를 모색함으로써 지역경제 활성화에 기여할 필요성이 증대되고 있음.

---

1 〈법제처 제공〉 이하 '역사문화 특별법' 약칭.

이러한 흐름에서 점(點)단위 보존 위주의 한계에서 벗어나 '역사문화권' 개념을 도입하여 역사문화권의 성격을 규명하고 역사문화환경을 통합적이고 거시적으로 보존·관리할 필요성이 높아지고 있음.

이에 도시민의 삶과 유기적으로 연결된 역사와 전통, 역사문화환경을 포괄적으로 보존하고 지역의 역사와 문화를 새롭게 조명하며, 역사문화권을 계획적으로 정비함으로써 국제적인 관광자원화와 지역발전을 추구하여 국민의 삶의 질 향상에 이바지하려는 것임.

◇ 주요내용

가. '역사문화권'을 역사적으로 중요한 유형·무형 유산의 생산 및 축적을 통해 고유한 정체성을 형성·발전시켜 온 권역으로 문헌 기록과 유적·유물을 통해 밝혀진 고구려역사문화권, 백제역사문화권, 신라역사문화권, 가야역사문화권 등 6개 권역으로 정의함(제2조 제1호).

나. 역사문화권에 관한 주요 정책과 제도에 관한 사항 등을 심의하고 역사문화권정비사업을 효율적으로 추진하기 위하여 문화재청에 역사문화권정비위원회를 둠(제6조).

다. 문화재청장은 관계 중앙행정기관의 장 및 시·도지사와의 협의 및 역사문화권정비위원회 심의를 거쳐 5년 단위의 역사문화권정비 기본계획을 수립하여야 함(제9조).

라. 문화재청장은 역사문화권정비 기본계획에 따라 역사문화권 연구와 문화유산의 발굴·복원 및 체계적 정비 등을 위하여 발굴이 필요하다고 판단되는 지역을 「매장문화재 보호 및 조사에 관한 법률」에 따라 발굴할 수 있음(제11조).

마. 문화재청장은 역사문화권의 역사문화환경 보존을 위하여 역사적·예술적 또는 학술적으로 가치가 큰 문화재에 대하여는 「문화재보호법」에 따른 문화재위원회의 심의를 거쳐 복원할 수 있음(제13조).

바. 문화재청장은 역사문화권정비 기본계획에 반영된 정비사업의 시행을 위하여 시장·군수·구청장의 요청에 따라 관계 중앙행정기관의 장과 협의한 후 역사문화권정비위원회의 심의를 거쳐 역사문화권정비구역을 지정할 수 있음(제14조).

사. 시장·군수·구청장은 역사문화권 정비시행계획을 작성하여 관할 시·도지사를 거쳐 문화재청장의 승인을 받아야 하며, 문화재청장은 관계 중앙행정기관의 장과 협의한 후 위원회의 심의를 거쳐 역사문화권 정비시행계획을 승인하여야 함(제17조).

아. 역사문화권정비사업 시행자는 사업의 명칭·목적 등이 포함된 실시계획을 작성하여 시·도지사의 승인을 받아야 함(제20조).

자. 국가 또는 지방자치단체는 역사문화권정비사업에 사용되는 비용을 지원할 수 있고, 시·도지사 또는 시장·군수·구청장은 역사문화환경의 보존·정비를 위하여 지방자치단체에 역사문화권특별회계를 설치할 수 있음(제24조 및 제25조).

차. 둘 이상의 역사문화권정비사업을 시행하는 시행자는 정비사업으로 인하여 발생한 개발이익을 다른 정비사업에 재투자할 수 있음(제26조).

카. 지방자치단체는 역사문화권 정비 및 역사문화환경의 조성과 관련된 각종 활동의 체계적 수행 및 연속성 보장을 위하여 역사문화권 연구재단을 둘 수 있음(제27조).

이상에서 제시된 '역사문화권 정비 등에 관한 특별법'의 주요 내용을 정리하면 다음과 같다.

▶ 고구려, 백제, 신라, 가야, 마한, 탐라 역사문화권 정의

▶ 역사문화권정비사업을 효율적으로 추진하기 위해 문화재청에 역사문화권정비위원회 설치

▶ 시장·군수·구청장이 시·도지사를 거쳐 문화재청장에게 역사문화권

정비 시행계획을 제출, 승인
- ▶ 국가 또는 지자체는 예산의 범위에서 정비 사업에 사용되는 비용의 전부 또는 일부를 지원
- ▶ 연구재단 및 전문 인력양성 등 지원시책을 마련, 추진하는 내용 등

이같이 역사문화권 특별법에는 역사문화권, 역사문화환경, 역사문화권 정비사업 등에 대한 정의, 역사문화권 정비 기본계획 수립, 역사문화권 정비구역 지정 및 정비의 시행, 정비사업 비용지원, 특별회계의 설치, 연구재단 및 전문인력양성 등 지원시책 마련·추진 등이 담겨 있다. 이는 특별법 제정의 배경에 문화재 한 점, 한 점과 같은 점(點)단위 보호 정책에서 역사유적지구와 같은 면(面)정책으로의 전환이 필요하다는 점이 수용되었음을 보여준다. 이는 2015년 유네스코에 등재된 백제역사유적지구, 2000년 등재된 경주역사유적지구 등의 사례나 한국의 사찰이나 서원도 개별유산보다 같은 성격의 군집형태로 연결되어 지정되는 것에서 잘 나타난 상황의 반영이다. 특히, 역사유산이 담고 있는 희소성만이 아닌 역사성과 고유성 및 정체성 등 정신적 측면이 더욱 부각 되고 있음을 알 수 있다. 또한 문화유산의 활용이 필요하다는 점에서 각 지역 박물관 수장고에서 보관만 되고 있는 역사 유물들에 대한 다양한 접근방안에 대한 논의와 정책 변화가 요청된다.

이 가운데 특히, 주목되는 것은 다음과 같다.

첫째, 한국 고대 역사체계의 근간인 고구려, 백제, 신라, 가야, 마한, 탐라까지 국내 6개 고대 역사문화권에 대한 지원근거를 마련한 법으로 이 법은 고도육성 특별법과 달리 국토균형발전과 지역경제 활성화라는 취지를 포함한 법으로서 궁극적으로는, 문화재 가치를 확산시키고 지역경제를 활성화시켜 지역발전의 상생과 국토의 균형발전에도 이바지하기를 기대한 법이라는 점이다.

둘째, 6개의 역사문화권(고구려, 백제, 신라, 가야, 마한, 탐라)을 거점으로 문화재를 둘러싼 역사문화환경을 조사·연구·보존·복원하는 등 체계적인 정비를 할 수 있게 한 것으로, 기존의 지정문화재 위주인 보존방식에서 비지정 역사문화자원까지 보존하는 포괄적인 문화재 보호체계 도입을 추진할 수 있게 한 법이다.

셋째, 문화권 지정신청은 기초자치단체가 세부적으로 정해 신청하는 법이라는 점에서 지자체의 의지와 역량 및 관련 기관간의 협력과 지원이 필요한 법이라는 특성을 갖고 있다.

즉, 지방자치가 정착하고 각 지자체의 역사문화 정체성을 한국역사체계의 근간과 연결지어 파악케 함으로써 한국사 인식체계와 지역의 역사 정체성을 연결짓는 역사인식의 지역화를 추구하는 특성을 보여주고 있다.

넷째, 이 법은 앞서 '문화권' 개념으로 진행된 사업들 가운데 신라문화권, 백제문화권, 가야문화권 등 기존사업과 여기서 제외되었던 고구려, 마한, 탐라가 추가된 상황이란 점에서 한국 고대사 역사체계에서 삼국시대 국가별 역사를 모두 망라할 뿐만 아니라 각 지자체별 지역사 연구 활성화의 결과로 나타난 마한사, 탐라사를 지역발전의 원동력으로 정착시키는 모습을 보여주고 있다. 즉, 마한과 탐라 등 삼한사적 내용과 고대 공간적 독립성을 갖는 제주 고대사를 포괄한다는 점 등이 주목된다.

2) 역사문화권 특별법의 문제점

역사문화권 특별법에는 고대 역사문화권이란 개념을 구체화 하지 않아 몇가지 문제가 명시적으로 정리되지 않은 점이 지적될 수 있다.

이를 위해 먼저 총칙에 나타난 목적과 정의를 보면 다음과 같다.

제1장 총칙

제1조(목적) 이 법은 우리나라의 고대 역사문화권과 그 문화권별 문화유산을 연구·조사하고 발굴·복원하여 그 역사적 가치를 조명하고, 이를 체계적으로 정비하여 그 가치를 세계적으로 알리고 지역 발전을 도모하는 것을 목적으로 한다.

제2조(정의) 이 법에서 사용하는 용어의 뜻은 다음과 같다.

1. "역사문화권"이란 역사적으로 중요한 유형·무형 유산의 생산 및 축적을 통해 고유한 정체성을 형성·발전시켜 온 권역으로 현재 문헌기록과 유적·유물을 통해 밝혀진 다음 각 목의 권역을 말한다.

   가. 고구려역사문화권: 서울, 경기, 충북지역 등을 중심으로 고구려 시대의 유적·유물이 분포되어 있는 지역

   나. 백제역사문화권: 서울, 경기, 충청, 전북지역을 중심으로 백제 시대의 유적·유물이 분포되어 있는 지역

   다. 신라역사문화권: 경북지역을 중심으로 신라와 통일 신라 시대의 유적·유물이 분포되어 있는 지역

   라. 가야역사문화권: 경남, 경북, 부산, 전남, 전북지역을 중심으로 가야 시대의 유적·유물이 분포되어 있는 지역

   마. 마한역사문화권: 영산강 유역을 중심으로 전남 일대 마한 시대의 유적·유물이 분포되어 있는 지역

   바. 탐라역사문화권: 제주지역을 중심으로 탐라 시대의 유적·유물이 분포되어 있는 지역

2. "역사문화환경"이란 역사문화권의 생성·발전의 배경이 되는 자연환경과 고유한 정체성을 형성하는 유형·무형 유산 등 역사문화권을 구성하는 일체의 요소를 말한다.

3. "역사문화권정비사업"이란 역사문화환경을 조사·연구·발굴·복원·보존·정비 및 육성함으로써 지역의 문화발전 및 지역경제 활성화 등 지역 발전에 기여하는 사업을 말한다.

4. "역사문화권정비구역"이란 역사문화권정비사업을 시행하기 위하여 제14조에 따라 지정·고시된 지역을 말한다.

자료에 제시된 역사문화권 특별법의 목적과 정의에서 밑줄 그은 부분에 대해 다음과 같은 논의가 필요하다고 파악된다.

첫째, 1조 목적에 제시된 '우리나라의 고대 역사문화권'의 포괄 대상 문제이다.

현재, 대한민국 국사편찬위원회에서 간행한 한국사(1976년 간행),[2] 신편한국사(2002년 간행)[3] 및 과거 국정교과서[4]와 현재의 중학교 역사[5]와 고등학교 한국사 검정교과서[6]에서 교육되고 있는 우리나라 고대역사에 포함되는 국가는 고조선에서 후삼국시대까지이다.

---

2 국사편찬위원회, 『한국사』 3(1976), (고대-민족의 통일) 3장 고대사회의 붕괴 5절 후삼국의 성립.
3 국사편찬위원회, 『신편한국사』 11(2002), (신라의 쇠퇴와 후삼국) 3장 후삼국의 정립.
4 국사편찬위운회, 『중학교 국사』(2002), 3단원 통일신라와 발해 2. 신라의 동요와 후삼국의 형성.
5 2015 역사 개정교육과정(2019년 개정).
6 2015 한국사 개정교육과정(2019년 개정).

따라서 이 법에서 명시하고 있는 우리나라 고대 역사문화권의 범위에는 후삼국시대까지 포함되어야 한다. 따라서 만주와 한반도 권역을 포함한 우리 역사영역에서 그 구체적 범위와 시기가 확정되지 않은 고조선, 부여 등의 역사체가 포함되지 않은 것은 이해되지만 우리 역사의 공간영역에서 한반도 중북부와 중남부지역을 장악해 새로운 역사시대를 마련했던 태봉과 후백제의 역사문화권이 누락된 것은 한국사 역사체계를 지역의 역사 정체성으로 연결지어 문화권 사업을 추진하고자 하는 현행 '역사문화권 특별법'의 취지와 내용에 미흡함을 보여준다는 점에서 문제가 크다고 파악된다. 최근 이를 해결하기 위한 후삼국 역사벨트조성사업 방안 등 제안이 주목된다.[7]

따라서 후백제, 태봉까지 포함한 역사문화권 특별법 개정안 발의와 적극적 추진이 요청된다.

둘째, 2조에 명시된 문화권의 공간 범위 문제이다. 이번 제정된 특별법은 기존에 문화권사업 개념으로 추진되었던 신라, 백제, 가야 등의 문화권을 유지하고 새롭게 고구려, 마한, 탐라가 추가되면서 그 대상 범위와 내용이 명확히 합의되지 않은 상황에서 제정되어 문제의 소지가 다분히 포함되어 있다.

그런데 가. 고구려 역사문화권과 마. 마한 역사문화권의 공간적 범위가 문제가 있다.

가. 고구려역사문화권: 서울, 경기, 충북지역 등을 중심으로 고구려 시대의 유적·유물이 분포되어 있는 지역

마. 마한역사문화권: 영산강 유역을 중심으로 전남 일대 마한 시대의 유적·유물이 분포되어 있는 지역

---

7 박정민, 김동영, 권이선, 「태봉(후고구려)−후백제 역사벨트 조성과 현대적 계승」『글로벌문화콘텐츠』 42(2020).

제시된 법조문에 의하면 먼저 고구려의 경우 고구려의 역사영역이 북한 지역이 대부분이란 점에서 법 실행의 실효성 문제가 제기될 수 있는 데, 문제는 이를 의식하고 대상범위를 현재 휴전선 이남 지역으로 국한해 법에 명시한 문제를 보여주고 있다. 이 문제는 적어도 공간은 포괄하고 실행 가능한 부분부터 진행한다는 등의 단서조항으로 현실적 집행을 할 수 있게 했어야 한다. 특히, 이 문제는 고구려의 역사 귀속성을 중국사로 바꾸고자 진행한 중국의 동북공정 논리를 그대로 대한민국 국회가 인정한다는 엄청난 문제를 야기한다는 점에서 시급시 개정되어야 한다.[8]

또한, '마한 문화권'의 경우 '영산강 유역을 중심으로 하는 전남 일대'로만 규정하고 있어, 전남과 함께 고대 마한의 중심지였던 전북지역도 포함돼야 한다는 주장이 학계와 지역에서 제기되었다. 이에 따라 2020. 11. 전주와 광주지역 국회의원이 '역사문화권 정비 등에 관한 특별법'상 마한역사문화권에 전북과 광주를 포함시키는 내용을 중심으로 한 동법 개정안을 발의했다. 이같이 역사문화권 특별법은 그 취지와 내용이 기존 문화재 및 문화권 사업등이 갖는 문제를 한국사 인식체계와 연결시켜 정리하고 지역 역사문화정체성을 정립하여 특정지역에 편중되었던 국가적 사업을 다양화하려 한다는 점에서 긍정적 요소가 많이 포함된 법이지만 세밀한 검토와 보완이 필요한 법이라는 점을 강조하고자 한다.

결국 본 역사문화권 정비 등 관련 특별법은 역사문화권의 후삼국 시대로의 확대와 관련공간의 정밀한 재조정 및 확대가 반드시 진행되어야할 법으로 파악된다.

---

8 조법종, 「중화역사의 패권주의적 확대−동북공정과 장백산문화론」, 『우리시대의 한국고대사』(주류성, 2017).
조법종, 「동북공정, 중국은 왜 고구려를 훔치려 하는가」, 『차이나는 클라스−국제정치편−』(중앙books, 2020).

2. 후백제 역사문화권 정립

1) 후백제 건국시점과 시조 탄생지문제

후백제 역사문화권 정립은 앞서 강조한 것처럼 한국 고대사 역사체계의 마지막을 구서하고 있는 후삼국시대의 대표국가라는 점에서 역사문화권 특별법에 포함되어야 한다. 이를 위해서는 몇가지 논의를 정리하고 관련 내용에 대한 체계적 연구와 조사가 시급히 진행되어야 한다고 생각된다.

견훤은 궁예에 앞서 889년(진성왕 3년) 신라에 반기를 들고 892년(진성왕 6년)에 사실상 후백제를 세웠다. 이 문제는 3년의 차이를 두고 있지만 교과서적인 연대는 892년이란 점에서 건국연대를 일원화할 필요가 있다.

후백제 시조 견훤의 출신지 문제는 상주(경북 문경)설과 광주(광주광역시)설이 병존하고 있는 바 이 문제에 대한 학계의 입장과 논리정리가 필요하다. 이는 행후 관련 공간의 성격규정과 관련하여 논란의 소지가 있다는 점에서 학술적 정리가 요청된다.

한편, 견훤명칭문제도 견훤과 진훤의 표기방식 등을 표현한 정리가 필요하다. 현재 교과서적 표현이 견훤이란 점에서 표현에 대한 고민과 정리가 요청된다.

후백제의 역사적 성격과 정체성 확립이란 점에서 견훤이 표방한 후백제 건국의 의미와 사인식에 대한 내용도 정리가 요청된다. 특히, 역사계승인기문제는 타 국가에서는 찾아보기 힘든 중요한 역사정체성의 표현이란 점에서 고조선-마한-백제-후백제인식의 의미를 강조할 필요가 있다고 파악된다.

또한 익산 미륵사와 김제 금산사와 연결된 미륵신앙 등으로 연결된 통치이념문제에 대한 체계화도 요청된다. 특히, 후백제 불교의 전반적 추이를 정리할 필요가 있다.

2) 후백제 역사공간과 왕도유적

견훤의 초기 정치적 성장지역인 '서남해'지역 및 측근등의 세력거점등을 고려한 영역범위 설정도 중요하다. 특히, 역사문화권 특별법 발의의 주체가 지방자치제라는 점에서 각 시·군 자치체의 협력이 매우 중요하다는 점에서 정치적 공간범위설정이 중요하다.

후백제 초창기 견훤과 관계를 맺은 호족세력은 무주성주 지훤, 승주장군 박영규, 인가별감 김총 등이 있었다. 견훤은 892년 무주에 도읍을 정하여 정권을 수립하고 군사정치적 기반을 확대하면서 박영규, 김총 등의 호족과 연합하는 정책을 실시하였다. 박영규와 김총은 순천을 비롯해서 전남 동부지역을 중심으로 활동하였기 때문에 이 지역에 후백제 관련 유적들이 분포하게 되었던 것이다. 하지만 전남 동부지역의 후백제 관련 문헌은 거의 없어서 후백제와 관련된 유적을 찾지 못하였으나 최근에 들어와서 고고학과 미술사적 조사가 진행되면서 그 윤곽이 점차 드러나고 있다. 그동안 조사된 유적 가운데 다음과 같은 유적들이 후백제와 관련된다고 이해하고 그 성과들이 학계에 알려지기 시작하였다.

견훤은 900년 무진주(현재 광주)에서 전주로 천도하면서 후백제를 공식적으로 표방하고 건국과 함께 正開라는 연호를 사용하였으며, 삼한통일을 위한 본격적인 발판을 마련하였다. 전주는 후백제의 도읍이었던만큼 다양한 흔적들이 남아 있다. 대표적인 유적으로는 東固山城이 있다.

그동안 후백제 관련 학술조사는 남고산성과 동고산성이 중심이었고, 최근 서고산성과 우아동 일원의 후백제 생산유적, 후백제 궁성 추정지, 후백제 도성 추정지 등 일부가 조사되었다.[9] 이것으로 후백제 유적의 분포 범위나 양상 등에 대한 체계적인 조사가 이루어졌다고 볼 수는 없지만 후백제와의 연결성을 찾아 볼 수 있는 조사 성과를 일궈냈다.

---

9 국립전주박물관, 『후백제 도성벽 추정지 시굴조사 약식보고서』(2015).

특히 2017년에는 전주시에 분포되어 있는 후백제 유적을 찾기 위한 정밀
지표조사를 실시하였고, 그 결과 남고산성 추정 행궁지 등 성곽유적 10개
소, 황방산 건물지 등 건축유적 6개소, 우아동 와요지 등 생산유적 2개소,
무릉마을 추정 왕릉군 등 분묘유적 6개소, 옥녀봉 유물산포지 등 생활유적
5개소, 우아동 채석장 등 기타유적 3개소가 확인되었다.[10]

그런데 후백제 왕도 전주에서 왕궁과 도성유적을 확인하기 위한 기존
연구는 단편적 편린만 보여줄 뿐 아직 구체화된 성과를 정리하지 못하고
있다. 이에 대한 체계화 및 심도있는 조사연구가 요청된다.

또한 왕릉(논산 견훤왕릉)문제에 대한 공간적, 내용적 포섭문제 논의도
필요하다.

한편, 완주 봉림사지 발굴에서 후백제와의 관련성이 고고학 자료로 증
명된 것은 시사하는 바가 크다. 전북대학교 박물관 주관으로 이루어진 발
굴에서 개략적 성과가 나타났지만 보다 광범위한 조사와 관련 분묘공간들
의 이장이 시급히 진행되어야 한다. 특히, 군산 발산초등학교와 전북대학
교 박물관 등으로 분산된 봉림사지 유물들에 대한 원유적지정비와 이전도
시급히 요청된다. 이와 함께 후백제 관련 산성 등 관방 시설들에 대한 연
구성과정리와 성격규정문제도 필요하다. 최근 진안 도통리를 비롯한 초기
청자유적공간은 후백제가 대외교류를 통한 청자문화수용과 적극적 생산의
중심지였을 가능성이 논의되고 있다 이 문제에 대한 연구검토와 체계화가
요청된다.

한편, 견훤의 후백제는 새로이 창업한 왕조로서의 출범을 공식화한 직후
중국 남방의 오월(吳越)과 외교관계를 수립하는 등 국제무대에서 외교적 승
인을 획득하는 데에도 노력하였다. 또한 북중국의 후당및 거란 일본과 교섭
하며 수교를 추진하였다 이같은 활동은 후백제의 국가적 위상과 면모를 확
립하는 데 중요한 요소였다는 점에서 관련 연구의 신화가 더욱 요청된다.

---

10 전주문화유산연구원, 『전주시 후백제 유적 정밀지표조사보고서』(전주시, 2017).

3) 후백제 역사문화권 설정 연계 및 협력방안

전주시는 2000년 후백제가 전주에 도읍한 1100년이 되는 해에 '후백제
문화사업회'를 발족하여 후백제 관련 학술대회를 지속적으로 진행하여 후
백제의 역사상을 바로잡고 위상을 고양하는 활동을 주도하였다. 이를 통해
2001년『후백제 견훤정권과 전주』(전북전통문화연구소)를 간행하고 2002년
5월 후백제의 대외교류 국제학술대회, 2003년 12월 '한국, 동아시아 역사
상의 후백제' 국제학술대회를 개최하여『후백제의 대외교류와 문화』(후백제
문화사업회)를 간행하였다.

2015년 국립전주박물관은 후백제 도성의 성벽을 시굴하면서 후백제의
역사유적 조사 및 발굴을 본격화하였다. 후백제 연구가 문헌사 중심으로
진행되어오는 상황에서 국립전주박물관 등에서 후백제 도성과 궁성을 연
차적으로 발굴해 후백제 고고학 연구도 활기를 띠었다.

또 2015년 고고학연구자 중심으로 후백제연구회가 태동하였고, 발굴 성
과를 토대로 후백제 학술대회도 개최하였으며, 2019년 후백제학회가 태동
하는 계기를 만들었다.

전주가 후백제 왕도이므로 국립전주박물관의 후백제 도성 유적 발굴은
지역박물관으로 역할에 부합한 사업으로 향후 국립전주박물관 성격규정과
도 연결되어 강화되어야할 내용이다. 더 나아가 완주, 진안, 장수, 남원 등
전주권에서도 후백제 유적이 속속 발굴되면서 후백제의 국가적 위상과 역
사적인 실체가 드러나기 시작하였다. 이같은 상황은 후백제 왕도인 전주를
중심으로 한 후백제문화권 사업의 구심력을 갖을 수 있다는 점에서 의미가
깊다.

따라서 전라북도권 시·군 뿐만 아니라 관련 지자체인 광주광역시, 전남
순천, 충남 논산, 경북 문경 등 지자체와의 협력과 지원이 요청되며 후삼국
시대 문화권 개념으로의 확대를 위해 철원지역과의 협력방안도 진행하여
야 한다.

곽장근*

　발표자는 역사문화권 사업을 역사문화권 정비 등에 관한 특별법과 역사
문화권 특별법의 문제점으로 나누어 정리하였고, 후백제 역사문화권 정립
을 위해 후백제 건국 관련 문제, 후백제 역사공간과 왕도유적, 후백제 문화
권 설정과 연계협력 등으로 분석하였다. 토론자는 발표자의 논지에서 다루
어지지 않은 내용을 중심으로 발표자의 부연설명을 들었으면 하는 바람에
서 몇 가지 사안을 질의함으로써 소임을 다하고자 한다.

　첫째, 후백제 문화권 설립 및 정체성(identity)과 관련된 내용이다. 전주
동고산성에서 나온 '전주성'명 수막새와 암막새, 正開가 새겨진 실상사 조
개암지 편운화상탑을 제외하면 후백제와 관련된 유적과 유구, 유물의 실체
가 밝혀지지 않았다. 전주 동고산성에서 품자형 쌓기와 줄쌓기, 들여쌓기,
옥수수낱알모양의 성돌에 근거를 두고 후백제 축성술의 연구도 시작 단계
이다. 진안 도통리 1호 벽돌가마에서 구운 선해무리굽과 중국식 해무리굽
초기청자가 후백제와의 연관성이 제기되고 있다. 단지 완주 봉림사지 석불
과 석등, 군산 발산리 석탑 등 후백 불교미술을 중심으로 후백제학의 논의
가 구체화되고 있다. 후백제 문화권 설립 및 후백제의 정체성과 관련하여
부연설명을 부탁드린다.

　두 번째, 후백제문화권 시·군 협의회의 당면과제와 관련된 내용이다.
2020년 10월 26일 김승수 전주시장 주제로 송화섭 후백제학회 회장, 강영
석 상주시장, 박승일 완주군수, 장영수 장수군수, 전춘성 진안군수, 유병훈
논산부시장, 한국전통문화대학교 이도학 교수 등이 한자리에 모여 후백제

---

* 군산대학교 역사철학부 교수.

문화권 시·군 협의회가 처음으로 국립전주박물관에서 열렸다. 당일 '견훤, 새로운 시대를 열다'라는 국립전주박물관 특별전 개막식에도 함께 참석하여 후백제 역사와 문화의 복원과 함께 '역사문화권 정비 등에 관한 특별법'에 빠진 후백제를 포함시키는데 긴밀하게 협력하기로 했다. 향후 후백제문화권 시·군 협의회의 참가 기준 및 당면과제와 관련하여 보충설명을 부탁드린다.

셋째, 후백제의 영역과 관련된 내용이다. 900년 甄萱王은 武珍州에서 完山州로 도읍지를 옮긴 뒤 나라의 이름을 후백제로 세상에 널리 알리고 백제의 계승과 신라의 타도를 선포했다. 936년 고려에 멸망될 때까지 전주는 37년 동안 후백제의 도읍이었다. 후백제는 기록이 없다고 대부분 사람들이 이구동성으로 말한다. 그것은 대단히 잘못된 역사 인식이다. 오로지 문헌 기록이 남아있지 않을 뿐이지 후백제 조상들이 남긴 또 다른 기록인 유적과 유물은 그 종류도 다양하고 풍부하다. 후백제가 가장 번성할 때 나라가 갑작스럽게 멸망해 후백제의 유적과 유물에서 위풍당당함이 느껴진다. 최전성기 후백제의 영역과 관련하여 부연설명을 당부드린다.

넷째, 후백제 古都 전주와 관련된 내용이다. 흔히 역사고고학에서는 고도의 필수 조건으로 왕궁과 왕릉, 사찰 등을 꼽는다. 삼국시대 이후 왕조는 대부분 왕궁 터를 찾아 고도로서 최고의 위상과 위용을 갖추었는데, 후백제의 경우만 왕궁 터의 위치를 비정하지 못하고 있다. 1942년 일제 강점기 때 편찬된 '全州府史'에 실린 甄萱王 성터를 중심으로 정밀 지표조사를 실시하여 후백제 도성이 반달모양으로 복원됐다. 후백제 왕궁 터의 위치 및 후백제 피난성으로 밝혀진 전주 동고산성의 역사적인 의미와 관련하여 보충설명을 부탁드린다.

다섯째, 후백제 국력의 원천과 관련된 내용이다. 강원도 철원군 북방 풍천원 비무장지대 벌판에서 그 존재를 드러낸 泰封의 도성은 왕궁 터를 감싼 왕성과 내성, 외성 등 3중성의 구조다. 비록 철원에서 쓴 태봉의 역사가 14년으로 짧지만 외성의 둘레가 12.3km로 남북으로 긴 사각형의 도성 안에 왕궁 터가 있다. 개성 송악산 남쪽 기슭에 고려 왕궁 터인 滿月臺가 있는데, 만월대는 왕성, 황성이 회경전 정전을 이중으로 감쌌다. 비록 후백제가 반세기라는 짧은 역사를 마무리했지만 전주에 도읍지를 두어 천년 전주를 있게 한 역사의 뿌리가 됐다. 조선 왕조의 본향이자 관향인 전주는 엄연히 후백제의 수도이자 도읍지였다. 후백제가 후삼국의 맹주로 융성할 수 있었던 국가의 원동력과 관련하여 부연설명을 당부드린다.

여섯째, 후백제의 국제외교와 관련된 내용이다. 900년 전주로 도읍을 옮긴 甄萱王은 국가의 이름을 후백제로 세상에 널리 알리고 892년에 이어 다시 오월에 사신을 보내 오월왕으로부터 이미 백제왕의 지위를 인정받았다. 여기서 그치지 않고 후백제는 후당과 거란, 일본과도 활발하게 국제 외교를 펼쳤다. 925년 後唐에 사신을 보내자 후당은 甄萱王을 '檢校太尉兼侍中判百濟軍事'라는 관작을 책봉했다. 927년 班尚書를 대표로 오월의 사절단이 오월왕의 서신을 가지고 후백제 수도 전주를 방문했다. 당나라 말기 892년부터 甄萱王과 吳越을 세운 錢鏐는 양국의 국제외교를 30여 년 이상 역동적으로 이끌 수 있었던 역사적인 배경과 그 결실은 무엇이라고 생각하는가?

마지막으로 운봉고원에 대한 후백제의 인식과 관련된 내용이다. 백두대간 동쪽 운봉고원은 전략상 요충지로 조선시대 예언서 '정감록' 십승지지에도 그 이름을 당당히 올렸다. 본래 신라의 모산현으로 경덕왕 16년(757) 운봉현으로 개칭된 이후에도 천령군 영현으로 편입되어 남원보다 오히려 함양과 밀접한 관련성을 유지했다. 실상사 3대 조사 편운화상탑 몸통부에 후백제 연호 '正開'와 백두대간 고리봉 동쪽 기슭 개령암지 암벽에 오월의 연호인 '天寶'도 확인됐다. 고려 태조 23년(940) 남원경을 없애고 대신 남원부를 설치할 때 운봉고원이 남원부와 첫 인연을 맺었다. 후백제가 줄곧 운봉고원을 중시했던 국가전략과 관련하여 부연설명을 요청드린다.

후백제 역사고고학 분야에서 다양한 성과를 이룬 곽장근 교수님의 토론문 감사드립니다. 발표자가 원론적인 측면에서 제기하고 논의한 '역사문화권 정비 등에 관한 특별법'과 역사문화권 특별법의 문제점과 후백제 역사문화권 정립을 위해 후백제 건국 관련 문제, 후백제 역사공간과 왕도유적, 후백제 문화권 설정과 연계협력 등에 대해 제시한 내용에 대해 구체적인 내용을 바탕으로 보완해 주셔서 감사드립니다.

6가지 분야로 나누어 질문 주셨는 데 간략히 답변 드리겠습니다.

첫째, 후백제 문화권 설립 및 정체성(identity)과 관련된 내용으로 전주 동고산성에서 나온 '전주성(全州城)'명 수막새와 암막새, 정개(正開) 연호가 새겨진 실상사 편운화상탑과 함께 언급한 후백제 축성술, 진안 도통리 1호 벽돌가마의 초기 청자, 완주 봉림사지 석불과 석등, 석탑 등을 통해 후백제의 독자적 문화양상의 정립문제를 제기하셨는데 발표자도 전적으로 동감하는 바입니다.

후백제는 무진주에서 독자적 세력으로 출발한 892년부터 936년까지 45년, 전주에 도읍한 900년에서 936년까지 37년의 역사를 갖고 후삼국시기 역사의 중심에 있었습니다. 이 후백제 왕조의 기간을 중국과 굳이 비교하자면 수나라(581-619)의 39년 존속 시기보다 더 역사가 깊은 나라였습니다. 또 일제강점기 36년보다도 더 긴 역사시기를 갖고있습니다. 그런데 중국의 불교미술을 비롯한 건축 등 여러 분야에서 수나라 양식이란 것이 설정되고 있는 상황을 감안 한다면 후백제의 독자적 문화양상을 충분히 설정할 수 있습니다.

즉, 927년 신라수도 경주를 공략하고 온갖 장인 중 솜씨가 있는 자들을 전주로 옮겨온 사실과 당시 중국의 오월, 후당 등과의 교류를 통해 수용한 새로운 문물을 결합시켜 새로운 후백제풍의 문화가 꽃피웠을 것으로 보여집니다. 특히, 후백제왕도 전주가 매우 화려하고 사치스럽게 조성되었다는 기록은 이같은 국력의 확충과 관련 인력 및 기술 등이 결합되어 상당히 대규모 건축이 진행되어 후백제풍의 문화를 꽃 피웠을 것으로 보여집니다.

다만 예시한 것처럼 관련 유적, 유물의 양이 많지 않은 상황을 극복하는 방안이 문제입니다. 이를 위한 방안은 관련 고고, 역사관련 자료의 확충과 기존 자료들에 대한 폭넓은 조사와 연구가 더욱 필요하다고 생각됩니다.

두 번째, 후백제문화권 시·군 협의회의 당면과제는 향후 후백제문화권 사업을 구체화하는 데 매우 중요한 문제입니다. 관련 지자체의 협력과 시너지 효과의 중요성을 감안할 때 구심력을 갖고 있는 전주시의 능동적 역할이 중요합니다. 문제는 관련 입법활동이 기반 마련을 위해 중요한데 현재 전주시 및 전라북도권 의원의 중심 화두로서 이 문제를 부각할 필요가 있다고 생각됩니다.

셋째, 후백제의 영역의 문제는 실제 후백제 인식의 문제를 말씀하신 것인데 이 문제는 역사계승인식과 정체성문제와 연결지어 특히, 관심을 가져야 할 문제라고 생각됩니다. 왜 우리가 후백제와 견훤을 부각하는가의 문제를 보다 정교하게 정리할 필요가 있습니다. 이를 위한 지역사 교육과 후백제 역사회복을 위한 중장기 및 단기 정책이 필요하며 전라북도 교육청 및 초중고 교과서 편찬과도 연결지어 다양한 후백제 역사인식 개선 및 새로운 역사체계 마련이 시급하다고 생각됩니다.

넷째, 후백제 古都 전주와 관련된 내용은 다섯째, 후백제 국력의 원천과 연결된 내용인데 발표자 또한 이 문제 공감하며 후백제 왕도 전주를 체계화할 종합 구상과 연구가 필요하다고 생각됩니다. 일례로 발표자는 후백제와 도구성과 관련된 사령과 사고사찰신앙 문제를 발표한 적이 있습니다. 이는 후백제왕 견훤이 후백제 왕도 전주를 통일수도에 부응하는 완전한 왕도로서 구성하기 위한 큰 계획의 일환으로 전주수호개념을 유교와 불교의 도성방어 신앙을 통해 구현한 결과라고 생각됩니다. 이 문제를 비롯한 후백제관련 문화콘텐츠의 확충과 개발 또한 앞서 후백제 인식 개선 문제와 함께 중요하다고 생각됩니다.

여섯째, 후백제의 국제외교와 관련된 내용은 이미 필자가 백제라는 나라 이름에 표방된 '해양국가 백제'의 성격을 견훤이 계승하여 후백제가 활발히 대외교류를 하였음을 강조하였습니다. 토론자가 예시하신 사료들에서 확인되듯이 후백제왕 견훤은 백제를 계승하여 대외교류를 추진하였고 이같은 역량은 이후 고려가 이를 계승·수용하여 고려를 대외적으로 부각하는 밑받침이 되었습니다. 이 내용이 후백제의 국가적 성격과 지역적 정체성을 대변하는 내용이라고 생각됩니다. 향후 지역의 대표적 사업인 새만금사업의 해양교류적 성격과 중국과의 교류 협력 및 상호발전 전략의 역사적 원천이자 경제적 근거로서 부각되어야 한다고 생각됩니다.

　곽교수님이 마지막으로 질문하신 운봉고원에 대한 후백제의 인식 부분은 곽교수님 의견에 적극 공감하며 향후 곽교수님이 더욱 밝혀주시길 기대합니다.

　감사합니다.